UNITY

UNITY

WILLIAM PEREIRA ALVES

UNITY

DESIGN E DESENVOLVIMENTO DE JOGOS

ALTA BOOKS
EDITORA
Rio de Janeiro, 2019

Unity — Design e Desenvolvimento de Jogos
Copyright © 2019 da Starlin Alta Editora e Consultoria Eireli. ISBN: 978-85-508-0732-4

Todos os direitos estão reservados e protegidos por Lei. Nenhuma parte deste livro, sem autorização prévia por escrito da editora, poderá ser reproduzida ou transmitida. A violação dos Direitos Autorais é crime estabelecido na Lei nº 9.610/98 e com punição de acordo com o artigo 184 do Código Penal.

A editora não se responsabiliza pelo conteúdo da obra, formulada exclusivamente pelo(s) autor(es).

Marcas Registradas: Todos os termos mencionados e reconhecidos como Marca Registrada e/ou Comercial são de responsabilidade de seus proprietários. A editora informa não estar associada a nenhum produto e/ou fornecedor apresentado no livro.

Impresso no Brasil — 1ª Edição, 2019 — Edição revisada conforme o Acordo Ortográfico da Língua Portuguesa de 2009.

Publique seu livro com a Alta Books. Para mais informações envie um e-mail para autoria@altabooks.com.br

Obra disponível para venda corporativa e/ou personalizada. Para mais informações, fale com projetos@altabooks.com.br

Produção Editorial Editora Alta Books **Gerência Editorial** Anderson Vieira	**Produtor Editorial** Juliana de Oliveira Thiê Alves **Assistente Editorial** Ian Verçosa	**Marketing Editorial** marketing@altabooks.com.br **Editor de Aquisição** José Rugeri j.rugeri@altabooks.com.br	**Vendas Atacado e Varejo** Daniele Fonseca Viviane Paiva comercial@altabooks.com.br	**Ouvidoria** ouvidoria@altabooks.com.br
Equipe Editorial	Adriano Barros Bianca Teodoro Illysabelle Trajano	Kelry Oliveira Keyciane Botelho Larissa Lima	Leandro Lacerda Livia Carvalho Maria de Lourdes Borges	Paulo Gomes Thales Silva Thauan Gomes
Revisão Gramatical Wendy Campos Jana Araujo	**Layout/Diagramação** Luisa Maria Gomes	**Capa** Bianca Teodoro		

Erratas e arquivos de apoio: No site da editora relatamos, com a devida correção, qualquer erro encontrado em nossos livros, bem como disponibilizamos arquivos de apoio se aplicáveis à obra em questão.

Acesse o site www.altabooks.com.br e procure pelo título do livro desejado para ter acesso às erratas, aos arquivos de apoio e/ou a outros conteúdos aplicáveis à obra.

Suporte Técnico: A obra é comercializada na forma em que está, sem direito a suporte técnico ou orientação pessoal/exclusiva ao leitor.

A editora não se responsabiliza pela manutenção, atualização e idioma dos sites referidos pelos autores nesta obra.

Dados Internacionais de Catalogação na Publicação (CIP) de acordo com ISBD

A474u	Alves, William Pereira
	Unity: design e desenvolvimento de jogos / William Pereira Alves - Rio de Janeiro : Alta Books, 2019. 256 p. : il. ; 17cm x 24cm. Inclui índice. ISBN: 978-85-508-0732-4 1. Design de jogos. 2. Desenvolvimento de jogos. 3. Unity. I. Título.
2019-1344	CDD 794.8 CDU 794.8

Elaborado por Vagner Rodolfo da Silva - CRB-8/9410

Rua Viúva Cláudio, 291 — Bairro Industrial do Jacaré
CEP: 20.970-031 — Rio de Janeiro (RJ)
Tels.: (21) 3278-8069 / 3278-8419
www.altabooks.com.br — altabooks@altabooks.com.br
www.facebook.com/altabooks — www.instagram.com/altabooks

Dedicatória

Este livro é dedicado com muito amor a três pessoas de grande importância na minha vida: minha querida esposa Lucimara e meus filhos Brian e Liam;

Também quero dedicá-lo aos meus pais, meus irmãos e demais familiares meus e da minha esposa;

E por fim, uma dedicação especial a meus avós e meus sogros, pessoas queridas que já partiram.

Agradecimentos

Desejo expressar meus sinceros e enormes agradecimentos ao pessoal da Editora Alta Books pela oportunidade que me foi oferecida para a realização deste trabalho.

À Rosana Arruda, amiga de muito tempo, que me convidou para este trabalho.

Aos meus amigos e professores do curso de Análise e Desenvolvimento de Sistemas do Centro Universitário Claretiano de São Paulo, e aos meus novos colegas de trabalho.

Fabricantes

Produto: Unity 2018
Fabricante: Unity Technologies
Site: unity3d.com

Produto: Visual Studio
Fabricante: Microsoft Inc.
Site: www.microsoft.com

Produto: GIMP
Fabricante: Fundação GIMP
Site: www.gimp.org

Produto: Blender
Fabricante: Fundação Blender
Site: blender.org

Requisitos de Hardware e de Software

Hardware

- Microcomputador com processador Intel Core i3 e clock de 2,5 GHz ou superior
- 4 GB de memória RAM (recomendável 8 GB)
- 100 GB de espaço disponível em disco rígido
- Mouse ou outro dispositivo de entrada
- Placa de vídeo SuperVGA com capacidade de resolução de 1024 x 768 pixels
- Monitor de 17 polegadas
- Modem e acesso à internet

Software

- Sistema operacional Windows 8 ou versão superior
- Unity 2018 ou versão superior
- Blender 2.79 ou versão superior
- GIMP 2.8.10 ou versão superior

Os arquivos necessários para o desenvolvimento dos projetos vistos nesse livro estão em um Kit de Estudos disponibilizado no site da editora. Acesse **www.altabooks.com.br** e procure pelo título do livro ou ISBN para ter acesso aos arquivos de apoio e/ou a outros conteúdos aplicáveis à obra.

Sobre o Autor

William Pereira Alves é formado em Análise e Desenvolvimento de Sistemas pelo Centro Universitário Claretiano de São Paulo. É autor de diversos livros sobre computação desde 1992, contando com diversas obras já publicadas, que abrangem as áreas de linguagens de programação (Delphi, C/C++, Java, Visual Basic, PHP), bancos de dados (Access), computação gráfica (CorelDRAW, Illustrator e Blender), desenvolvimento de sites (Dreamweaver, Flash e Fireworks) e de aplicações para dispositivos móveis (Palm e smartphone/tablet Android).

Atuando na área de informática desde 1985, trabalhou na Cia. Energética de São Paulo (CESP) e na Eletricidade e Serviços S.A. (Elektro) no desenvolvimento de sistemas aplicativos para os departamentos comercial e de suprimento de materiais, inclusive com a utilização de coletores de dados eletrônicos e leitura de códigos de barras.

Também foi responsável por todo o projeto e desenvolvimento do sistema de gestão da Editora Érica, entre 2007 e 2015. Atualmente, trabalha no departamento de TI da Leonardi, empresa de engenharia/construção civil especializada em concreto pré-fabricado.

Apresentação

O mercado de jogos está sempre em constante evolução, seja com lançamento de novos títulos, seja com a disponibilidade de poderosas ferramentas de desenvolvimento. Entre aquelas mais conhecidas e utilizadas, encontra-se o Unity.

Muitos desenvolvedores o tem escolhido pelos recursos oferecidos e por empregar uma linguagem de programação bastante difundida, a linguagem C#, em vez de oferecer algo novo que demanda uma curva de aprendizado inviável.

Com o Unity, é possível desenvolver jogos 2D e 3D, com qualidade gráfica excepcional, para ambientes desktop (Windows, MacOS ou Linux) ou dispositivos móveis (Android e iOS).

Apesar de ser uma ferramenta destinada ao desenvolvimento de jogos, pelo fato de possuir um motor gráfico extremamente avançado, que aproveita os recursos disponíveis no hardware das principais placas de vídeo atualmente disponíveis no mercado, ele também tem sido empregado em projetos de animação 3D.

Por meio de um mesmo projeto de jogo, desenvolvido em 2D e 3D, neste livro o leitor terá contato com as principais ferramentas e recursos oferecidos ao desenvolvedor para a realização de seus projetos pessoais.

O leitor também encontrará uma breve história dos videogames, além de uma introdução ao software Blender, destinado à modelagem e animação 3D.

Espero que estejam prontos para iniciar a jornada.

Bons estudos!
O autor

Sumário

Apresentação ix

Capítulo 1: Breve Histórico da Evolução dos Jogos Eletrônicos 1

Capítulo 2: Introdução ao Design de Jogos 19

Capítulo 3: Introdução ao Blender 27

Capítulo 4: Manipulação de Objetos 45

Capítulo 5: Introdução ao Unity 71

Capítulo 6: Animações e Programação 95

Capítulo 7: Aprimoramentos do Jogo 119

Capítulo 8: Contagem de Pontos 143

Capítulo 9: Criação de Jogo 3D 155

Capítulo 10: Adição de Melhoramentos 193

Capítulo 11: Explosões, Sons e Pontuação 217

Respostas 233
Marcas Registradas 239
Referência Bibliográfica 239
Índice 241

Breve Histórico da Evolução dos Jogos Eletrônicos

Antes de iniciarmos nosso estudo do Unity 2018, vamos conhecer um pouco sobre a história dos jogos eletrônicos, comumente conhecidos como videogames.

Neste capítulo inicial, serão apresentados os principais personagens que tornaram possível a criação dessa indústria na área de entretenimento e também os produtos que alcançaram enorme sucesso. Entre esses personagens, conheceremos alguns dos mais importantes desenvolvedores e empresas do ramo, enquanto em relação aos produtos, veremos aqueles que definiram alguns padrões do mercado.

Outros assuntos abordados são as diversas classificações dadas aos jogos de acordo com suas características e divisão de tarefas entre os profissionais envolvidos no desenvolvimento desses jogos.

A ASCENSÃO DOS VIDEOGAMES

Jogos existem há milhares de anos, e entre eles podemos citar como principais exemplos os jogos de tabuleiro (xadrez, gamão e damas) e os de cartas. Embora hoje seja uma atividade atribuída principalmente a crianças e adolescentes, os jogos foram desenvolvidos por pessoas adultas nos tempos remotos como forma de socialização, com objetivos lúdicos (métodos de ensino por meio de brincadeiras) ou como meio de fortalecer o corpo por meio de exercícios físicos, o que se pode comprovar pelos Jogos Olímpicos criados na Grécia Antiga.

Alguns desses jogos chegavam a retratar feitos ou eventos históricos, como no caso do xadrez, que procura recriar uma batalha entre dois reinos e tem como objetivo principal capturar o rei.

Os jogos eletrônicos, que serão referenciados neste livro como videogames, nome pelo qual se tornaram popularmente conhecidos, surgiram em meados dos anos 1950, quando a computação ainda estava dando seus primeiros passos.

Dois nomes se destacam nessa área. O primeiro é *William Higinbotham*, a quem normalmente é creditado o primeiro projeto de videogame. Ele desenvolveu um jogo denominado *Tennis for Two* (Tênis para dois), utilizando um computador analógico ligado a um osciloscópio que funcionava como monitor. Esse jogo se baseava no controle de uma bola (representada por um ponto luminoso) que se movia da direita para a esquerda e vice-versa, com a peculiaridade de saltitar no chão como se fosse influenciada pela gravidade. Era como se estivéssemos vendo um jogo de tênis a partir da perspectiva de uma lateral da quadra. É possível ver uma pequena demonstração do jogo em ação no YouTube, no endereço *https://www.youtube.com/watch?v=6PG2mdU_i8k*.

O projeto foi concebido quando William trabalhava no *United States Department of Energy* (Departamento de Energia dos Estados Unidos), com o objetivo de ser apresentado como atração em um evento anual aberto ao público em geral e promovido pelo *Instrumentation Division for Brookhaven National Laboratory*, um famoso centro de pesquisa nuclear dos EUA. Apesar de ser uma novidade tecnológica para a época, o jogo não recebeu do público a recepção tão esperada. Mesmo não resultando em um grande impacto, o jogo ficou registrado para a história.

O segundo nome é *Steve Russell*, um estudante do MIT (Massachusets Institute of Technology) que em 1961 criou um jogo denominado *Space War* em um computador DEC PDP-1. Nesse jogo, os jogadores controlavam duas naves, alterando sua posição e atirando um contra o outro com o objetivo de abater o adversário/oponente. Posteriormente, o jogo ganhou um fundo com pontos luminosos que simulavam estrelas e até um Sol no centro do cenário. As Figuras 1.1 e 1.2 exibem, respectivamente, o monitor do computador PDP-1 com o jogo em execução e uma versão com gráficos melhorados lançada anos depois.

O jogo obteve grande sucesso e foi uma enorme sensação no evento anual Science Open House do MIT. Apesar disso, em virtude do alto custo de um computador PDP-1 à época, a comercialização do jogo tornou-se inviável. A DEC acabou distribuindo-o junto com seus computadores gratuitamente.

Figura 1.1 – Monitor do computador DEC PDP-1 rodando o jogo Space War original.
Fonte: https://commons.wikimedia.org/wiki/File:Spacewar_screenshot.jpg

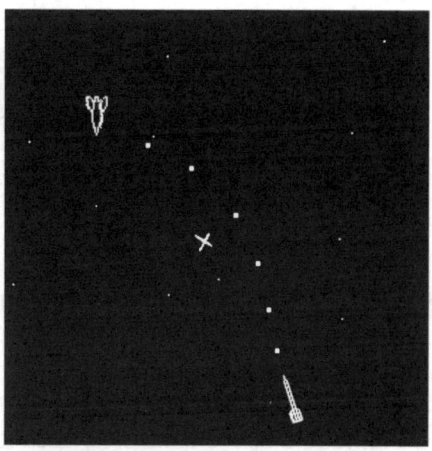

Figura 1.2 – Tela de versão com gráficos aperfeiçoada do jogo Space War.
Fonte: https://commons.wikimedia.org/wiki/File:Spacewar1.svg

Foi somente na década de 1970 que o assunto voltou à tona pelas mãos de outros dois inventores: *Ralph Baer* e *Nolan Bushnell*.

Ralph trabalhou como projetista de aparelhos de TV até assumir, nos anos 1960, o cargo de gerente de pesquisa e desenvolvimento na *Sanders Associates*, uma empresa prestadora de serviços para o exército americano. Em uma viagem a Nova York no ano de 1966, ele teve a ideia de criar um aparelho de jogo que podia ser ligado à TV. O jogo imitava uma partida de pingue-pongue, tendo os jogadores um controle para manipular verticalmente duas barras que representavam as raquetes. Um pequeno ponto quadrado que rebatia nas laterais e nas raquetes fazia as vezes da bola.

Seu projeto foi, então, apresentado aos executivos da empresa, e embora não tenha recebido a recepção esperada, o projeto teve andamento graças ao entusiamo de Bill Rusch, o chefe de Ralph.

No entanto, a Sanders não era fabricante de aparelhos de TV ou de brinquedos eletrônicos, o que levou à venda do projeto a uma empresa que atuasse nesse segmento de mercado. Em 1971, a Magnavox, uma subsidiária da holandesa Philips, fechou contrato com a Sanders para produzir o primeiro videogame comercialmente conhecido. Assim chegava ao mercado o Odyssey (Figura 1.3).

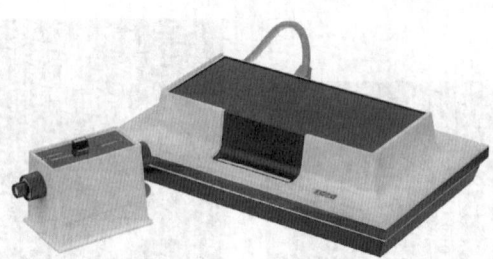

Figura 1.3 – Videogame Odyssey da Magnavox, desenvolvido por Ralph Baer.
Fonte: https://commons.wikimedia.org/wiki/File:Magnavox-Odyssey-Console-Set.jpg

Uma segunda versão viria alguns anos depois, com um gabinete totalmente redesenhado e novos controles. Essa foi a versão lançada no Brasil em 1983. Em outros países, ele era denominado Videopac Computer. Veja a Figura 1.4.

Diferentemente dos computadores e videogames atuais, O Odyssey da Magnavox não possuía um microprocessador nem chips de memória. Era um equipamento que empregava circuitos discretos, formados por resistores, capacitores, transistores e diodos, como mostra a Figura 1.5. Mesmo assim, podia ser programado por meio de cartuchos que continham os programas de jogos. Outra característica interessante era o fato de ele poder funcionar ligado a uma tomada de energia ou com pilhas normais, uma possibilidade não disponível nos demais aparelhos desde o Atari VCS 2600.

Figura 1.4 – Segunda versão do Odyssey, lançada pela Philips holandesa.
Fonte: https://commons.wikimedia.org/wiki/File:Videopac-pete-screen-800px.jpg

Nolan, por outro lado, já tinha alguma vivência com computadores por ter trabalhado como engenheiro na Universidade de Utah, entre 1962 e 1968. Com a ajuda de amigos e estudantes da universidade, ele conseguiu criar alguns jogos de computador. Sendo altamente influenciado pelo jogo Space War, em 1969 ele resolveu recriá-lo. Por meio de uma parceria com uma empresa do ramo de jogos eletrônicos, Nolan desenvolveu o equipamento que funcionava com moedas e colocou no mercado o equipamento, sem obter muito sucesso.

Figura 1.5 – Placa de circuitos eletrônicos do Odyssey, da Magnavox.
Fonte: https://commons.wikimedia.org/wiki/File:Magnavox-Odyssey-Open-FL.jpg

Em 1972, Nolan fundou a Atari e junto com Al Alcorn, desenvolveu um videogame denominado Pong (Figura 1.6), cujo princípio de funcionamento era muito similar ao do jogo desenvolvido por Ralph Baer. Isso levou a Atari a um processo movido pela Magnavox por quebra de patentes.

A Atari voltaria a ser notícia no ano de 1977, ao lançar seu primeiro videogame para uso doméstico, o Atari Video Computer System (Atari VCS), mais tarde renomeado para Atari 2600 (Figura 1.7). Com isso, ela se tornou a primeira empresa a produzir um equipamento que funcionava com cartuchos, e seu sistema se tornou sinônimo de videogame por muitos anos.

Figura 1.6 – Videogame Pong, desenvolvido pela Atari.
Fonte: https://commons.wikimedia.org/wiki/File:Signed_Pong_Cabinet.jpg

Figura 1.7 – Console do videogame Atari 2600.
Fonte: https://commons.wikimedia.org/wiki/File:Atari2600a.JPG

O videogame Atari 2600 praticamente inaugurou a segunda geração de consoles, ao oferecer jogos coloridos e mais bem elaborados, ao contrário dos modelos da primeira geração, que exibiam os jogos apenas em preto e branco e com personagens/objetos representados por símbolos geométricos simples, como pontos quadrados/retangulares e linhas retas.

Mas nem só de glórias viveu a Atari. Um dos casos de fracasso mais emblemático ocorreu em 1983, com a produção do jogo E.T., embalada pelo enorme sucesso do filme homônimo de Steven Spielberg. O jogo foi desenvolvido em cinco semanas e consumiu US$20 milhões. O resultado foi um produto final muito pobre graficamente e cheio de bugs. Conclusão: a Atari precisou recolher todos os cartuchos das lojas, pois estavam encalhados, e depois os enterrou (milhões de unidades) no deserto do Novo México (EUA).

Mas o ano de 1983 foi marcado por um inesperado colapso no mercado de consoles de videogames, ocasionado principalmente por dois fatores. O primeiro foi a queda no desempenho da economia em geral, e o segundo foi a ascensão dos computadores pessoais de baixo custo, como o ZX-Spectrum, o Commodore VIC-20, o Commodore 64, o Atari 400, entre outros. Além dos usos normais na execução dos mais diversos softwares, esses computadores também tinham a capacidade de serem utilizados como videogames, uma vez que permitiam rodar programas de jogos, sendo que esses, muitas vezes, ofereciam mais recursos que os consoles até então comercializados. Entre esses recursos, o mais notável era a melhor qualidade gráfica dos jogos.

UMA NOVA GERAÇÃO

A terceira geração de consoles de videogames é marcada por aparelhos com melhor resolução gráfica (mais pixels e cores simultâneas) e qualidade sonora, embora ainda fossem baseados em processadores com arquitetura de 8 bits. Entre os precursores dessa nova geração, podemos mencionar o modelo lançado em 1983 pela empresa japonesa Nintendo, o qual recebeu o nome de Famicom (de Family Computer) no Japão, e que anos mais tarde (1985) chegaria aos mercados da Europa e EUA com o nome NES (Nintendo Entertainment System).

Além da melhor qualidade dos jogos, esse videogame inovou ao lançar controles que utilizavam botões, no lugar de alavancas, que ficaram conhecidos como joypads.

Esse videogame representou, ainda, uma percepção visionária do mercado, que à época estava um tanto estagnado, ao apresentar uma aparência diferenciada dos equipamentos existentes até então. Com suas cores branca e vermelha e detalhes em tom dourado, mais parecia um brinquedo comum.

Entre os títulos de jogos de maior sucesso temos o Mario Bros, criado por Shigeru Miyamoto. Esse personagem apareceu pela primeira vez no jogo Donkey Kong, famoso nas casas de fliperamas da década de 1980. Veja nas Figuras 1.8 e 1.9 os modelos Famicom e NES.

Figura 1.8 – Console do videogame Nintendo Famicom.
Fonte: https://commons.wikimedia.org/wiki/File:Nintendo-Famicom-Console-Set-FL.jpg

Na mesma trilha da Nintendo vinha a Sega, outra empresa japonesa fabricante de máquinas de jogos de fliperama. Ela já possuía uma pequena experiência no mercado de videogames domésticos com seu modelo SG-1000, e que serviu de base para o desenvolvimento do Master System, lançado em 1987.

Sua arquitetura empregava o processador Z80, mais rápido que o 6502 utilizado pela Nintendo. A resolução gráfica de 256 x 192 pixels e 16 cores simultâneas o tornavam equivalente aos computadores da linha MSX, um projeto nascido no Japão.

O design era diferenciado por apresentar formas angulosas e seu gabinete ser mais fino. As Figuras 1.10 e 1.11 exibem, respectivamente, o primeiro modelo e o Master System II.

Figura 1.9 – Console do videogame Nintendo NES.
Fonte: https://commons.wikimedia.org/wiki/File:Nintendo-NES-TL-Console-FL.jpg

Figura 1.10 – Console do videogame Sega Master System.
Fonte: https://commons.wikimedia.org/wiki/File:Sega-Master-System-Set.jpg

Figura 1.11 – Console do videogame Sega Master System II.
Fonte: https://commons.wikimedia.org/wiki/File:Master_System_II.jpg

Esses foram os dois principais protagonistas e os maiores rivais durante muitos anos.

O SALTO PARA OS 16 BITS

Em meados dos anos 1980, teve início a ascensão de computadores com arquitetura de 16 bits, principalmente no uso profissional, sendo que o carro-chefe do mercado era a linha PC da IBM.

Com esse poder extra de processamento, as produtoras de jogos tiveram uma nova opção de mercado, o que levou ao desenvolvimento de jogos mais sofisticados. Nos anos 1990, com a introdução dos leitores de CD-ROM, placas de som e adaptadores de vídeo mais poderosos, que ofereciam melhor resolução, a qualidade dos jogos para computadores teve um enorme avanço.

No campo dos videogames domésticos, a era dos equipamentos de 8 bits também sofreu um revés, tendo em vista o colapso sofrido nesse segmento de mercado, aliado à maior exigência do público por jogos com melhores recursos gráficos e sonoros. Foi então que empresas como Nintendo e Sega direcionaram seus esforços no desenvolvimento de novos consoles que aproveitavam o poder dos processadores de 16 bits.

A Sega saiu na frente ao lançar no Japão, no ano de 1988, seu console Mega Drive, um sucesso incontestável. Dois anos depois, ele desembarcava no mercado europeu e norte-americano, sendo que nesse último foi comercializado com o nome Genesis. Seu coração era um microprocessador Motorola da família 68000, igual ao utilizado pelos computadores Apple Macintosh, Atari ST e Commodore Amiga.

Posteriormente, foram lançados alguns acessórios, como um leitor de CD-ROM e um módulo que continha dois processadores RISC da Hitachi para melhorar a performance do equipamento.

Nas Figuras 1.12 e 1.13 podemos ver as duas versões desse console.

Figura 1.12 – Console do videogame Sega Mega Drive.
Fonte: https://commons.wikimedia.org/wiki/File:Sega-Mega-Drive-JP-Mk1-Console-Set.jpg

Já a Nintendo, por outro lado, ao desenvolver o Super Nintendo (ou Super Famicom, no Japão) optou por um projeto baseado no processador 65816, o sucessor do antigo 6502, o que o tornava, tecnicamente falando, inferior ao seu principal rival, o Mega Drive. No entanto, suas qualidades gráficas e sonoras eram superiores aos concorrentes graças aos chips de vídeo e de som poderosos (esse último desenvolvido pela Sony).

Figura 1.13 – Console do videogame Sega Mega Drive II.
Fonte: https://commons.wikimedia.org/wiki/File:SegaMegadrive2.jpg

Para melhorar ainda mais suas qualidades gráficas, foi desenvolvido pela empresa britânica Argonaut um chip denominado SuperFX, especializado na manipulação de gráficos vetoriais, com capacidade para trabalhar com 100 polígonos por segundo. O jogo StarFox fazia uso intenso dessa característica.

A Figura 1.14 apresenta o console da primeira versão do Super Nintendo.

Figura 1.14 – Console do videogame Super Nintendo.
Fonte: https://commons.wikimedia.org/wiki/File:Nintendo-Super-NES-Console-FL.jpg

A ERA DOS 32 BITS E O DOMÍNIO DA SONY E DA MICROSOFT

Com sua larga experiência no campo da eletrônica de consumo (aparelhos de som, televisores, tocadores de CD etc), a Sony se propôs a também entrar no mercado de videogames, lançando, em 1994, o PlayStation, o console que inaugurava uma nova geração: a dos videogames com arquitetura de 32 bits. Seu hardware tinha um projeto bastante avançado, capaz de executar, em tempo real, animações gráficas em 3D e produzir som polifônico de alta qualidade.

Embora existissem, antes do seu lançamento, consoles cujos jogos eram distribuídos na forma de CD-ROMs (como o Panasonic 3DO e o Sega Saturn) ou que permitiam seu uso por meio de um acessório (como o Atari Jaguar e o próprio Mega Drive), o PlayStation foi o equipamento que realmente popularizou a comercialização de jogos nesse tipo de mídia. Veja a Figura 1.15.

No ano 2000 foi lançada a segunda versão, o PlayStation 2, agora todo na cor preta (Figura 1.16) e que também permitia ler DVDs, além de CDs. Houve, ainda, a versão PlayStation 2 Slim lançada em 2004, com um tamanho menor que o primeiro modelo, como mostra a Figura 1.17.

Entre as novidades técnicas introduzidas pelo PlayStation, uma que podemos destacar por ser algo inédito foi a porta para inserção de cartão de memória, o que possibilitava aos jogadores gravar seus placares de jogos ou mesmo a fase em que pararam, para continuar posteriormente.

Figura 1.15 – Primeira versão do PlayStation da Sony.
Fonte: https://commons.wikimedia.org/wiki/File:PSX-Console-wController.jpg

Figura 1.16 – Segunda versão do PlayStation.
Fonte: https://commons.wikimedia.org/wiki/File:Sony-PlayStation-2-30001-wController-L.jpg

Figura 1.17 – Modelo Slim do PlayStation 2.
Fonte: https://commons.wikimedia.org/wiki/File:PS2-slim-console.jpg

Em 2006, foi a vez do lançamento da terceira versão, o PlayStation 3, com um novo design, mais arredondado e com aperfeiçoamento na qualidade gráfica e sonora (Figura 1.18). Essa versão também teve dois modelos menores, o Slim (de 2009) e o Super Slim (de 2012), que podem ser vistos nas Figuras 1.19 e 1.20, respectivamente.

Figura 1.18 – Console PlayStation 3.
Fonte: https://commons.wikimedia.org/wiki/File:Sony-PlayStation-3-CECHA01-wController-L.jpg

Figura 1.19 – Modelo Slim do PlayStation 3.
Fonte: https://commons.wikimedia.org/wiki/File:Sony-PlayStation-3-2001A-wController-L.jpg

Figura 1.20 – Modelo Super Slim do PlayStation 3.
Fonte: https://commons.wikimedia.org/wiki/File:Sony-PlayStation-PS3-SuperSlim-Console-FL.jpg

Atualmente, ele se encontra na versão 4, lançada em 2013, e teve seu design novamente revisto, deixando de ser arredondado. Com ele, é possível também assistir a filmes em Blu-ray. Veja a Figura 1.21.

Figura 1.21 – Console PlayStation 4.
Fonte: https://commons.wikimedia.org/wiki/File:PS4-Console-wDS4.jpg

Antes de lançar seu próprio videogame, a Microsoft já havia passado por algumas experiências, como a parceria com a empresa japonesa ASCII no projeto de computadores pessoais MSX, que tinham uma arquitetura de hardware muito atraente para a produção de jogos com nível de qualidade similar aos videogames de terceira geração, como Nintendo NES e Sega Master System.

Além disso, em 1995 ela havia introduzido junto com o Windows 95, uma plataforma denominada DirectX, que prometia solucionar diversos problemas de compatibilidade de drivers de vídeo e som, tornando possível um desenvolvimento de aplicações gráficas e jogos, de forma mais rápida.

Estava pronto o caminho para que ela pudesse entrar no disputado mercado de videogames, que à época era liderado pelo console PlayStation. Assim, foi lançado em 2001 o Xbox, tendo por base um arquitetura de PC com DirectX8 otimizada para trabalhar somente com jogos. Ele empregava um processador Pentium III rodando a 733 MHz e uma placa de vídeo GeForce, dispondo de 64 MB de memória RAM e um disco rígido de 10 GB. A Figura 1.22 exibe a imagem do console.

As duas atualizações desse videogame foram o XBox 360 (Figura 1.23) e o XBox One, que pode ser visto na Figura 1.24 junto com o Kinect, um sensor de movimentos que pode ser utilizado como controle em alguns jogos, o que oferece uma maior interatividade.

Figura 1.22 – Primeira versão do console Xbox.
Fonte: https://commons.wikimedia.org/wiki/File:Xbox-console.jpg

Figura 1.23 – Console Xbox 360.
Fonte: https://commons.wikimedia.org/wiki/File:Xbox360.png

Figura 1.24 – Console Xbox One com sensor de movimentos Kinect.
Fonte: https://commons.wikimedia.org/wiki/File:Microsoft-Xbox-One-Console-Set-wKinect.jpg

JOGOS PARA COMPUTADORES E DISPOSITIVOS MÓVEIS

Nem só de consoles vive o mercado de jogos. Os computadores pessoais, desde as épocas mais remotas, sempre foram um terreno fértil para o desenvolvimento desse tipo de software, uma vez que os jogos eletrônicos não passam disso.

Praticamente todas as linhas de computadores tiveram sua gama de jogos, do Sinclair ZX-81, passando pelo Apple II e TRS-80, até chegar à família MSX e PC. Um destaque deve-se dar à família de computadores MSX, que foi um projeto idealizado por Kai Nishi, fundador da empresa ASCII que era distribuidora da Microsoft no Japão. Em 1982, ele se aventurou na missão de desenvolver uma nova linha de computadores domésticos que colocaria um fim à incompatibilidade que havia entre os diversos modelos existentes na época. Essa incompatibilidade significava que um software desenvolvido para o Sinclair ZX-Spectrum, por exemplo, não podia ser executado no Apple II ou TRS-80. Ela não se restringia apenas aos softwares, mas também aos hardwares.

A iniciativa de Kai, junto com Bill Gates da Microsoft, levou à definição de um padrão de computador de 8 bits que foi seguido por diversos fabricantes de equipamentos eletrônicos, entre eles, as japonesas Sony, Canon, Sanyo, Mitsubishi, Panasonic, Toshiba e Yamaha, a holandesa Philips e a norte-americana Spectravideo. No Brasil, tivemos dois representantes pelas mãos da Sharp (Hotbit) e Gradiente (Expert).

Inúmeros títulos foram e ainda são produzidos para computadores pessoais, sendo que boa parte deles são versões dos jogos para consoles, mas também há aqueles que foram criados inicialmente para os computadores e depois foram portados para os consoles. Podemos encontrar jogos que rodam no Windows, no MacOS e nas diversas distribuições Linux.

Atualmente, alguns jogos são tão sofisticados que exigem computadores com configurações bastante poderosas, principalmente em termos de quantidade de memória RAM e placa de vídeo dedicada. Entre eles, podem ser mencionados os jogos que fazem uso intenso de animações, vídeos e gráficos tridimensionais, com alto grau de realismo das imagens.

Com o advento dos dispositivos móveis, como smartphones e tablets, surgiu mais uma fatia de mercado de jogos eletrônicos, desenvolvidos especificamente para esses equipamentos. São jogos otimizados, para poderem ser executados em um tipo de hardware que tem configuração mais modesta, se comparada com as dos computadores e dos consoles. No entanto, o resultado final possui uma qualidade que não fica devendo muito para seus primos maiores.

Nesses últimos, a interação do jogador com o jogo foge da forma tradicional, tendo em vista que não há um dispositivo físico para controle, como um joystick, joypad ou teclado. Sendo assim, o desenvolvedor tem de usar sua criatividade para utilizar os mecanismos disponíveis, como teclado sensível ao toque ou movimentos detectados pelo próprio aparelho.

CATEGORIAS DE JOGOS

Neste último tópico, veremos as diversas categorias em que os jogos podem ser classificados, de acordo com suas características. Alguns jogos poderiam pertencer a mais de uma categoria, dado que eles possuem características híbridas. Vamos listar aqui apenas as categorias mais conhecidas, junto com alguns exemplos de títulos de jogos.

Plataforma

Nessa categoria, encontram-se os jogos com imagem tipicamente em 2D e nos quais os personagens e o cenário são movimentados horizontal ou verticalmente. Por exemplo, no jogo Sonic, o personagem título (um porco espinho) corre pela tela horizontalmente (da esquerda para a direita) para apanhar diversos objetos pelo caminho e saltar obstáculos (muros e buracos). Já no jogo 1942, um avião de caça sobrevoa uma paisagem formada por mares e ilhas e se desloca de topo para a base da tela, enquanto atira em outros aviões e navios inimigos para explodi-los.

Ação

Essa categoria engloba os jogos que envolvem simulação de combates, lutas, jogos de tiros etc. Ela pode ser considerada como um agrupamento de outras subcategorias. Por exemplo, na categoria de jogos de plataforma, temos jogos de combate entre naves, como Xevious ou 1942.

Os jogos de tiros, nos quais o personagem utiliza algum tipo de arma para se defender ou atacar seus inimigos, pode ser classificado em primeira ou terceira pessoa. No primeiro caso, o jogador tem uma visão do cenário em seu todo como se fosse o próprio personagem. Exemplos clássicos, e que praticamente inauguraram esse tipo de jogo, são Wolfenstein 3D e DOOM.

Os mais modernos jogos de tiros apresentam um realismo gráfico impressionante, como é o caso do Call of Duty, reconhecidamente um sucesso de vendas, com versões para as principais plataformas (PC, Xbox e PlayStation).

Aventura

É uma categoria de jogos caracterizados por possuírem um enredo e o jogador fazer as vezes de um personagem do jogo, sendo levado por labirintos ou paisagens com o objetivo de, normalmente, encontrar objetos que devem ser recolhidos, decifrar algum enigma ou seguir orientações de mensagens.

Existem dois tipos de jogos de aventura, os tipicamente textuais, nos quais o jogador precisa digitar frases ou responder a perguntas, e os gráficos. Para esse último tipo, podem ser mencionados os jogos King's Quest, da Sierra, e Monkey Island, da Lucas Arts, empresa de George Lucas.

Esportes

Como o próprio nome sugere, essa categoria agrupa os jogos que simulam algum tipo de esporte, como tênis, futebol ou vôlei. Um dos mais expoentes exemplos dessa categoria é o jogo FIFA, que tem versões para PC, PlayStation e Xbox. Seu maior concorrente é o PES (Pro Evolution Soccer).

Luta

Um dos gêneros de jogos que possui a maior quantidade de títulos, com suas respectivas versões. Neles, o jogador pode enfrentar como oponente o próprio computador/videogame ou outra pessoa atuando como um segundo jogador. Os tipos de lutas variam de boxe, artes marciais, lutas de rua ou MMA.

As séries Street Fighter e Mortal Kombat são os exemplos mais conhecidos, com gráficos bidimensionais. No segmento de jogos 3D, temos o Virtua Fighter.

Corrida

Essa categoria engloba os jogos que simulam corridas de carros, motos, skates etc. Um dos mais conhecidos, desde as máquinas de fliperamas, é o Out Run, que reproduz uma corrida de rua.

Simulação

O jogo que mais vem à memória quando se menciona essa categoria é o Flight Simulator, da Microsoft. Nele, o jogador deve pilotar diversos tipos de aviões, decolando e aterrissando em vários aeroportos pelo mundo. Outros tipos de jogos de simulação, que vão além da simples tarefa de controlar uma aeronave, são aqueles que levam o jogador a participar de combates aéreos, como no caso do X-Wing e Tie Fighter (ambos da Lucas Games), baseados na trilogia de filmes Star Wars e que colocavam o jogador no controle de caças da Resistência Rebelde (X-Wing) e do Império (Tie Figther).

Podemos listar muitas outras categorias e gêneros de jogos, mas essas são suficientes para que o leitor tenha uma ideia da diversidade que temos. Basta escolher uma que seja sua preferência e utilizá-la até como referência para desenvolvimento do seu próprio projeto de jogo.

É bom lembrar que muitos dos jogos atualmente comercializados possibilitam ao jogador disputar partidas conectado a outros jogadores utilizando a internet, os chamados jogos online ou multiplayer. No entanto, esse é um recurso que já se encontrava disponível no passado em alguns jogos, como o DOOM.

No próximo capítulo, daremos início ao estudo do processo de design de jogos, abordando a concepção e definição do escopo do jogo (características, atores/personagens, público-alvo etc).

Exercícios

1. Inicialmente, qual foi o principal objetivo da criação de jogos pelo ser humano?
2. Descreva o princípio de funcionamento do jogo inventado por William Higinbotham.
3. Descreva o princípio de funcionamento do jogo inventado por Steve Russell.
4. Por que o jogo Space War não obteve o sucesso esperado?
5. Por que a Magnavox/Philips adquiriu os direitos de produção do videogame Odyssey, inventado por Ralph Baer?
6. Qual foi o primeiro projeto desenvolvido por Nolan Bushnell e Al Alcorn na Atari?
7. Qual foi a característica do Atari 2600 que o coloca como o equipamento que inaugurou a segunda geração de videogames?
8. Qual é a característica que definiu os videogames da terceira geração?
9. Apesar do processador inferior, qual característica do Super Nintendo superava o Mega Drive?
10. Cite três categorias de jogos conhecidas e descreva suas principais características.

Introdução ao Design de Jogos

Neste capítulo, veremos os conceitos mais elementares no projeto de jogos eletrônicos. Entre eles: a elaboração do roteiro, definição da arte gráfica (desenho de personagens, cenários e outros elementos do jogo), modelagem, animação e sprite.

PROJETOS DE JOGOS

Conforme já mencionado no capítulo anterior, os jogos eletrônicos, sejam para computadores, consoles de videogames ou dispositivos móveis (smartphones e tablets), são na verdade programas iguais aos que você executa em seu computador. Sendo assim, o seu desenvolvimento envolve equipes formadas por diversas pessoas, que assumem tarefas diferentes no processo.

Podemos elencar essas equipes de pessoas de acordo com as atividades que executarão dentro do processo. No topo da lista, temos a equipe responsável pela criação do roteiro do jogo. Por meio desse roteiro é que se define o enredo do jogo, que compreende os personagens, as fases em que o jogo será dividido, os cenários de fundo, os objetivos, entre outras características. Muitas vezes são utilizados *storyboards* para uma melhor compreensão do desenrolar do jogo, uma técnica empregada pela indústria do cinema há muito tempo.

Com o roteiro definido, entram em cena os designers, cuja tarefa é projetar e desenhar os personagens, os cenários e os diversos objetos que fazem parte do jogo. O designer pode iniciar seu trabalho por meio de um esboço feito com lápis e papel e depois, com o uso de softwares de modelagem 3D, criar digitalmente a versão final.

Não apenas é necessária uma equipe para cuidar de todo o desenvolvimento gráfico do jogo, mas também uma responsável pela produção dos vários tipos de áudio, o que inclui desde as músicas de fundo até os diversos efeitos sonoros que devem estar presentes no jogo, como sons de explosões, barulho de objetos quebrando, ronco do motor de carro etc.

No planejamento do roteiro, deve-se indicar em quais pontos do jogo devem ser executadas as músicas e os sons que precisam ser gerados. Esses apontamentos podem ser inseridos nos próprios quadros do *storyboard*. Essa é uma atividade que cabe a uma pessoa da equipe, que faz as vezes de um diretor.

O próximo passo é abstrair cada elemento que compõe o jogo para poder elaborar os modelos computacionais que os representam no mundo virtual. Por exemplo, se no jogo existe um carro, é necessário abstrair as informações relevantes para que ele possa ser simulado com a máxima perfeição. Essa atividade envolve não apenas simular o comportamento do objeto, mas também fazer com que ele possa agir de acordo com a interação do jogador.

A etapa que consome a maior parte do tempo de desenvolvimento de um jogo, assim como ocorre com outros tipos de software, é a programação propriamente dita. Existem outras etapas antes dessa que poderíamos mencionar aqui, mas para nosso propósito didático, as que foram expostas já são suficientes para um bom entendimento do processo.

Além da construção dos códigos em alguma linguagem, a fase de programação também envolve a definição da interface entre o jogo e o jogador. Os elementos gráficos e sonoros, que, provavelmente, foram criados em algum software específico para isso, são manipulados por esses códigos em tempo de execução do jogo.

Hoje existem ferramentas de desenvolvimento de jogos, como o Unity, que é nosso objeto de estudo, que praticamente dispensam o uso de códigos de programação. Tudo que se precisa fazer é definir algumas propriedades e ações que devem ser executadas de acordo com a ocorrência de um determinado evento.

HISTÓRIA/ENREDO

Os gráficos, a qualidade do áudio (músicas e efeitos sonoros) e a jogabilidade, entre outros itens, são muito utilizados como forma de classificar se um jogo é bom ou não. No entanto, existe outra característica igualmente importante, que nem sempre é considerada como relevante: a história embutida no jogo.

Assim como em um filme, o jogo precisa ter um enredo que evolui à medida que o jogador avança pelas diversas fases que o compõem como um todo. Ao conter uma história, o jogo se torna mais atraente, tendo em vista que, dessa forma, ele se assemelha a um livro ou filme, no qual o próprio jogador é personagem. A história também facilita entender os objetivos do jogo.

Muitos jogos das duas primeiras gerações videogames não tinham um enredo como base. Por exemplo, o jogo Pong se resumia apenas em rebater um ponto que representava uma bola de pingue-pongue. O jogo Space Invaders era uma simples questão de atirar nas figuras que desciam do topo da tela.

Como exemplo de um jogo que conta uma história, podemos citar DOOM, um grande sucesso dos anos 1990 para PC e, posteriormente, para consoles. Nele, você é um fuzileiro que trabalha para um complexo militar industrial e que foi enviado a instalações da empresa que estão localizadas em Phobos e Deimos, duas luas de Marte. Lá, ele encontra um verdadeiro caos, um ambiente dominado por criaturas monstruosas que devem ser destruídas. O desenrolar do jogo se baseia na busca por uma saída que leva ao próximo nível, mas para isso, é necessário percorrer inúmeros corredores e salas, repletos de monstros e zumbis.

Os jogos do tipo aventura e RPG são os que mais se valem de um enredo. E conforme mencionado no tópico anterior, o enredo deve ser completamente definido já na fase de planejamento do jogo.

ARTEFATOS E ARSENAIS

Muitos jogos, principalmente os de tiro e de aventura/RPG, oferecem ao jogador uma enorme quantidade de objetos e armas dispersos por diversos pontos e que devem ser recolhidos.

Alguns desses objetos permitem que o personagem ganhe mais força, adicionam invencibilidade ou apenas aumentam a pontuação do jogo. Esses itens podem ser um frasco com uma poção, uma maleta de primeiros socorros, mapas, baús, joias etc.

Também existem jogos cujos objetos melhoram a performance do personagem. Um caso típico é o jogo Sonic, cujo personagem protagonista adquire maior velocidade ao recolher os anéis dourados.

Jogos que simulam corrida podem conter galões de combustível para reabastecimento dos carros, ou então, permitir que se troquem peças conforme a disponibilidade de dinheiro arrecadado com as vitórias.

Já as armas podem oferecer maior facilidade para se derrotar inimigos. Por exemplo, uma pistola demora mais tempo para destruir um monstro do que uma metralhadora giratória. Também fazem parte do arsenal disponível no jogo, munições para as armas de tiros ou baterias para armas de raios.

INTERAÇÃO

Sem dúvida, o grau de interação oferecida por um jogo é um item que pode levar o jogador a ficar horas entretido ou então perder o interesse em poucos minutos.

Podemos entender a interação entre jogo e jogador como sendo a capacidade do primeiro reagir às ações do segundo. Por exemplo, em um simulador de corrida, ao fazer uma curva em velocidade excessiva, o carro deve derrapar na pista, obedecendo às leis da física. Do mesmo modo, em um jogo de luta, o adversário deve procurar defender os golpes do jogador.

No que diz respeito à interação, um recurso muito importante para dar mais realismo ao jogo é a capacidade de aprendizagem dos personagens para reagirem de forma diferente conforme a ação do jogador ou situação do próprio jogo. Isso envolve a adição de inteligência artificial, um campo altamente complexo em termos de programação.

Os jogos de aventura são, novamente, os que mais fazem uso de interação, uma vez que os personagens, na maioria das vezes, se comunicam com o jogador da forma mais natural possível. Mesmo alguns jogos de tiro em primeira pessoa têm um grau de interação muito alto.

CONCEITO BÁSICO DE ANIMAÇÃO

Independente de o jogo ser 2D ou 3D, é imprescindível que os personagens e outros elementos que oferecem interação sejam animados. Mesmo itens que compõem o cenário de fundo muitas vezes também necessitam de animação, como por exemplo, ramos de árvores ou uma bandeira que se move com o vento.

O processo de animação envolve a sobreposição de diversas imagens de um mesmo objeto/personagem, cada uma apresentando pequenas variações em relação às outras. Por exemplo, para animar uma bola que esteja caindo em direção ao solo, serão necessárias várias imagens estáticas nas quais cada uma contém a bola em uma posição diferente, como mostra a sequência da Figura 2.1*.

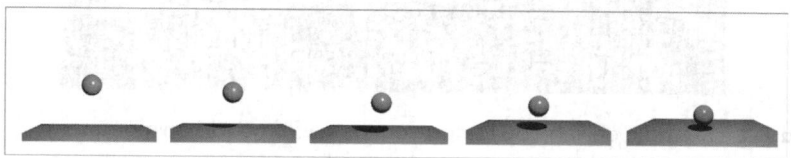

Figura 2.1 – Sequência de imagens para animação de uma bola caindo.

Para poder determinar quantas imagens diferentes são necessárias a uma animação, é preciso entender com nosso cérebro atua na percepção dos movimentos. Para haver um movimento suave e harmônico, sem mudanças bruscas ou irregulares, a animação deve exibir, no mínimo, 24 imagens por segundo. Isso é conhecido como taxa de exibição, e sua medida é dada em quadros por segundo (em inglês, *frame per second* – FPS).

Fazendo-se as contas, para um minuto de animação, são necessários 24 quadros/segundo x 60 segundos, ou seja, 1440 quadros.

Os softwares de animação, como 3ds Max, Maya, Blender ou Cinema 4D, oferecem recursos que permitem a definição da posição inicial de um objeto na cena e sua posição final, e o software gera automaticamente os quadros intermediários. Isso também é possível no Unity.

Muitas animações são geradas a partir de uma técnica denominada captura de movimentos (*motion capture* em inglês), a qual consiste em, por meio de sensores acoplados ao corpo e câmeras especiais, filmar uma pessoa real em ação e

---

* As figuras do capítulo 2 em diante estão disponibilizadas no site da editora (altabooks.com.br) para melhor visualização dos detalhes.

depois recriar, com base nas imagens capturadas, uma versão digital com o uso de softwares de modelagem/animação.

Existe um conceito empregado em animação, tanto a tradicional quanto a computadorizada, denominado em inglês *keyframe* e que representa o quadro responsável pela definição de um ponto para mudança na sequência de imagens. Uma animação pode conter centenas ou até milhares de keyframes, distribuídos em uma linha do tempo. Veja a Figura 2.2 um exemplo típico de linha do tempo com diversos keyframes demarcados.

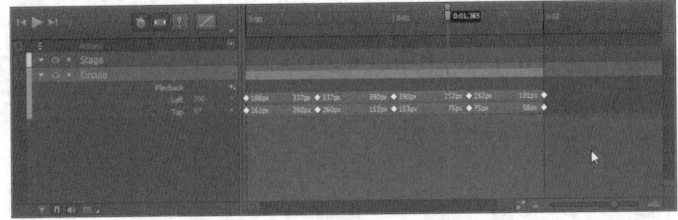

Figura 2.2 – Exemplo de linha do tempo com os keyframes da animação.

Cada objeto da animação possui sua própria linha do tempo, a qual permite configurar suas características de forma independente. As Figuras 2.3 e 2.4 exibem dois tipos de linhas do tempo existentes no software Blender.

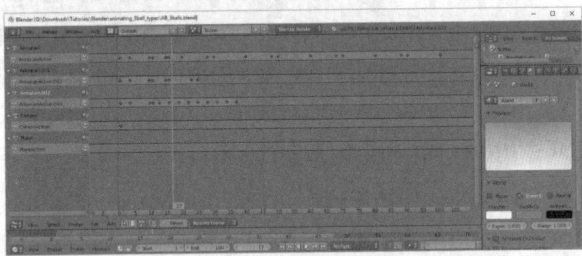

Figura 2.3 – Linha do tempo do editor NLA do Blender.

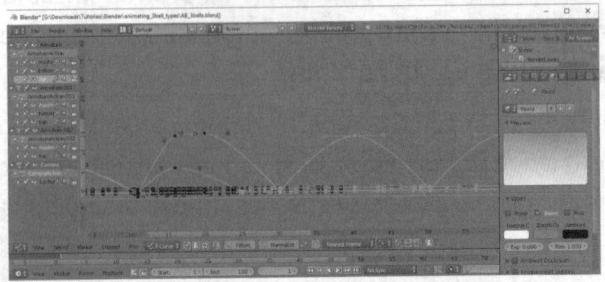

Figura 2.4 – Linha do tempo do editor de interpolação do Blender.

CONCEPÇÃO DA ARTE

Uma das fases mais importante do projeto de um jogo é a concepção de toda a arte gráfica que o compõe. Essa etapa envolve desde o design dos personagens até a elaboração dos cenários de fundo.

Não há como negar que o visual gráfico do jogo, principalmente em relação ao realismo apresentado, é o fator que mais atrai a atenção dos aficionados. Em função disso, é extremamente importante desenvolver um design gráfico agradável visualmente e que seja ao mesmo tempo amigável.

Os métodos escolhidos para definição da arte gráfica podem ir de um rascunho feito a lápis em papel ou em um programa de ilustração (Inkscape, CorelDRAW ou Adobe Illustrator), até modelos em massa de modelar ou software 3D (Blender, 3ds Max, Maya ou Cinema 4D). A Figura 2.5 apresenta duas imagens de um mesmo objeto (no caso, um robô), uma na forma de um rascunho desenhado em papel e outra criada em um software de computador específico para modelagem 3D.

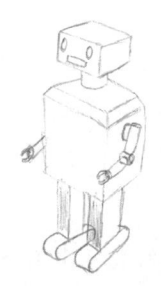

Rascunho em papel   Modelo feito em software 3D

Figura 2.5 – Exemplos de modelos de personagem em rascunho e em 3D.

Existem diversos sites que oferecem material pronto, na forma de imagens em formato JPEG ou PNG, alguns gratuitos, que podem ser baixados para uso em projetos de jogos. Nesses sites, também podemos encontrar gráficos que são sequências de imagens de personagens para criação de *sprites*. Sprite é um termo que designa um objeto que tem comportamento independe de outros. Normalmente, esse termo é aplicado aos objetos que se movem pelo cenário do jogo, como uma nave, um cavaleiro, um robô ou um carrinho.

Os sprites eram muito comuns em jogos 2D do tipo plataforma. Havia um grupo de sprites formado por imagens em diferentes posições, que ao serem apresentadas em sequência, davam a ilusão de movimento. Na Figura 2.6, podemos ver um exemplo de sprites para um personagem de jogo de luta, com as diversas posições necessárias aos movimentos.

Figura 2.6 – Exemplo de sprites de um personagem de jogo de luta.

Atualmente eles foram substituídos por elementos representados por objetos tridimensionais que têm movimentos animados digitalmente.

No próximo capítulo, você aprenderá algumas técnicas básicas de modelagem e animação com o software Blender, para que possa criar objetos gráficos para seus projetos de jogos.

Exercícios

1. Descreva a função desempenhada pela equipe de designers.
2. Pesquise mais informações sobre storyboards na internet e descreva o que você entendeu.
3. Explique, de forma resumida, o processo compreendido pela interação entre jogador e jogo.
4. Descreva o conceito de frame empregado em animação.
5. Explique o conceito de keyframe.

Introdução ao Blender

Veremos neste capítulo uma pequena introdução ao software de modelagem e animação 3D Blender. Serão apresentados o ambiente de trabalho e a adição de objetos gráficos a uma cena, além da aplicação de cores e texturas.

Não é o objetivo deste livro abordar em detalhes todos os aspectos e ferramentas disponíveis neste software. Existem bons livros no mercado e também uma quantidade enorme de tutoriais e vídeos na internet que abordam em maior profundidade os recursos oferecidos por ele.

APRESENTAÇÃO DO AMBIENTE DE TRABALHO

O Blender é o mais conhecido software de modelagem e animação em 3D pertencente à categoria de softwares de código livre (Open Source). Ele oferece ferramentas poderosas para modelagem de objetos tridimensionais, aplicação de materiais (cores e texturas), iluminação e edição de vídeo. Muitos dos recursos disponíveis nele são encontrados em outros softwares comerciais que custam milhares de reais.

Mesmo não sendo o objetivo principal deste livro, neste capítulo e nos próximos dois serão apresentados os aspectos básicos desse software para capacitar o leitor a poder desenvolver objetos gráficos para uso em seus projetos de jogos.

Por ser um software livre, o Blender pode ser baixado gratuitamente do site do seu produtor, no endereço *www.blender.org* [em inglês]. Depois de efetuado o download, basta executar o arquivo para proceder com a instalação.

Ao ser executado, o Blender apresenta seu ambiente de trabalho, dividido em várias janelas e painéis, como mostra a Figura 3.1.

No lado esquerdo, temos o painel de ferramentas, subdividido em diversas abas (Figura 3.2). No centro do ambiente de trabalho, encontramos a janela 3D View (Figura 3.3), que representa nosso "palco". Nele, adicionamos os objetos gráficos a serem utilizados na construção da cena 3D.

À direita da janela 3D View se encontra o painel gerenciador de objetos e o painel de propriedades (Figura 3.4). No primeiro estão listados todos os objetos gráficos que compõem a cena, enquanto o segundo agrupa todas as ferramentas para definição das características dos objetos e do ambiente da cena, como cor e iluminação.

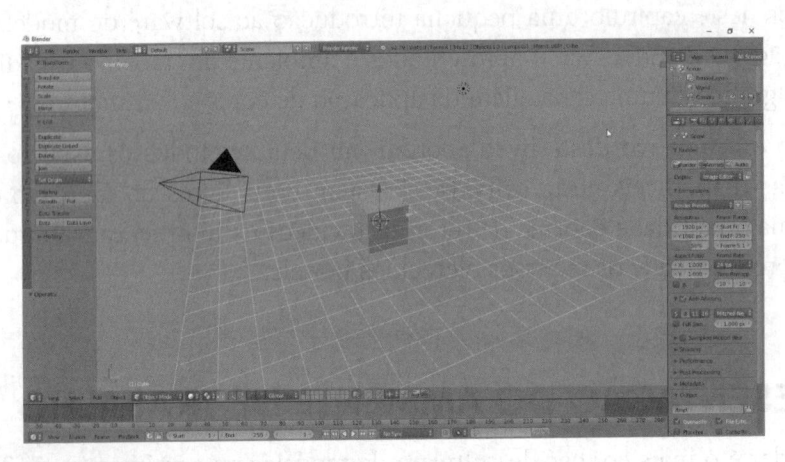

| **Figura 3.1** – Tela do ambiente de trabalho do Blender.

| **Figura 3.2** – Abas do painel de ferramentas.

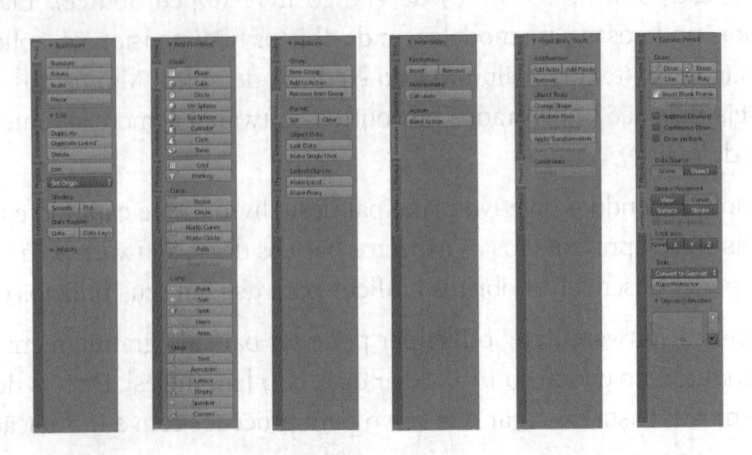

O painel de propriedades está subdividido em várias seções, cada uma acessada por meio do respectivo ícone mostrado na barra da parte superior. Essa barra pode ser deslocada horizontalmente para que os ícones escondidos possam ser vistos. A Figura 3.5 exibe as opções do painel **Material**, que permite definir o material (cor, textura, reflexo etc) a ser aplicado a um objeto da cena.

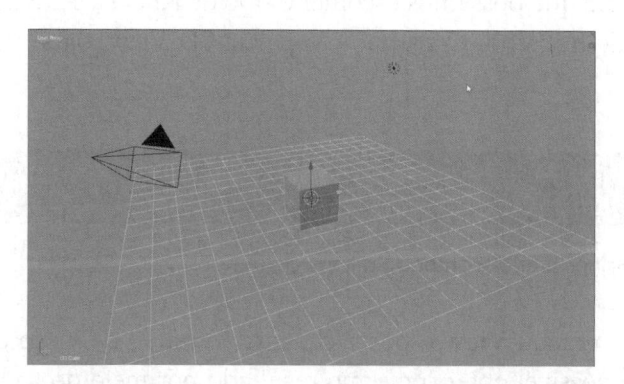

Figura 3.3 – Janela 3D View para composição das cenas.

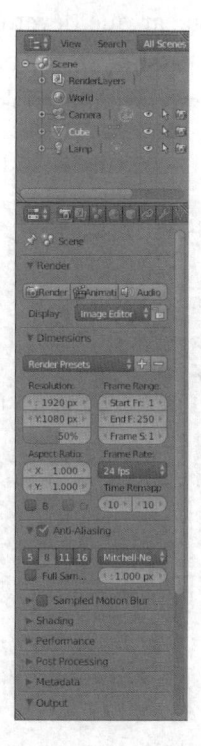

Figura 3.4 – Gerenciador de objetos e painel de propriedades.

Figura 3.5 – Painel de definição de material.

Unity - Design e Desenvolvimento de Jogos

Na parte inferior da tela, temos a linha do tempo (Figura 3.6), a qual é utilizada no processo de animação para a marcação dos keyframes. Acima dela, podemos ver uma barra de menus e grupo de ícones. Esses últimos permitem a seleção de diversos modos de trabalho e também a definição da camada (layer) corrente. Ao clicar no ícone na extremidade esquerda, o menu da Figura 3.7 é apresentado para que possamos escolher o tipo de janela a ser exibida no centro do ambiente de trabalho. O padrão é a janela 3D View, para a construção da cena.

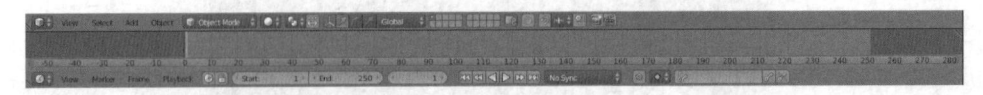

Figura 3.6 – Painel inferior contendo a linha do tempo.

Por meio do menu **View** é possível alterar o modo de visão da cena (Figura 3.8), sendo possível obter o mesmo resultado por meio do teclado numérico reduzido. Por exemplo, para ter uma visão do topo da cena, podemos selecionar a opção **Top** ou apertar a tecla 7. É importante destacar que devem ser utilizadas as teclas do teclado numérico à direita. Sendo assim, se for utilizado um equipamento que não tenha esse tipo de teclado, como um notebook, somente é possível selecionar a visão por meio do menu.

Figura 3.7 – Menu de seleção de janelas de trabalho.

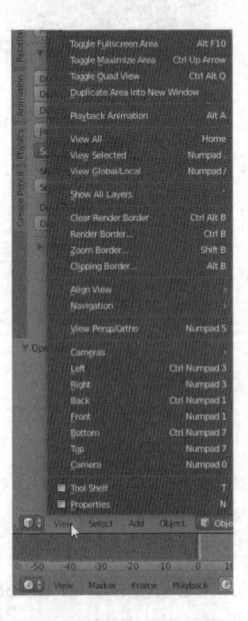

Figura 3.8 – Menu de seleção do modo de visão.

As Figuras 3.9 e 3.10 exibem, respectivamente, uma visão frontal e do topo da cena.

Além do ponto de visão da cena (topo, direita, esquerda, frente etc), outro aspecto importante que devemos considerar é o tipo visão, que no Blender pode ser em perspectiva ou ortogonal. A diferença entre ambos reside na presença, no tipo perspectiva, de um ponto de fuga no horizonte para o qual convergem as linhas de visão do observador. No tipo ortogonal não existe um ponto de fuga, sendo que as linhas de visão são paralelas. O chaveamento entre esses dois tipos é efetuado pela tecla 5 do teclado numérico ou pelo menu **View**, opção **Persp/Ortho**. As Figuras 3.11 e 3.12 ilustram bem a diferença entre ambos os tipos.

Figura 3.9 – Visão frontal da cena.

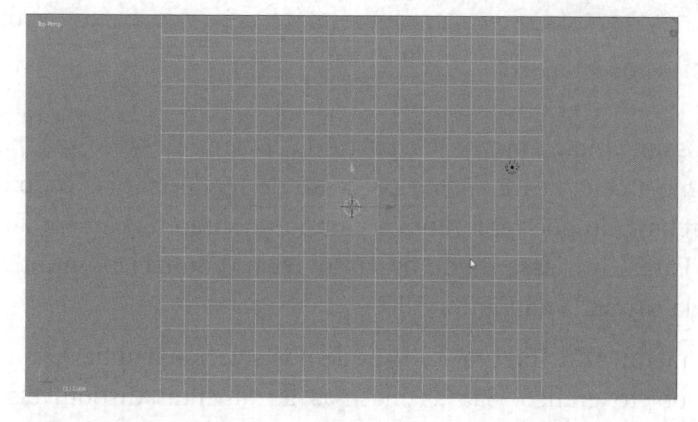

Figura 3.10 – Visão do topo da cena.

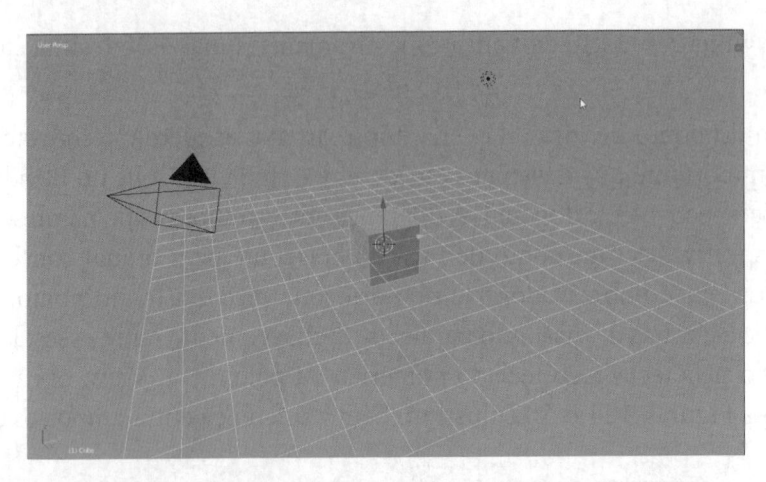

Figura 3.11 – Visão em perspectiva.

Figura 3.12 – Visão ortogonal.

Podemos ter, ainda, uma visão a partir da câmera. Dessa forma, podemos ter ideia de como a cena ficará após o processo de renderização. Tudo que estiver dentro do retângulo que representa o campo de visão da câmera fará parte da cena final. Para ativar esse modo de visão, tecle 0 no teclado numérico e você terá uma tela similar à da Figura 3.13.

Com o menu **Add** (Figura 3.14) podemos selecionar uma ferramenta para criação de objeto gráfico. São as mesmas ferramentas disponíveis no painel **Create**, visto na Figura 3.2. Outra forma de adicionar objetos gráficos às cenas é teclando [SHIFT]+[A] quando o cursor estiver posicionado na janela 3D View. Isso faz com que seja mostrado o menu da Figura 3.15.

Introdução ao Blender **33**

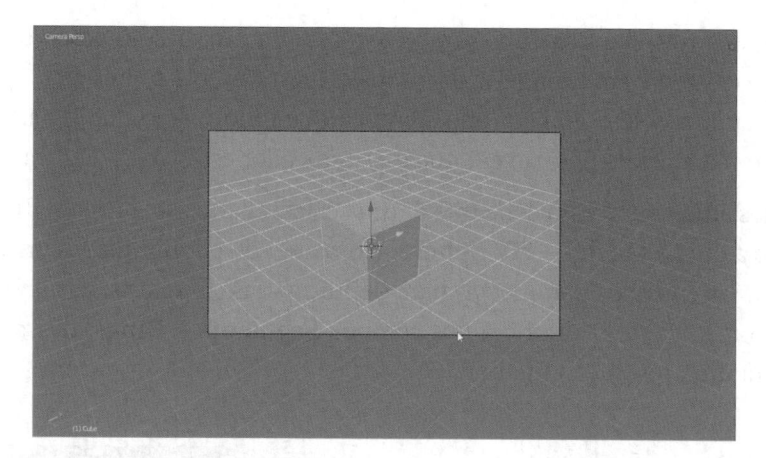

Figura 3.13 – Visão pela câmera.

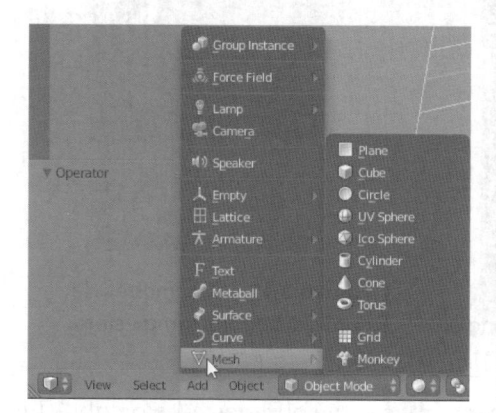

Figura 3.14 – Menu para adição de objetos gráficos.

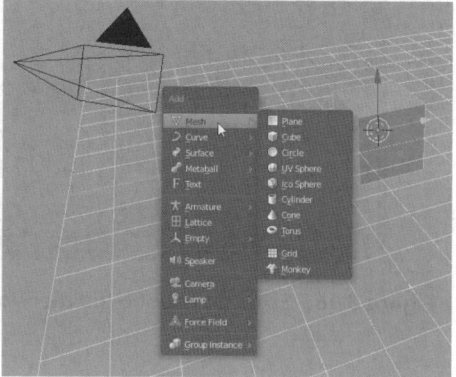

Figura 3.15 – Menu local para adição de objetos gráficos.

CRIAÇÃO DE OBJETOS GRÁFICOS

Quando iniciamos o Blender, ele apresenta um cubo acinzentado no centro do "palco". Esse cubo apresenta em seu centro três setas coloridas apontando em diferentes direções. Elas representam os eixos X (seta vermelha), Y (seta verde) e Z (seta azul) do espaço tridimensional. O eixo X corresponde à largura do objeto, o eixo Y ao seu comprimento (profundidade) e o eixo Z à altura. Podemos mover o objeto pelo espaço tridimensional utilizando esses eixos.

Além dos três eixos, o cubo também apresenta um círculo como uma cruz, similar ao existente em uma mira telescópica. Esse símbolo representa o ponto de inserção de um objeto gráfico. Isso significa que todo objeto que for adicionado terá como referência a posição em que esse indicador está. Veja a Figura 3.16.

Vamos adicionar a essa cena inicial uma esfera. Para isso, tecle [SHIFT]+[A] e selecione a opção **Mesh → UV Sphere**. No painel de configurações, mostrado à esquerda, você verá os parâmetros para definição das características dessa esfera (Figura 3.17). Digite o valor 64 nos campos **Segments** e **Rings**, dessa forma a esfera terá uma resolução melhor.

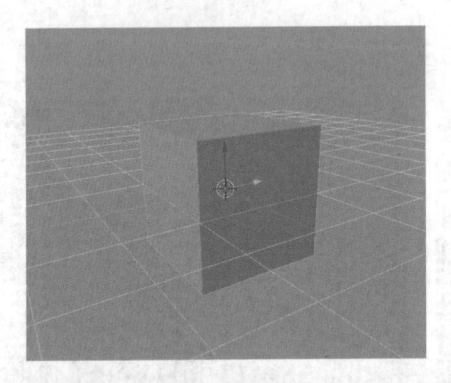

Figura 3.16 – Eixos do espaço tridimensional.

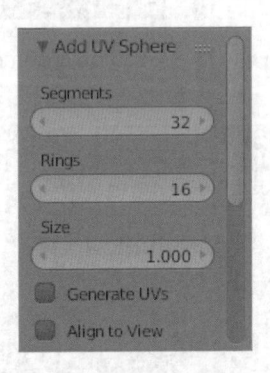

Figura 3.17 – Parâmetros de configuração de uma esfera.

Note que a esfera foi adicionada à cena, mas está sobreposta pelo cubo (Figura 3.18). Isso ocorreu porque o ponto de inserção não foi alterado. Clique na seta do eixo Y (seta verde) e, mantendo o botão esquerdo do mouse pressionado, arraste a esfera para afastá-la do cubo, como mostra a Figura 3.19.

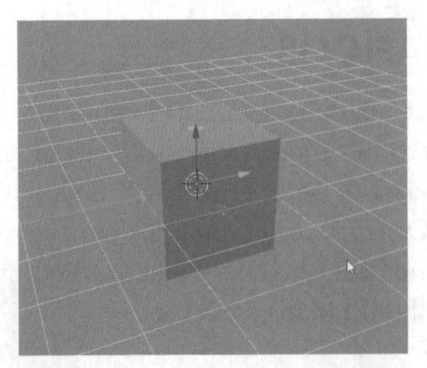

Figura 3.18 – Esfera adicionada à cena.

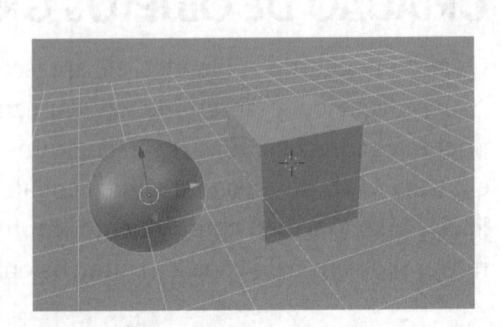

Figura 3.19 – Esfera deslocada.

Do mesmo modo, adicione um cilindro por meio da opção **Mesh → Cylinder**. No painel de parâmetros (Figura 3.20), informe o valor 64 no campo **Vertices**. Por fim, mova o cilindro para a posição indicada na Figura 3.21.

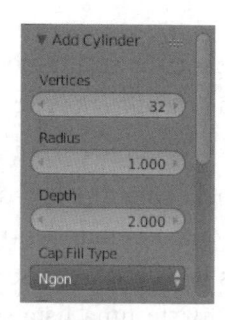

Figura 3.20 – Parâmetros do cilindro.

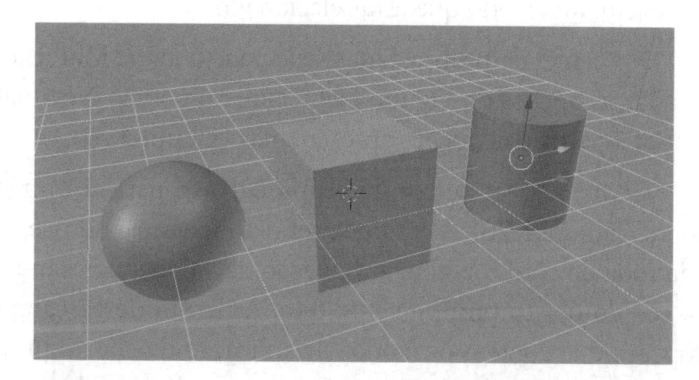

Figura 3.21 – Cilindro movido para nova posição.

Como último objeto da nossa cena, adicione um torus (opção **Mesh → Torus**). Esse objeto se assemelha a um anel de vedação ou câmara de ar de pneus. Os parâmetros principais de configuração são mostrados na Figura 3.22. Digite os valores 64 e 48 nos campos **Major Segments** e **Minor Segments**. Utilizando o eixo X (seta vermelha), posicione o objeto conforme indicado na Figura 3.23.

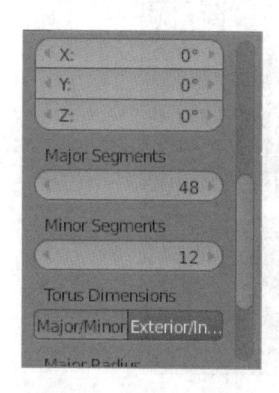

Figura 3.22 – Parâmetros do torus.

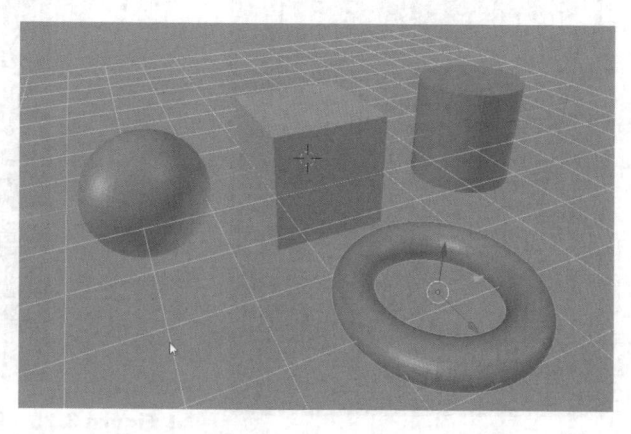

Figura 3.23 – Torus movido para nova posição.

APLICAÇÃO DE CORES E TEXTURAS

Vamos agora aplicar cores e texturas a esses objetos. Selecione a esfera clicando com o botão direito nela. Note que uma linha de contorno na cor laranja envolve o objeto, indicando que está selecionado.

No painel de propriedades, selecione o ícone **Material** para que sejam mostradas as opções da Figura 3.24. Clique no botão **New** para criar um novo material a partir das opções apresentadas (Figura 3.25).

Clique no slot de cor do grupo **Diffuse** para abrir a janela com a paleta de cores (Figura 3.26). A cor pode ser definida movendo-se o ponto circular dentro da roda de cores ou com a digitação de valores nos campos **R**, **G** e **B**. Essa será a cor do objeto propriamente dito. À direita desse campo existe uma lista de opções que contém os modos de aplicação da cor (Figura 3.27). Cada uma das opções resulta em um efeito diferente na aplicação da cor e no reflexo da luz que incide sobre o objeto. Selecione a opção **Minnaert**.

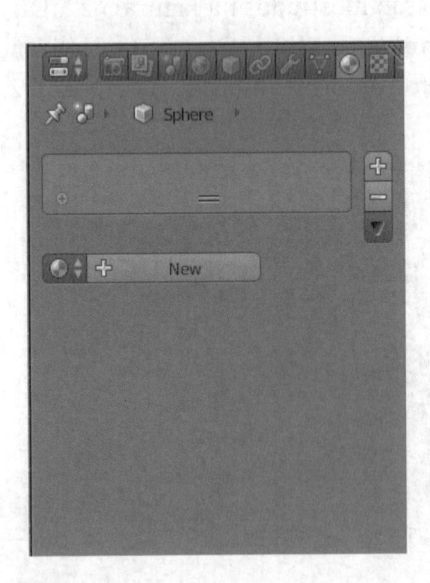

| Figura 3.24 – Painel de materiais.

| Figura 3.25 – Parâmetros de definição do material.

Figura 3.26 – Roda de cores.

Figura 3.27 – Opções de aplicação da cor Diffuse.

Já o grupo **Specular** permite especificar a cor que deve ser refletida pelo objeto. Ela também possui algumas configurações para definir como será aplicada essa reflexão (Figura 3.28). Deixe selecionada a opção **WordIso**.

Para os demais objetos, defina suas cores conforme descrito na tabela mostrada a seguir:

Objeto	Cor Diffuse	Cor Specular
Cubo	R: 0.009 G: 0.076 B: 0.800 Tipo: Lambert	R: 1.000 G: 1.000 B: 1.000 Tipo: CookTorr
Cilindro	R: 0.001 G: 0.800 B: 0.003 Tipo: Oren-Nayar	R: 1.000 G: 1.000 B: 1.000 Tipo: CookTorr

continua...

continuação.

Objeto	Cor Diffuse	Cor Specular
Torus	R: 0.796 G: 0.800 B: 0.021 Tipo: Lambert	R: 1.000 G: 1.000 B: 1.000 Tipo: CookTorr

O próximo passo é atribuir uma cor ao ambiente para que seja possível visualizar melhor os objetos da cena, o que é possível por meio do painel da Figura 3.29, apresentado ao se clicar no ícone World.

Figura 3.28 – Tipo de cor Specular.

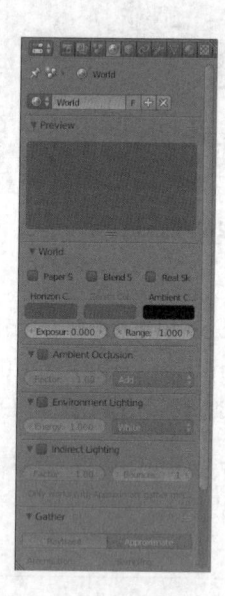

Figura 3.29 – Painel de definição de cor ambiente.

Ative a caixa de seleção **Paper**, clique no slot de cor e defina os parâmetros R, G e B com o valor 0,698. A Figura 3.30 apresenta o resultado dessas configurações. Já a Figura 3.31 exibe a imagem renderizada após ser pressionada a tecla F12.

Introdução ao Blender   **39**

Figura 3.30 – Painel com definição da cor ambiente.

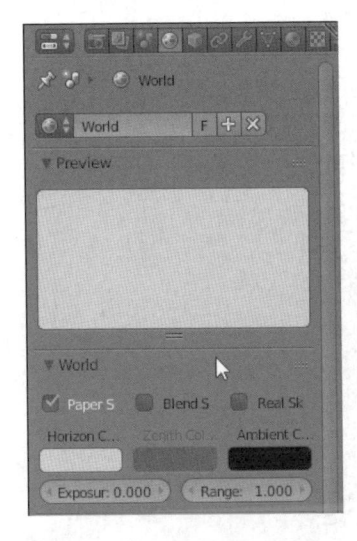

Figura 3.31 – Imagem resultante após renderização.

Além de cores, também é possível atribuir uma textura aos objetos. Podemos aplicar uma textura já predefinda pelo Blender ou utilizar uma imagem gráfica externa. Para acessar a tela de configuração de texturas, selecione o ícone **Texture** no painel de propriedades. Assim, serão mostradas as opções da Figura 3.32.

Selecione a esfera clicando nela com o botão direito do mouse e em seguida clique no botão **New** do painel **Texture**. O painel mostrará as opções da Figura 3.33. A partir da caixa de combinação **Type** podemos escolher uma das texturas predefinidas (Figura 3.34). A opção **Image or Movie** nos permite selecionar um arquivo de imagem (JPG, PNG, TIF etc) ou mesmo um arquivo de vídeo. Para nosso exemplo, deixe selecionada essa opção. Com isso, aparecem os parâmetros da Figura 3.35.

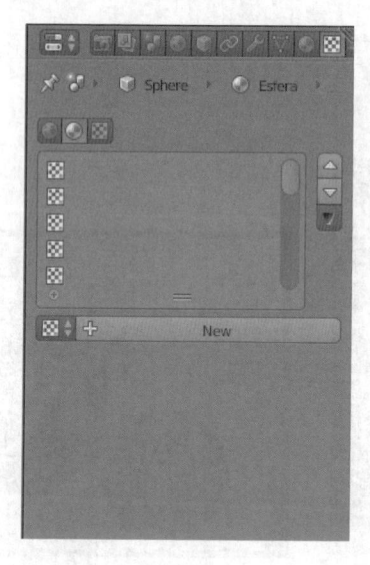

Figura 3.32 – Painel para definição de textura.

Figura 3.33 – Opções de configuração da textura.

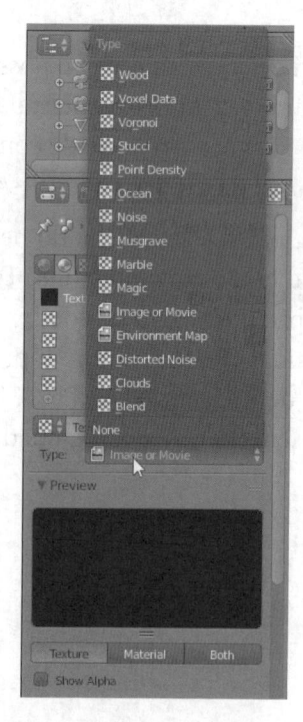

Figura 3.34 – Lista de tipos de textura.

Selecione a opção **Material** e depois clique no **New**. Em seguida, clique no ícone **Open Image** (pasta amarela) referente ao campo **Image**. Isso fará com que a tela de seleção de arquivo seja apresentada (Figura 3.36). Escolha o arquivo **textura1.jpg** e clique no botão **Open Image**.

Figura 3.35 – Opções para configuração de imagem externa.

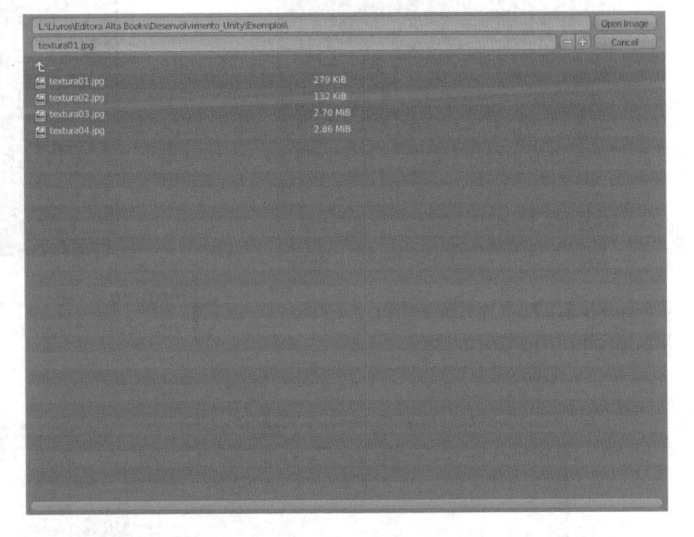

Figura 3.36 – Tela para seleção de arquivo de imagem para textura.

Clique na caixa de combinação com a legenda **Coordinat.** e escolha a opção **Generated** (Figura 3.37). Do mesmo modo, selecione para na caixa de combinação **Projection** a opção **Sphere** (Figura 3.38), dessa forma a textura será projetada sobre a superfície da esfera envolvendo-a por completo. Para ver o resultado, tecle [F12]. Após a renderização, deve ser vista a imagem da Figura 3.39.

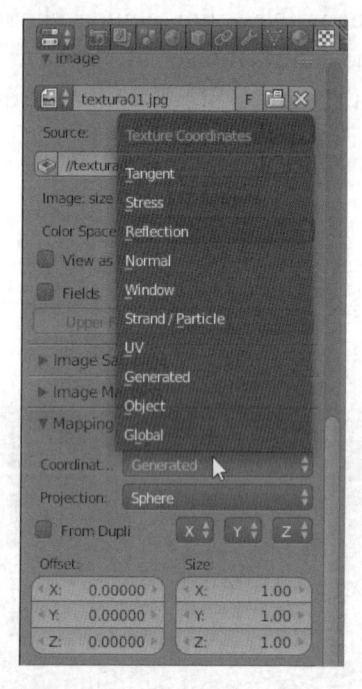

Figura 3.37 – Opções da caixa de combinação Coordinat.

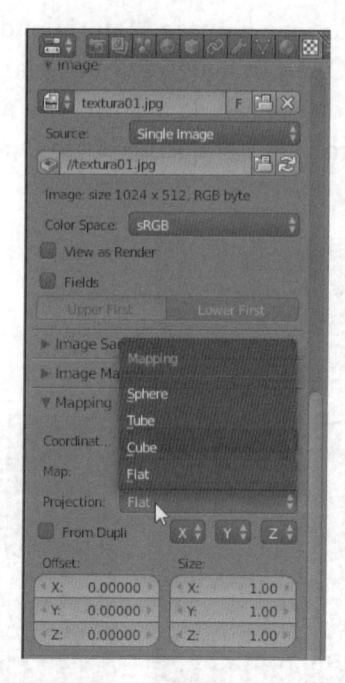

Figura 3.38 – Opções da caixa de combinação Projection.

Figura 3.39 – Resultado obtido com a aplicação de textura à esfera.

No próximo capítulo, estudaremos algumas ferramentas utilizadas na manipulação de objetos gráficos, como rotação, redimensionamento e extrusão.

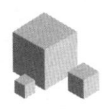

Exercícios

1. Qual a função da janela 3D View do Blender?
2. Quais são os painéis que permitem a aplicação de cores e texturas aos objetos gráficos?
3. O que difere a visão em perspectiva da visão ortogonal?
4. Atribua ao cubo do exemplo criado neste capítulo a textura cujo arquivo de imagem se chama textura04.jpg, com as mesmas configurações da esfera.

4

Manipulação de Objetos

O Blender oferece uma gama muito grande de ferramentas para criação e manipulação de objetos gráficos. Os recursos de manipulação tornam possível modificar radicalmente um objeto primitivo, até se obter o modelo final desejado. Veremos aqui apenas algumas delas. Também estudaremos os modos de trabalho disponíveis ao animador.

MODOS DE TRABALHO

Neste primeiro tópico, veremos os diversos modos disponíveis para trabalho no Blender, além de aprender a aplicar zoom à cena.

Quando iniciamos o Blender, ele apresenta um cubo no centro do palco. Sua aparência é de um objeto sólido, de cor cinza e com uma linha de cor laranja contornando-o (Figura 4.1). Nesse modo de trabalho, chamado **Object** (objeto), as opções são um tanto limitadas, uma vez que não é possível aplicar diversas deformações ao objeto. No entanto, ele permite que o objeto seja movido pelo espaço tridimensional, rotacionado ou mesmo redimensionado em tamanho. Para efetuar essas operações, devemos utilizar os ícones da ferramenta **Manipuladores de transformação**, indicada na Figura 4.2.

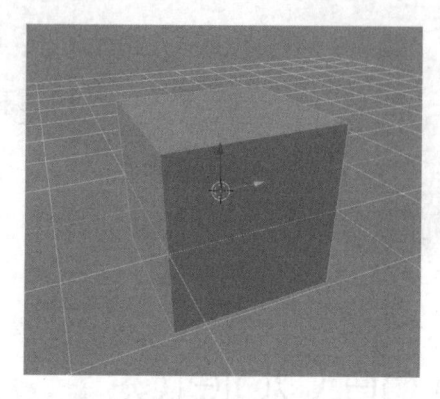

Figura 4.1 – Objeto em modo de edição sólido.

Ferramenta de movimentação
Ferramenta de redimensionamento
Ferramenta de rotação

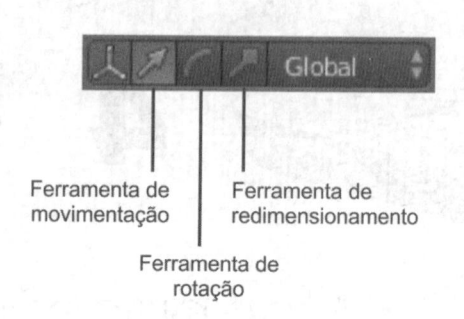

Figura 4.2 – Manipuladores de transformação.

A ferramenta de movimentação é a que se encontra ativada por padrão. Com ela, podemos clicar em qualquer uma das setas coloridas e arrastá-la para deslocar o objeto pelo correspondente eixo tridimensional, como mostram as Figuras 4.3 e 4.4.

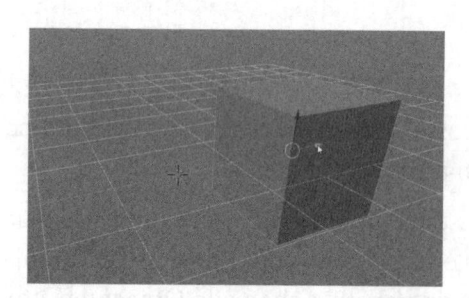

Figura 4.3 – Objeto movido no eixo Y.

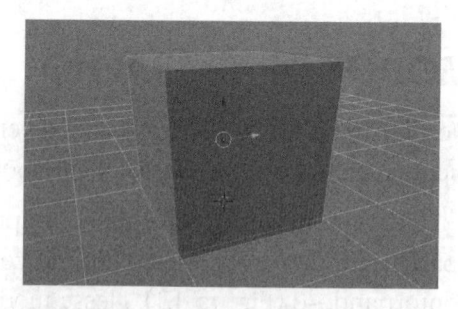

Figura 4.4 – Objeto movido no eixo Z.

Selecione a ferramenta de rotação. Note que em vez das três setas, são apresentados círculos nas mesmas cores, que correspondem ao eixo de rotação (Figura 4.5). Clique em um deles e, com o cursor do mouse pressionado, gire o objeto na direção desejada (Figura 4.6).

Com a ferramenta de redimensionamento podemos alterar o tamanho do objeto. Ao ser selecionada, as setas são substituídas por pontos quadrados (Figura 4.7). Selecionando e arrastando um deles, o objeto pode ter seu tamanho ajustado no respectivo eixo, como indica a Figura 4.8.

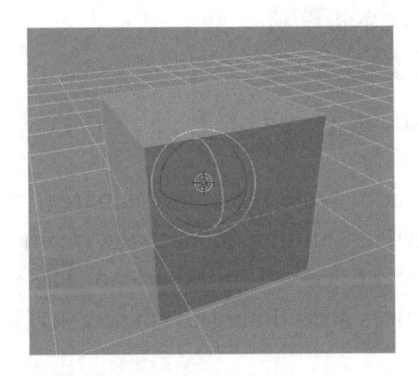

| **Figura 4.5** – Eixos de rotação.

| **Figura 4.6** – Objeto rotacionado.

| **Figura 4.7** – Eixos de redimensão.

| **Figura 4.8** – Objeto redimensionado no eixo Y.

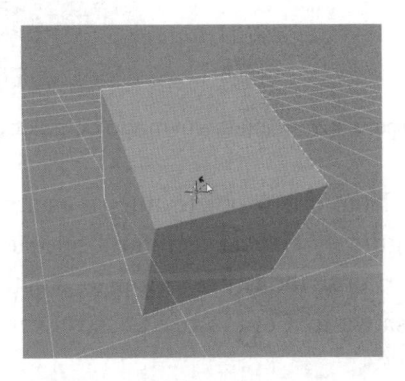

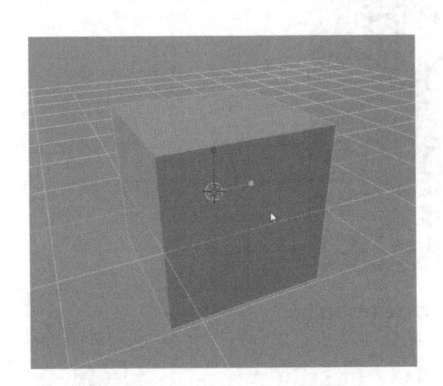

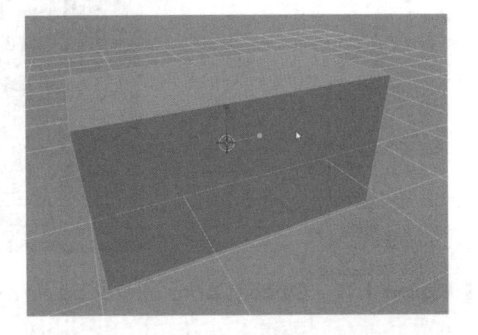

Ferramentas de manipulação e deformação de objetos estão disponíveis com o modo de edição, o qual apresenta o objeto em uma visão conhecida como aramado (Figura 4.9). Para ativar esse modo, selecione a opção **Edit Mode** no menu da Figura 4.10 ou tecle [TAB] para alternar entre os modos de objeto e edição.

No modo de edição, podemos selecionar vértices, arestas e lados de forma independente.

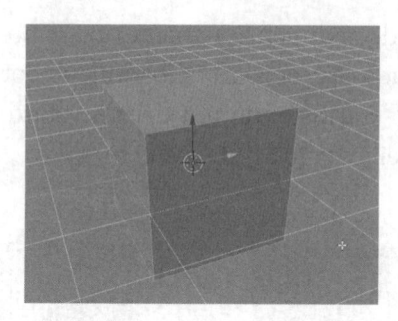

Figura 4.9 – Objeto em modo de edição ativado.

Note que o objeto inteiro está selecionado. Tecle [A] para desmarcar tudo (Figura 4.11). Para facilitar a seleção de vértices, arestas ou faces que se encontram obstruídas pelo próprio objeto, clique no ícone **Limitar visão** ( ) para desativá-lo. Com isso, é possível ver os vértices atrás do objeto (Figura 4.12).

Figura 4.10 – Opções para alteração do modo de trabalho.

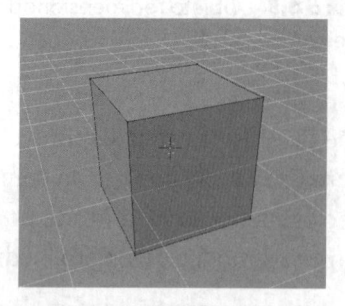

Figura 4.11 – Objeto em Edit Mode sem seleção.

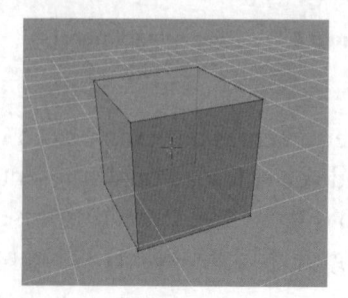

Figura 4.12 – Modo transparente ativado.

SELEÇÃO E ZOOM

O Blender oferece três modos de seleção para podermos aplicar deformações a objetos. São eles: vértice, face e aresta. A Figura 4.13 mostra os ícones desses modos.

Agora, clique com o botão direito do mouse nos quatro vértices da face para a qual a seta vermelha está apontada, enquanto a tecla [CTRL] é mantida pressionada. Com isso, eles são selecionados conjuntamente, como mostra a Figura 4.14.

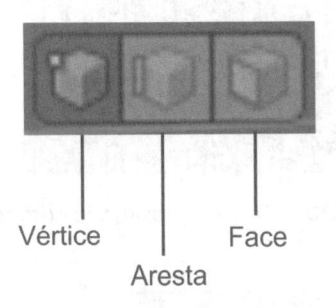

| **Figura 4.13** – Modos de seleção.

| **Figura 4.14** – Vértices selecionados.

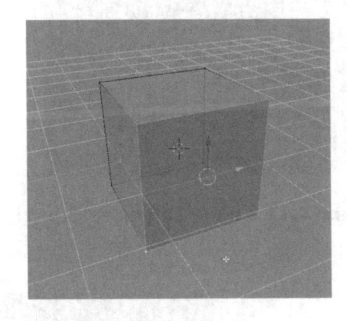

Você pode selecionar vários vértices ao mesmo tempo simplesmente delimitando uma área. Para isso, tecle [B], clique em qualquer lugar dentro do espaço tridimensional e, com o botão esquerdo do mouse pressionado, arraste o cursor para definir a área que abrange os vértices desejados, conforme indicado na Figura 4.15.

Com o modo de seleção **Face** ativado, podemos selecionar faces inteiras de um objeto. Esse modo mostra pontos retangulares no centro de cada face (Figura 4.16).

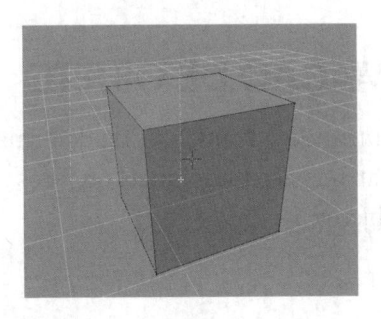

| **Figura 4.15** – Seleção por área.

| **Figura 4.16** – Modo de seleção de faces.

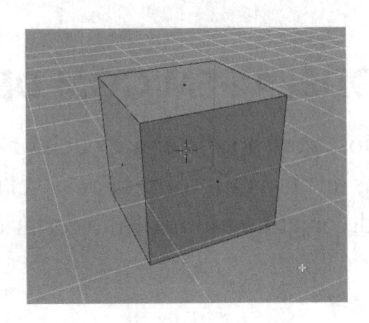

Para selecionar uma face, simplesmente clique nela (Figura 4.17). Depois de selecionada, ela pode ser manipulada por meio do cursor 3D.

O controle de zoom pode ser totalmente efetuado com o botão de rolagem do mouse. Ao girá-lo para frente, você aproxima os objetos (Figura 4.18). Girando o botão de rolagem para trás, a imagem é afastada (Figura 4.19).

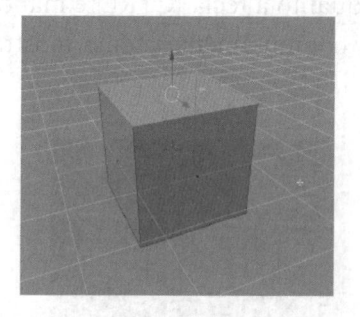

| **Figura 4.17** – Face selecionada.

| **Figura 4.18** – Objeto aproximado com zoom.

| **Figura 4.19** – Objeto afastado com zoom.

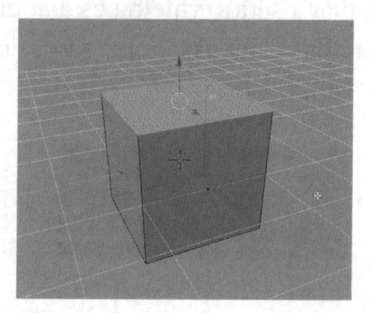

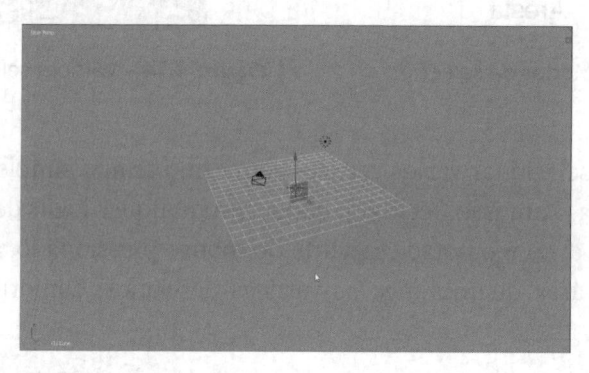

MODELAGEM COM DEFORMAÇÃO DE OBJETO

Vamos agora aprender a modelar objetos utilizando ferramentas de deformação. Essas ferramentas tornam possível manipular vértices individuais ou faces inteiras do objeto para podermos criar outros objetos.

Com o modo de seleção **Face** ativado, selecione a face superior do cubo (Figura 4.20). Clique na seta azul e arraste-a para cima, dessa forma a altura do cubo é aumentada (Figura 4.21). Ainda com o botão esquerdo do mouse pressionado, arraste a seta para baixo para diminuir a altura do cubo (Figura 4.22).

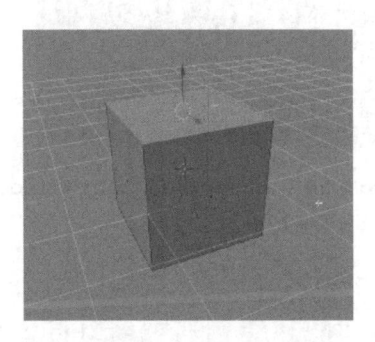

Figura 4.20 – Face selecionada para ajuste.

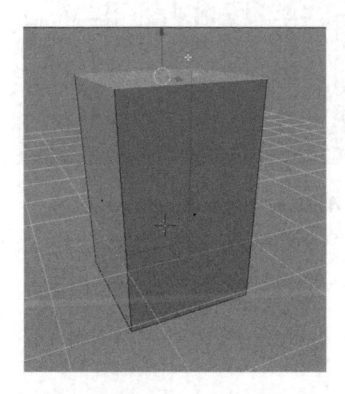

Figura 4.21 – Altura do objeto aumentada.

Pode-se, ainda, ajustar o tamanho da própria face selecionada. Para ver como isso é possível, tecle [S] e mova o cursor em direção ao centro do objeto. O resultado deve ser similar ao da Figura 4.23.

Para ajustar o tamanho apenas em uma das dimensões (largura ou profundidade), após teclar [S] tecle [X] para ajustar a largura ou [Y] para a profundidade. Então, arraste o cursor até que a face esteja com o tamanho desejado. Veja o exemplo da Figura 4.24.

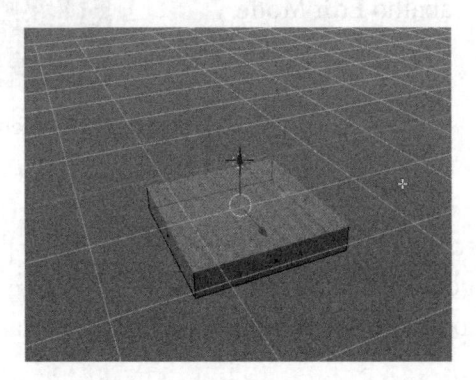

Figura 4.22 – Altura do objeto diminuída.

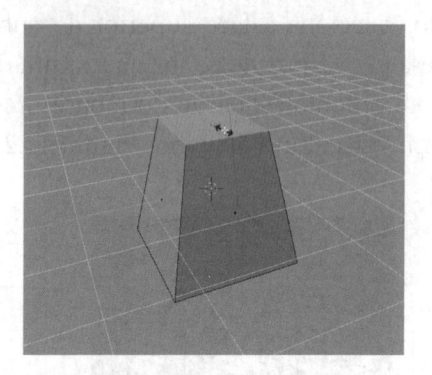

Figura 4.23 – Tamanho da face ajustado por igual.

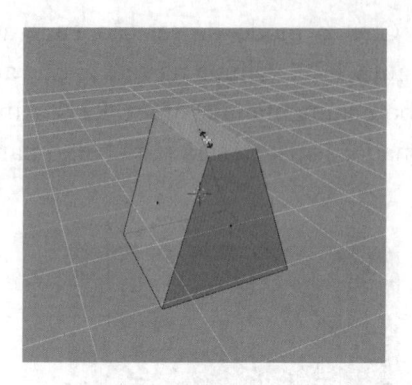

Figura 4.24 – Tamanho da face ajustado na profundidade.

Desfaça as alterações aplicadas teclando [CTRL]+[Z] até que o cubo volte a ter sua aparência inicial. Com a face do topo selecionada, tecle [E] para ativar a ferramenta de extrusão. Ela também pode ser ativada por meio da opção **Extrude Individual** presente no menu da guia **Tools**, mostrada quando se está no modo de trabalho **Edit Mode** (Figura 4.25).

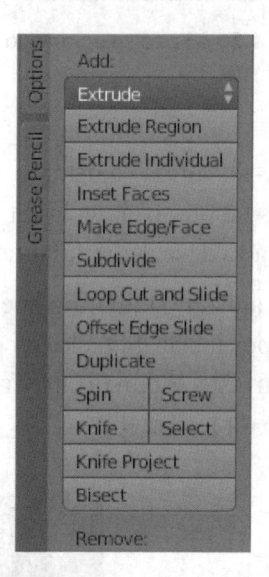

Figura 4.25 – Menu de ferramentas de deformação.

Mova o cursor para cima para criar uma nova seção na parte superior (Figura 4.26). Ao soltar o botão esquerdo do mouse, o processo é concluído. Tecle [E] novamente e arraste outra vez o cursor para cima para criar uma terceira seção (Figura 4.27).

Manipulação de Objetos **53**

Agora, selecione a face lateral esquerda da segunda seção (Figura 4.28). Em seguida, aplique uma extrusão a ela (Figura 4.29).

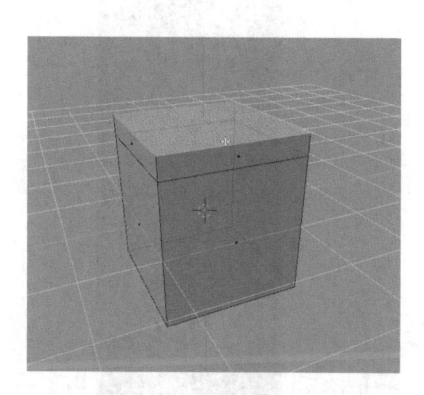

Figura 4.26 – Segunda seção criada com extrusão da face.

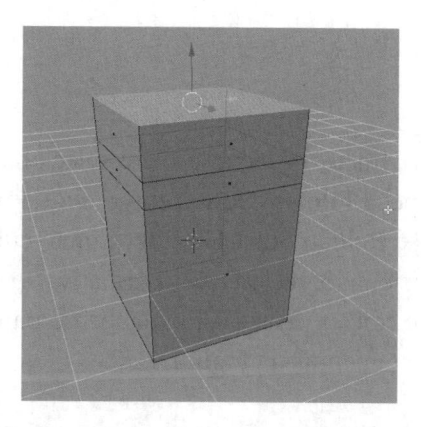

Figura 4.27 – Terceira seção criada com extrusão da face.

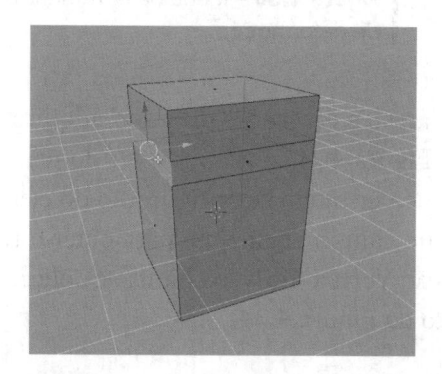

Figura 4.28 – Seleção da face da lateral esquerda.

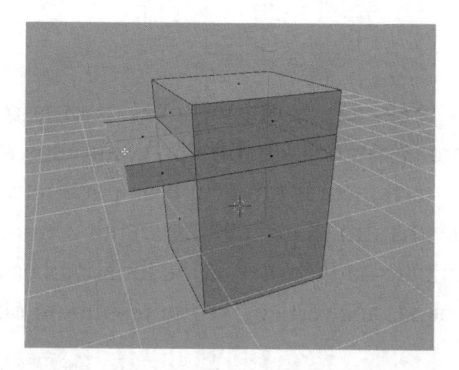

Figura 4.29 – Extrusão da face lateral selecionada.

Inicie um novo projeto selecionando a opção **File → New** e então clique na opção **Reload Start-Up File**. Com o cubo selecionado, tecle [TAB] para ativar o modo de edição. Tecle [W] para abrir o painel de ferramentas da Figura 4.30.

Figura 4.30 – Menu de ferramentas de deformação.

Selecione a opção **Bevel**, com isso as arestas e vértices do cubo adquirem uma aparência chanfrada, como mostra a Figura 4.31. Você pode ver no painel de ferramentas um grupo de parâmetros que permitem a configuração do efeito de chanfro (Figura 4.32). Digite o valor 5 no campo Segments, para obter o resultado da Figura 4.33. Se for ativada a opção **Vertex Only**, o chanfro é aplicado apenas aos vértices, o que resulta no objeto da Figura 4.34.

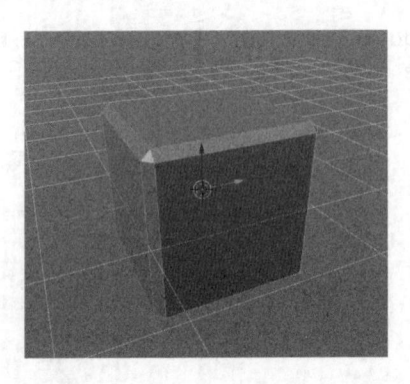

Figura 4.31 – Efeito de chanfro.

Manipulação de Objetos 55

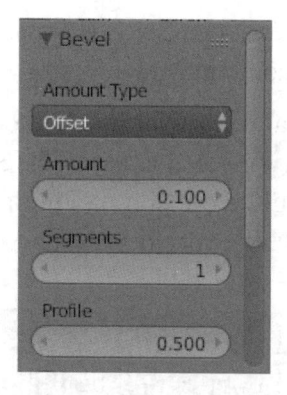

Figura 4.32 – Parâmetros de configuração do chanfro.

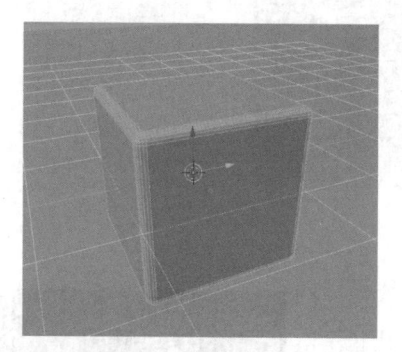

Figura 4.33 – Chanfro mais detalhado.

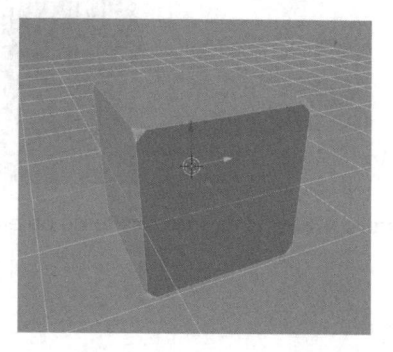

Figura 4.34 – Chanfro apenas dos vértices.

ESPELHAMENTO DE IMAGEM

Neste último tópico, veremos como criar um objeto complexo utilizando o recurso de espelhamento. Ele é útil quando precisamos modelar um objeto simétrico, ou seja, que apresenta as mesmas características em ambos os lados. Para nosso exemplo, assumiremos a criação de uma nave espacial, que pode ser utilizada no desenvolvimento de algum jogo com o Unity.

Com um projeto novo iniciado no Blender, alterne para a visão do topo e o modo ortográfico (teclas 7 e 5, respectivamente). Mude para o modo de edição com a tecla [TAB] e então pressione [CTRL]+[R] para dividir o cubo. Posicione a linha de divisão no centro, como mostra a Figura 4.35.

Em seguida, tecla [A] para desativar a seleção de todos os vértices. Clique no ícone de **Limitar visão** ( ) e depois tecle [B]. Selecione os vértices do lado esquerdo do cubo. Tecle [DEL] e o menu da Figura 4.36 aparecerá. Selecione a opção **Vertices**. Como resultado, você deverá ter o objeto da Figura 4.37.

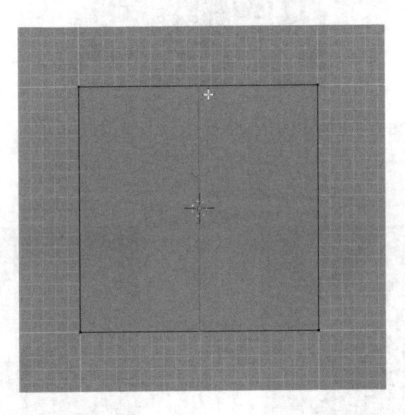

| **Figura 4.35** – Linha de divisão de objeto.

Diminua a largura do cubo para que fique conforme demonstrado na Figura 4.38. Para isso, arraste, utilizando a seta vermelha do eixo X, os vértices do lado direito em direção ao centro do cubo. Em seguida, com esses vértices ainda selecionados, tecle [E] para aplicar uma extrusão a essa face do cubo. A Figura 4.39 mostra até onde deve ser estendida a extrusão.

| **Figura 4.36** – Menu de exclusão.

Manipulação de Objetos 57

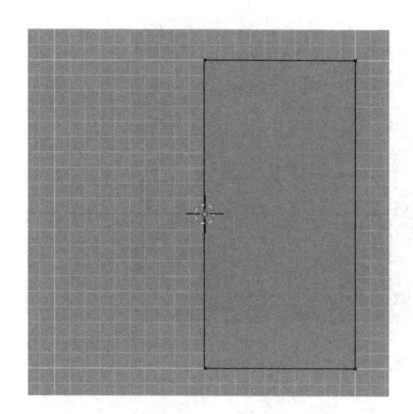

Figura 4.37 – Cubo com lateral esquerda apagada.

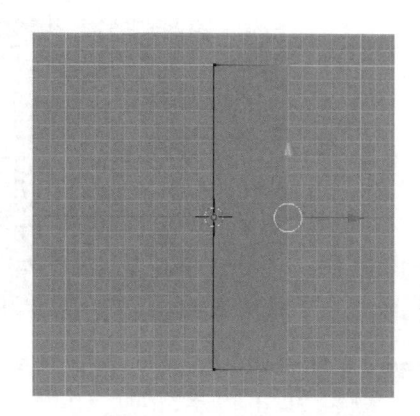

Figura 4.38 – Cubo com largura diminuída.

Tecle [A] para desmarcar todos os vértices. Mova os vértices superiores e inferiores da lateral direita do cubo para dar-lhe a forma indicada na Figura 4.40.

Aplique outra extrusão (Figura 4.41). Como feito anteriormente, mova os vértices para dar a forma mostrada na Figura 4.42.

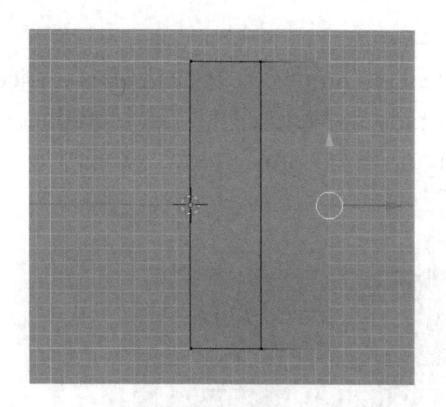

Figura 4.39 – Lateral estendida com extrusão.

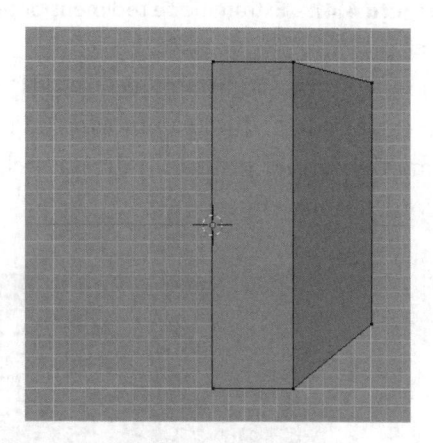

Figura 4.40 – Lateral deformada.

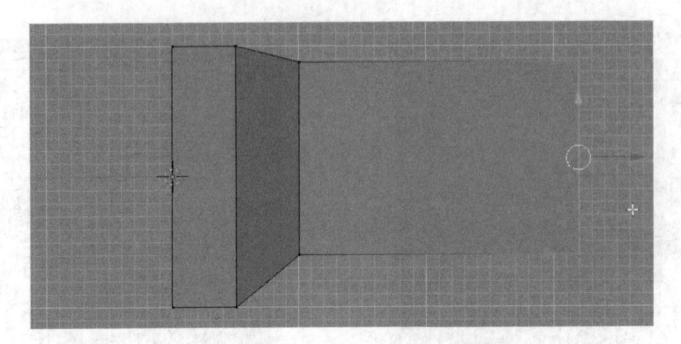

Figura 4.41 – Extrusão aplicada para estender a lateral do objeto.

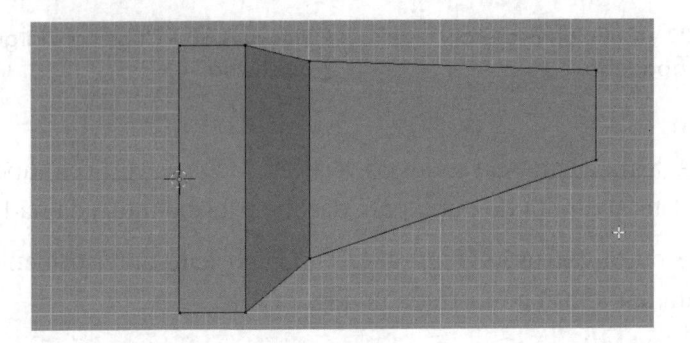

Figura 4.42 – Extremidade redimensionada.

Acesse a visão frontal teclando [1] no teclado numérico. Posicione os vértices da extremidade direita conforme demonstrado na Figura 4.43. Em seguida, crie uma divisão na posição indicada pela Figura 4.44. Ajuste todos os vértices de acordo com a Figura 4.45.

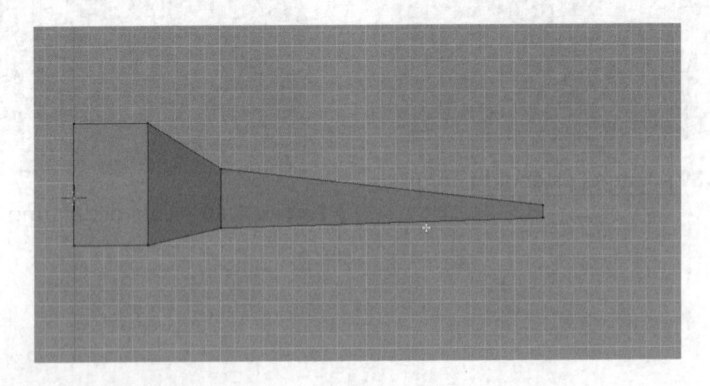

Figura 4.43 – Visão frontal com ajuste na extremidade.

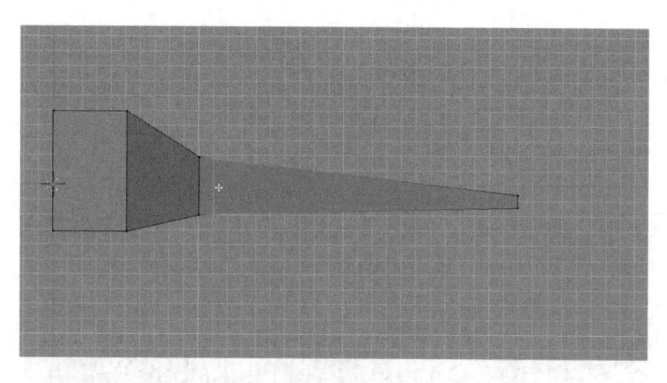

Figura 4.44 – Criação de nova divisão no objeto.

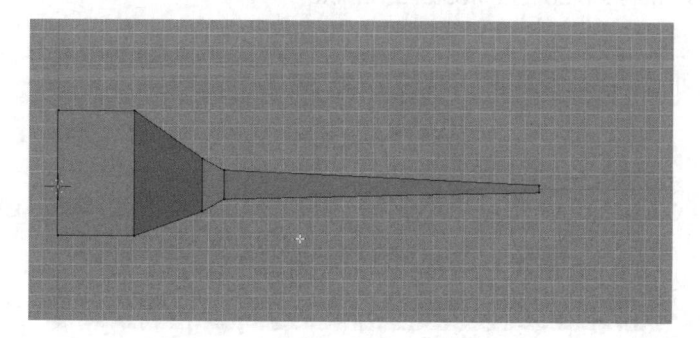

Figura 4.45 – Vértices reposicionados.

Tecla [A] para desativar qualquer seleção anteriormente feita. Ative o modo de seleção de faces e clique na face na extremidade frontal do objeto (Figura 4.46). Mude para a visão lateral teclando [3] e então aplique três extrusões (Figura 4.47).

Retorne ao modo de seleção de vértices e deforme as três seções criadas com as extrusões aplicadas anteriormente, de modo que o objeto fique com a aparência mostrada na Figura 4.48.

Clique com o botão central do mouse (roda de rolagem) e gire a cena. Então, ajuste os vértices das três seções conforme mostrado na Figura 4.49.

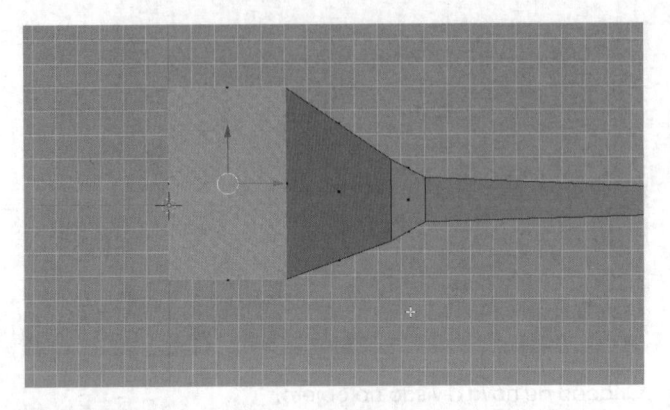

Figura 4.46 – Seleção da face frontal do objeto.

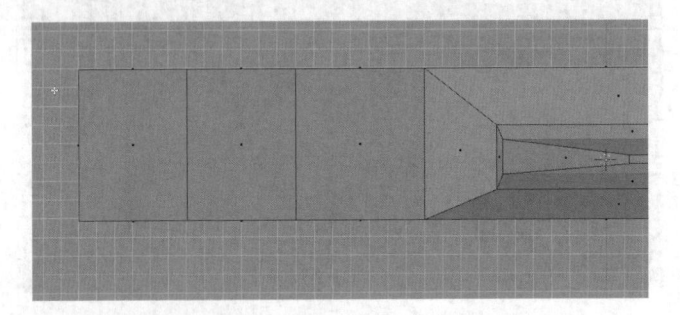

Figura 4.47 – Extrusão aplicada três vezes à face frontal.

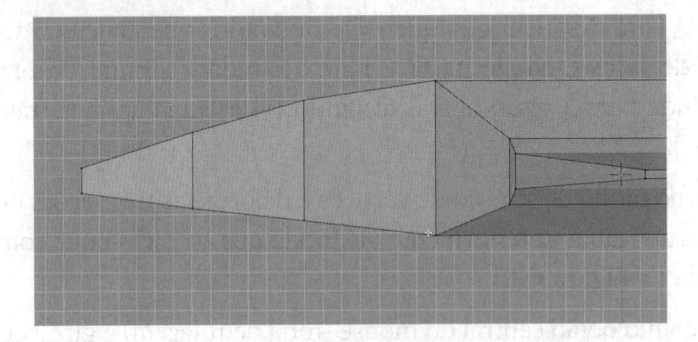

Figura 4.48 – Aparência das seções da extremidade na visão lateral.

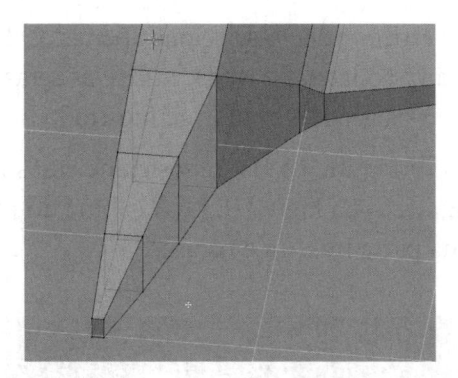

Figura 4.49 – Aparência das seções da extremidade na visão em perspectiva.

Acesse novamente a seleção por faces e selecione a face indicada na Figura 4.50. Em seguida, tecle [I] para ativar a ferramenta **Inset Faces**. Mova o cursor para criar a nova face no interior da que foi selecionada (Figura 4.51).

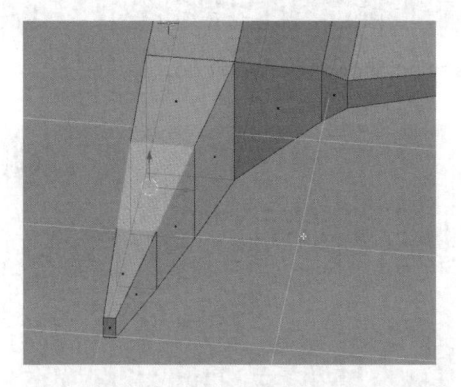

Figura 4.50 – Seleção da face para aplicação da ferramenta Inset.

Figura 4.51 – Nova face criada com a ferramenta Inset.

Volte à seleção de vértices e então selecione apenas os dois vértices indicados na Figura 4.52. Com a visão lateral ativada, utilize as setas verde (eixo Y) e azul (eixo Z) para posicionar os vértices conforme mostrado na Figura 4.53.

Ative a visão frontal (Figura 4.54) e reposicione esses mesmos dois vértices para que fiquem como visto na Figura 4.55. A cabine do piloto está pronta. Vamos trabalhar agora na parte traseira e na asa.

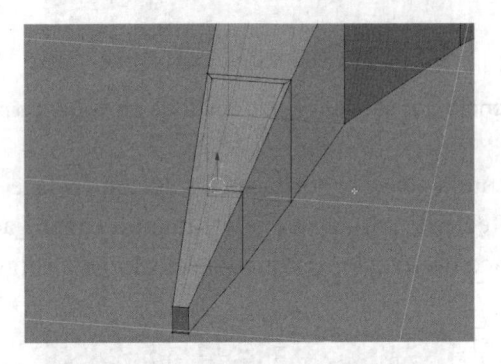

Figura 4.52 – Vértices selecionados para edição.

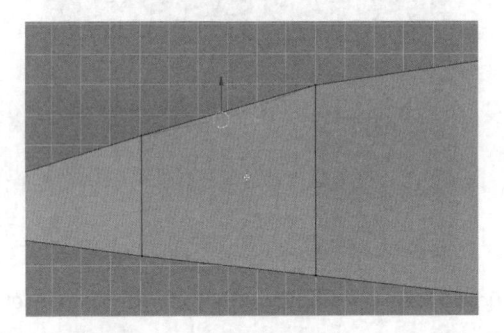

Figura 4.53 – Vértices reposicionados na visão lateral.

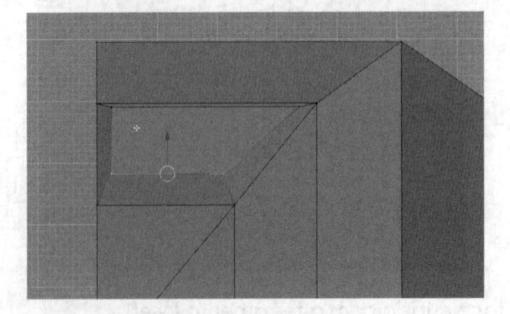

Figura 4.54 – Visão frontal dos vértices selecionados.

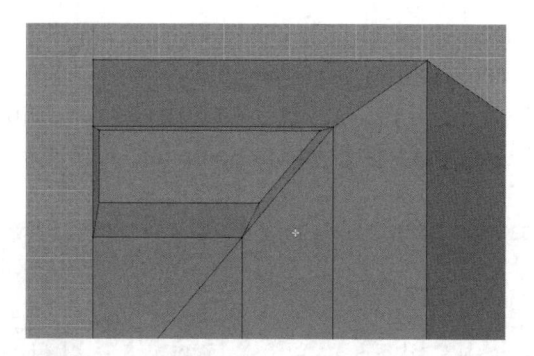

Figura 4.55 – Vértices reposicionados na visão frontal.

Com a visão lateral ativa, aplique uma extrusão à face da extremidade direita, que representa a traseira da nave (veja a Figura 4.56). Tecle [TAB] para sair do modo de edição e em seguida adicione um cilindro e rotacione-o em 90 graus no eixo X. Para isso, abra o painel **Transform** com a tecla [N] e digite esse valor no campo X da propriedade **Rotation**. A Figura 4.57 mostra o resultado.

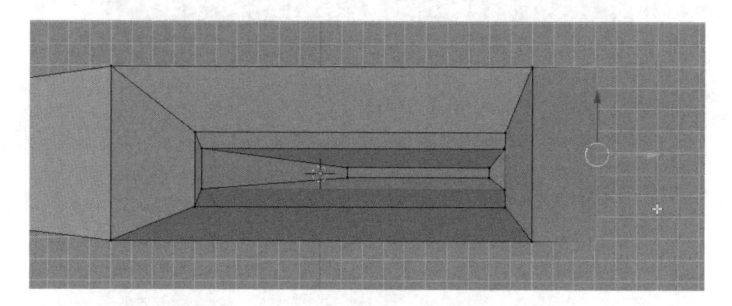

Figura 4.56 – Extrusão da parte traseira do objeto.

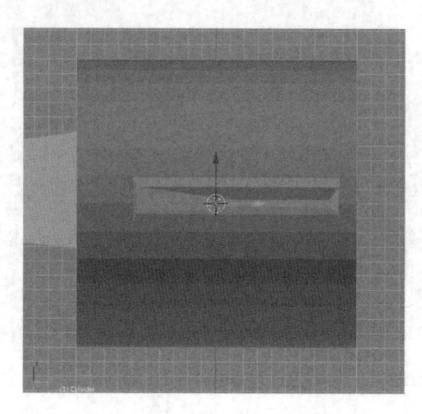

Figura 4.57 – Cilindro adicionado e rotacionado.

Diminua o tamanho desse cilindro de modo que fique com a altura do corpo da nave. Então, posicione-o na parte traseira (Figura 4.58) e ative o modo de edição. Crie a divisão mostrada na Figura 4.59 e depois diminua as dimensões da extremidade direita com a ferramenta **Scale** (tecla [S]). Veja a Figura 4.60.

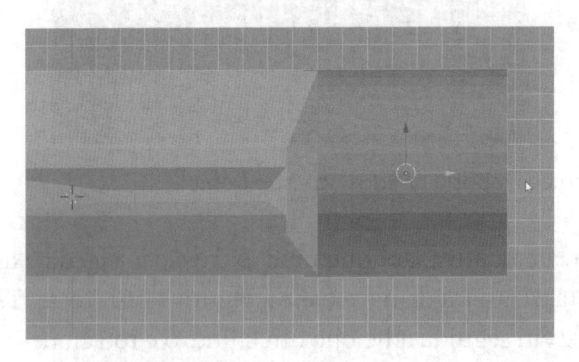

Figura 4.58 – Cilindro redimensionado e reposicionado.

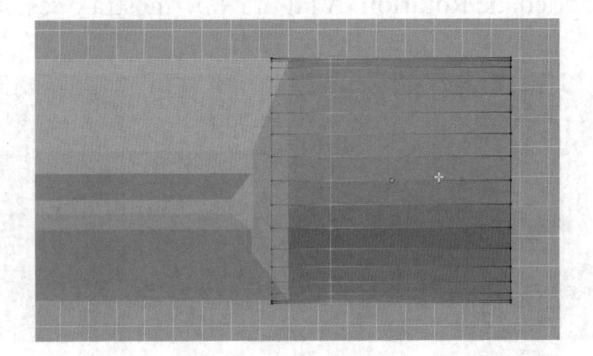

Figura 4.59 – Divisão adicionada ao cilindro.

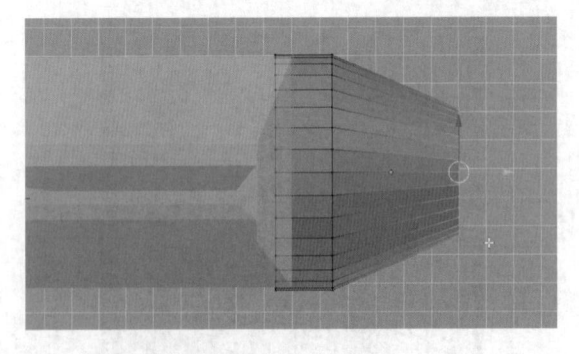

Figura 4.60 – Extremidade do cilindro redimensionada.

Tecle [TAB] para sair do modo de edição. Acesse a visão do topo da cena e selecione o corpo da nave (Figura 4.61). Clique no ícone da ferramenta **Modifier**, no botão **Add Modifier** e escolha a opção **Mirror** (Figura 4.62). No painel de propriedades, deixe selecionado o eixo X para o espelhamento (Figura 4.63). Com isso, o Blender cria uma cópia invertida que refletirá qualquer alteração efetuada no objeto original (Figura 4.64).

Figura 4.61 – Visão do topo com o corpo da nave selecionado.

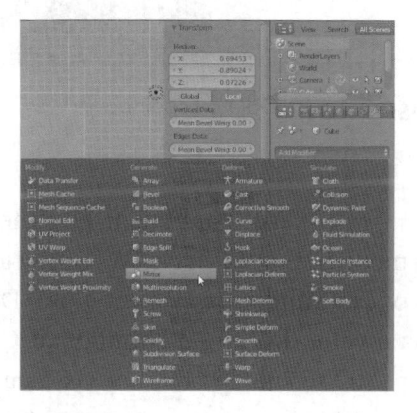

Figura 4.62 – Opções de modificadores do Blender.

Figura 4.63 – Opções de configuração do modificador Mirror.

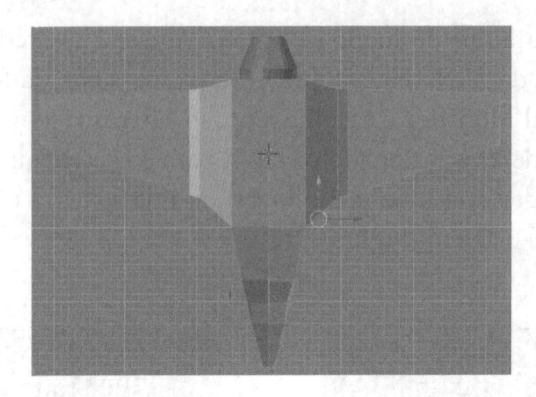

Figura 4.64 – Objeto espelhado.

Tecle [TAB] para ativar novamente o modo de edição. Tecle [W] e selecione a opção **Subdivide** (Figura 4.65). Defina o valor do campo **Number of Cuts** em 2. O resultado pode ser visto na Figura 4.66. Selecione apenas os vértices externos da parte frontal da asa (Figura 4.67). Com a visão lateral ativa, mova esses vértices para trás com o auxílio da seta verde, até a posição indicada na Figura 4.68.

Posicione a visão em perspectiva de modo que se possa ver a extremidade da asa. Selecione os vértices centrais (Figura 4.69) e depois mova-os utilizando a seta vermelha, como indica a Figura 4.70. Saia do modo de edição para ver o resultado final, que deve ser similar ao mostrado na Figura 4.71.

Figura 4.65 – Opções de deformação de objetos.

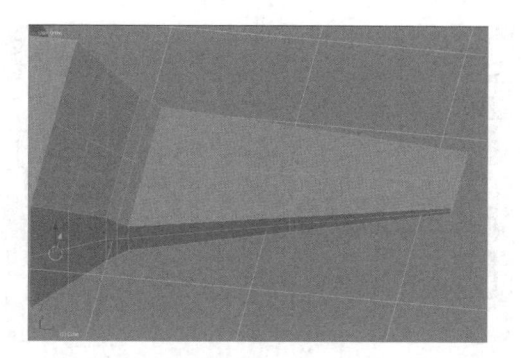

Figura 4.66 – Objeto com subdivisões adicionadas.

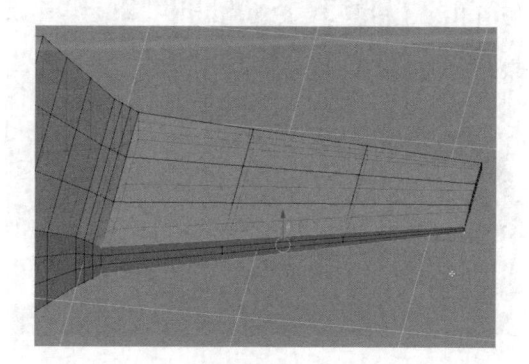

Figura 4.67 – Vértices externos selecionados.

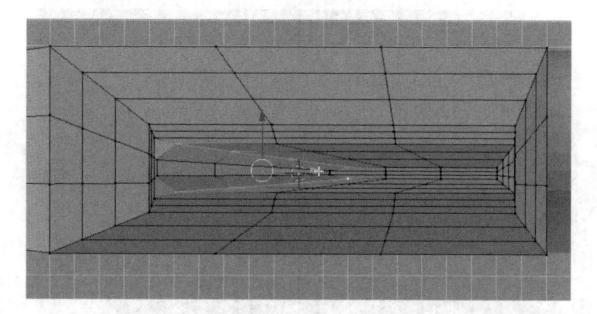

Figura 4.68 – Vértices reposicionados.

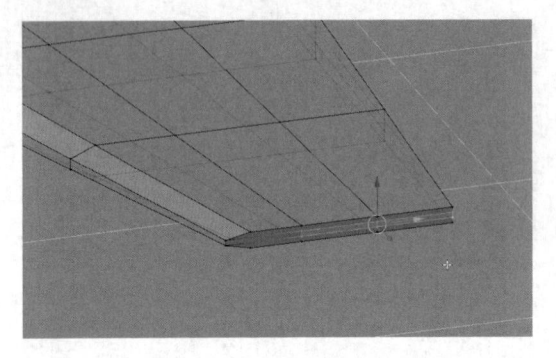

Figura 4.69 – Vértices selecionados.

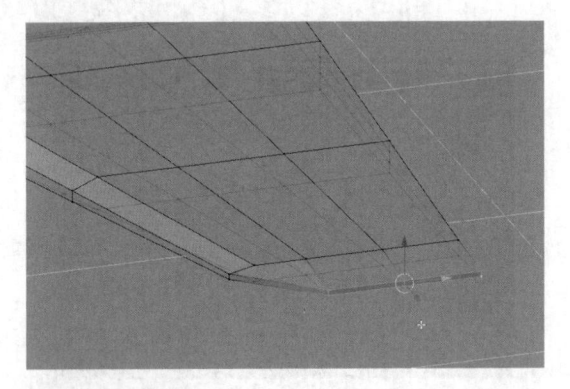

Figura 4.70 – Vértices reposicionados.

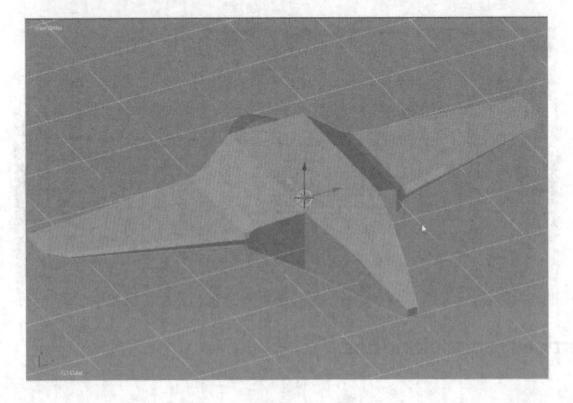

Figura 4.71 – Objeto final a ser obtido.

Agora estamos prontos para uma nova aventura: o desbravamento do Unity. No próximo capítulo, estudaremos seu ambiente de trabalho e até daremos início a um projeto de jogo.

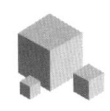

Exercícios

1. Qual o modo de trabalho do Blender que permite mover um objeto pelo palco?
2. Como alternamos entre os modos Object e Edit?
3. O que deve ser feito para que seja possível selecionar os vértices, arestas ou faces que estão na parte de trás do objeto, invisível ao animador?
4. Quais são os modos de seleção disponíveis no Blender?
5. Qual o procedimento necessário para habilitar o ajuste da altura de um objeto?
6. Adicione um leme de cauda à nave criada neste capítulo.

5

Introdução ao Unity

Este capítulo demonstra o processo de download e instalação do Unity. Também aborda a criação de um projeto de jogo, a inserção de imagens e a definição de layout de tela, com uso de imagens de fundo e sprites.

Outro assunto tratado é a geração de vários sprites a partir de um único arquivo de imagem.

DOWNLOAD E INSTALAÇÃO DO UNITY

Vamos utilizar para nossos estudos a versão Personal do Unity, que oferece recursos suficientes para o desenvolvimento dos mais variados tipos de jogos. As diferenças entre essa versão, que é gratuita, e as pagas podem ser vistas no site[*].

Essa versão pode ser baixada ao acessar o endereço *unity3d.com*, ou se preferir o site em português, *unity3d.com/pt*. Nesse último caso, deve ser exibida a página da Figura 5.1.

---

[*] O conteúdo dos sites citados são de responsabilidade do autor.

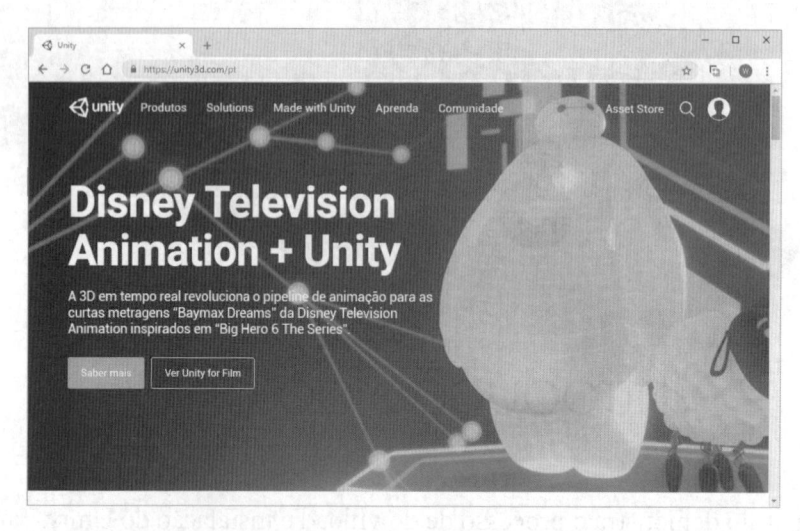

Figura 5.1 – Página inicial do site.

Clique na opção **Produtos** e você verá a tela da Figura 5.2 em seguida. Clique em **Personal Gratuito**. Na tela seguinte (Figura 5.3), suba a página até aparecer a opção mostrada na Figura 5.4.

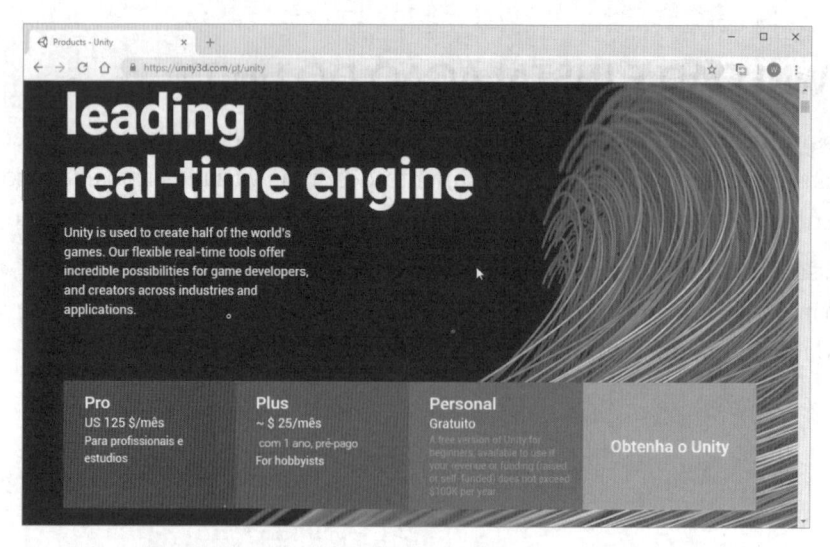

Figura 5.2 – Página com versões do Unity.

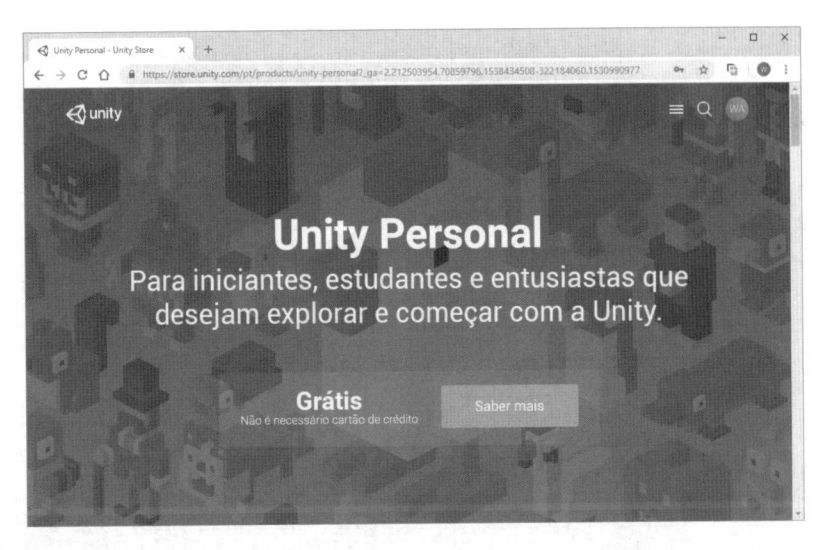

Figura 5.3 – Página da versão Personal.

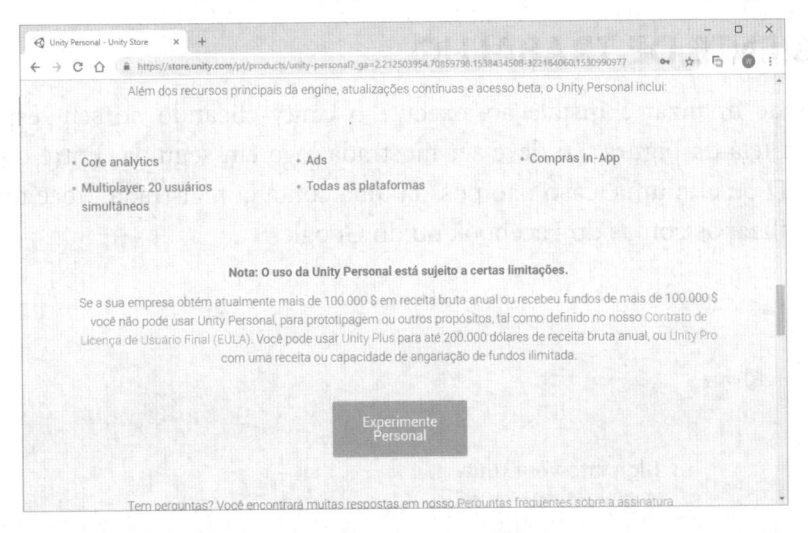

Figura 5.4 – Página de exibição da licença da versão Personal.

Clique em **Experimente Personal** e depois, na tela seguinte, marque a caixa de seleção no topo da página para que sejam habilitadas as opções de download, como mostra a Figura 5.5. Clique em **Baixar o instalador para Windows** e depois de finalizar o download do arquivo instalador, execute-o e siga as instruções apresentadas para efetuar a instalação.

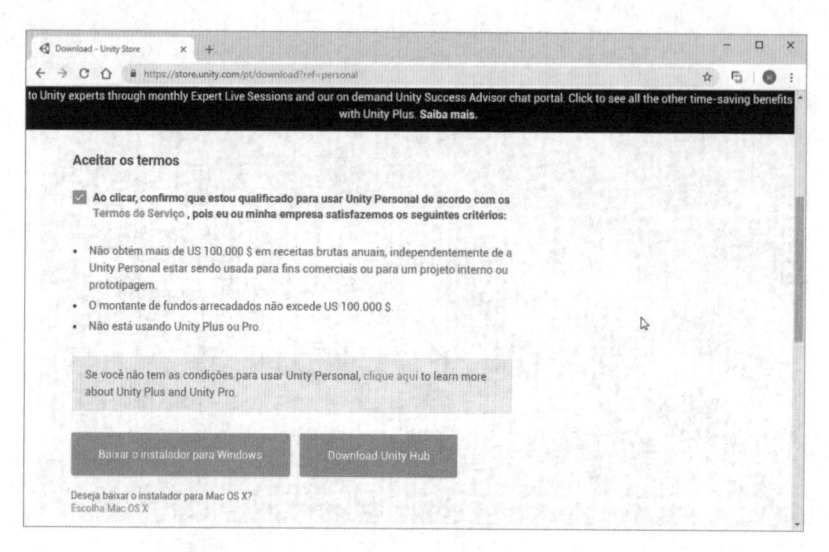

Figura 5.5 – Página para download do Unity Personal.

AMBIENTE DE TRABALHO

Depois de finalizar a instalação, execute o Unity clicando no seu respectivo ícone. A tela da Figura 5.6 deve ser mostrada logo em seguida. Entre com sua **Unity ID** ou crie uma, caso não possua uma conta já registrada. Você também pode utilizar as contas do Facebook ou do Google.

Figura 5.6 – Tela de login do programa.

Após efetuar esse login, a tela da Figura 5.7 é apresentada. A partir dela podemos criar um novo projeto de jogo ou carregar um já existente. Para criar um novo projeto, clique no ícone com a legenda **New**, o que fará aparecer a tela da Figura 5.8.

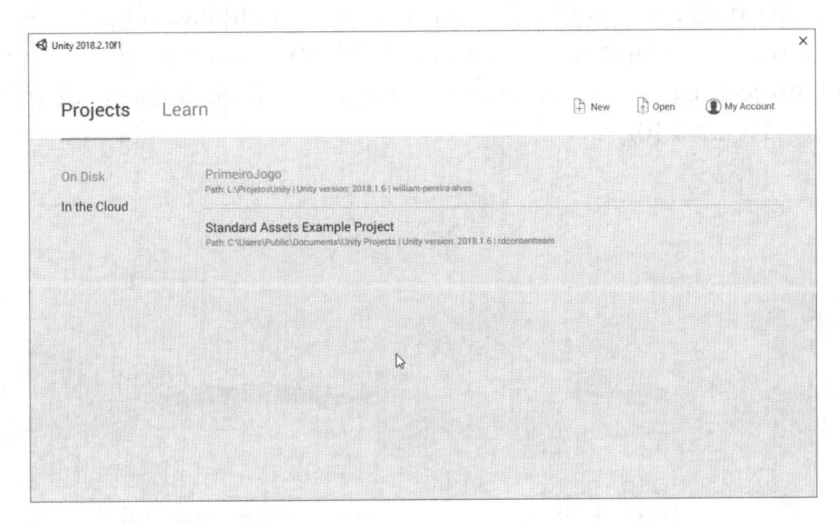

| **Figura 5.7** – Tela para criar ou abrir um projeto.

| **Figura 5.8** – Tela de especificação do novo projeto.

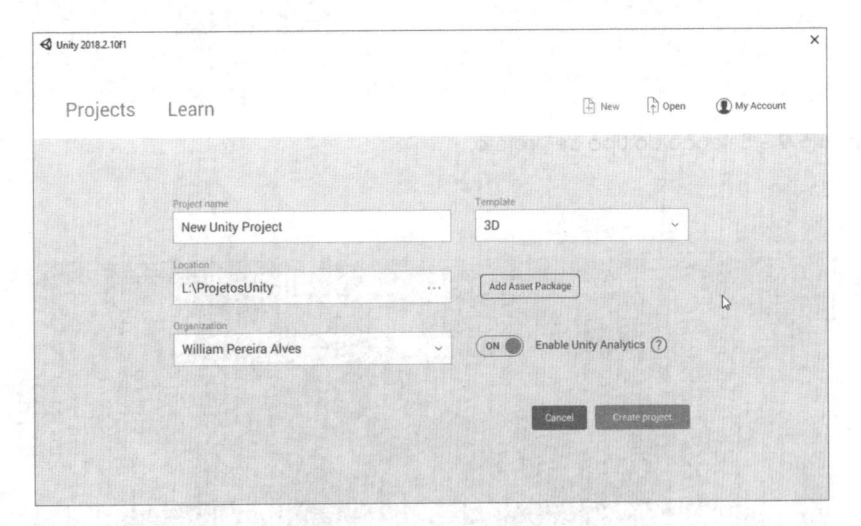

Informe o nome do projeto no campo **Project Name**, que para nosso caso será "Combate Espacial". Em **Location**, especifique a pasta na qual o projeto será gravado. Você pode utilizar o botão com reticências para selecionar a pasta desejada.

Escolha o tipo de projeto de jogo no campo **Template** (Figura 5.9). Para nosso primeiro exemplo, escolha a opção **2D**. Para concluir, clique no botão **Create project**. Depois de algum tempo, surgirá a tela do ambiente de trabalho do Unity (Figura 5.10).

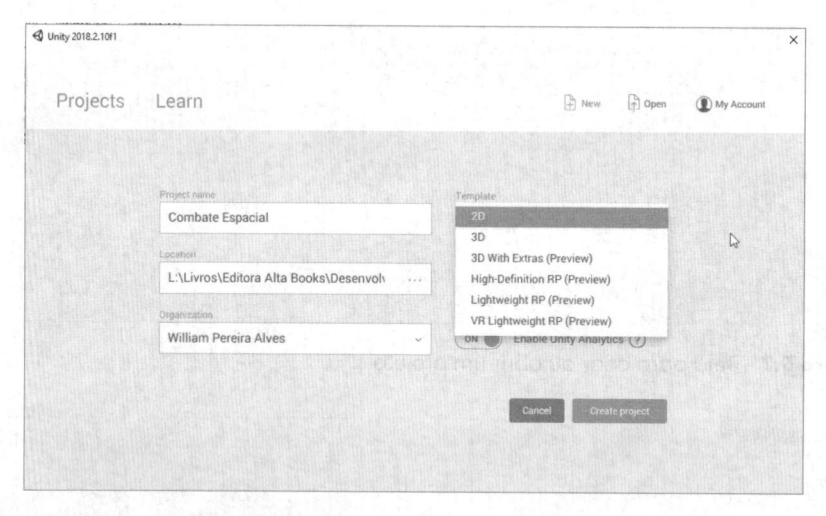

| **Figura 5.9** – Seleção do tipo de projeto.

| **Figura 5.10** – Tela do ambiente de trabalho do Unity.

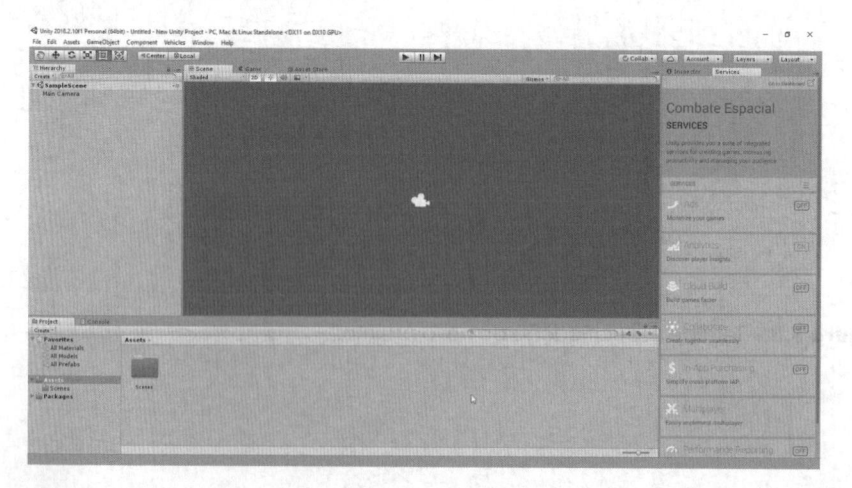

No topo, temos a barra de menus e a barra de ferramentas cujos ícones permitem a execução das tarefas mais comuns (Figura 5.11). Os ícones da extremidade esquerda da barra de ferramentas tem por função a execução de operações de movimentação, redimensionamento e rotação de objetos da cena (Figura 5.12). Já os botões que se assemelham aos de gravadores antigos ou videocassetes são utilizados para tocar uma animação ou executar o próprio jogo, dar uma pausa e avançar quadro a quadro.

No lado esquerdo se encontra o painel de visualização da hierarquia de objetos que compõem o projeto (Figura 5.13).

| **Figura 5.11** – Barra de menus e barra de ferramentas.

| **Figura 5.12** – Ícones da extremidade esquerda da barra de ferramentas.

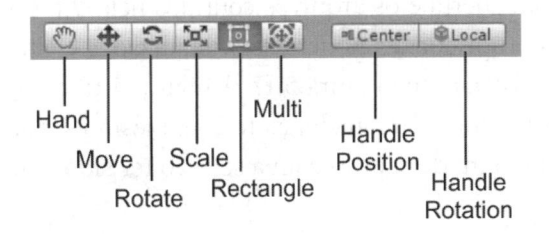

No centro está a janela de definição das cenas do jogo, ou seja, a área na qual são inseridos os diversos objetos gráficos (Figura 5.14). Nela, adicionamos personagens, objetos que compõem o cenário de fundo, luzes e câmeras, similarmente a um software de modelagem.

| **Figura 5.13** – Painel de hierarquia dos objetos.

Figura 5.14 – Área de construção do ambiente do jogo.

Na base da tela encontramos, à esquerda, o painel gerenciador de projeto, e no meio, as pastas selecionados nesse painel e seus respectivos arquivos (Figura 5.15). A Figura 5.16 exibe uma pasta aberta e os arquivos contidos nela. Ao ser selecionado um dos arquivos, suas propriedades podem ser visualizadas e alteradas a partir do painel **Inspector** mostrado na Figura 5.17. A Figura 5.18 exibe o painel **Inspector** com um objeto de cena selecionado. Note que, mesmo sendo o mesmo objeto, as propriedades diferem, de acordo com a seleção ter sido feita na cena ou na lista de arquivos.

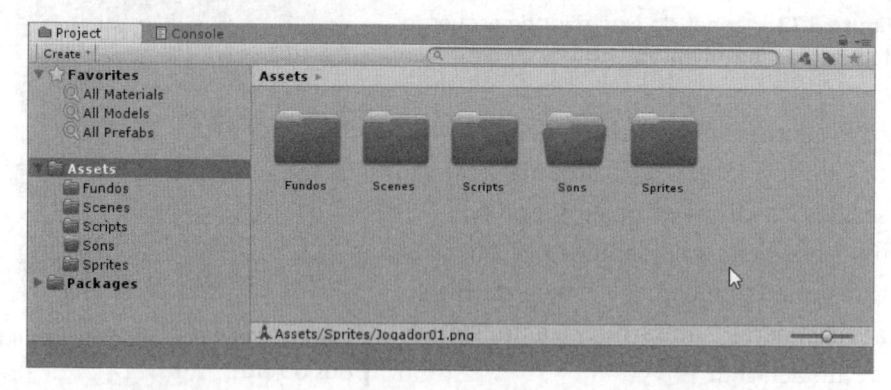

Figura 5.15 – Painel gerenciador de projetos e área de visualização de pastas e arquivos.

Introdução ao Unity 79

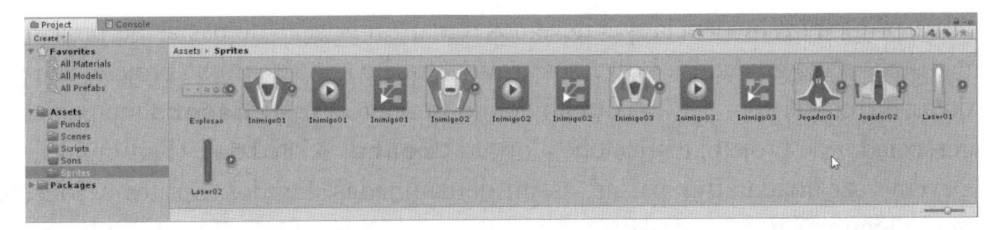

Figura 5.16 – Exibição de arquivos contidos em uma pasta do gerenciador de projetos.

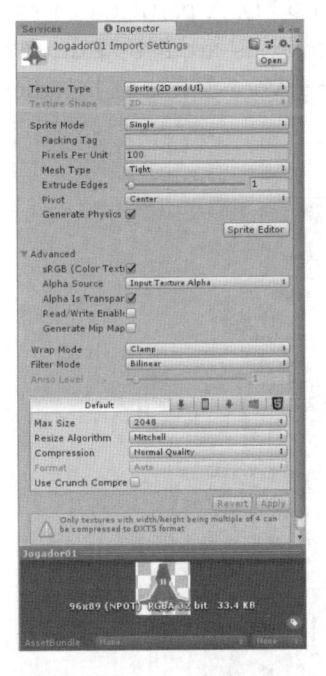

Figura 5.17 – Painel Inspector com objeto da lista de arquivos selecionado.

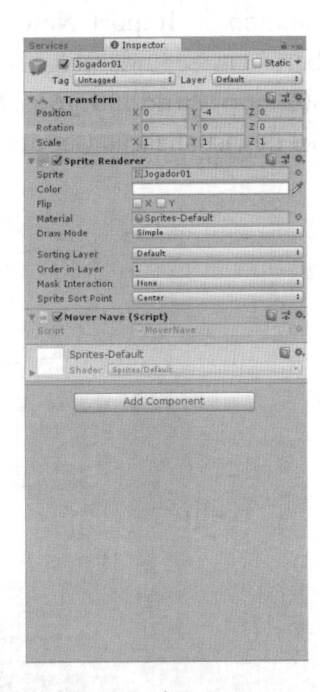

Figura 5.18 – Painel Inspector com objeto de cena selecionado.

PREPARATIVOS INICIAIS

Vamos iniciar o desenvolvimento do nosso primeiro jogo adicionando imagens que serão utilizadas como fundo de tela e sprites que representam as personagens, que em nosso caso, são naves espaciais. Esse jogo será baseado no famoso Space Invaders, ou seja, será um jogo de tiro no qual devemos destruir naves alienígenas inimigas.

A primeira providência que devemos tomar é a criação de pastas no projeto nas quais serão gravados os diversos arquivos que compõem nosso projeto. Sendo assim, clique com o botão direito do mouse sobre a pasta **Assets**, no painel gerenciador de projeto, e selecione a opção **Create → Folder** (Figura 5.19). Deverão ser criadas três pastas, assim denominadas: Fundos, Sprites e Sons. Veja a Figura 5.20.

Com essas pastas criadas, vamos adicionar a elas os arquivos que utilizaremos em nosso projeto. Clique com o botão direito sobre a pasta **Fundos** e selecione a opção **Import New Asset** (Figura 5.21). A partir da caixa de diálogo aberta em seguida (Figura 5.22), selecione os arquivos **Fundo01.jpg**, **Fundo02.jpg**, **Fundo03.jpg** e **Fundo04.jpg**. Você deverá vê-los adicionados ao painel de visualização (Figura 5.23).

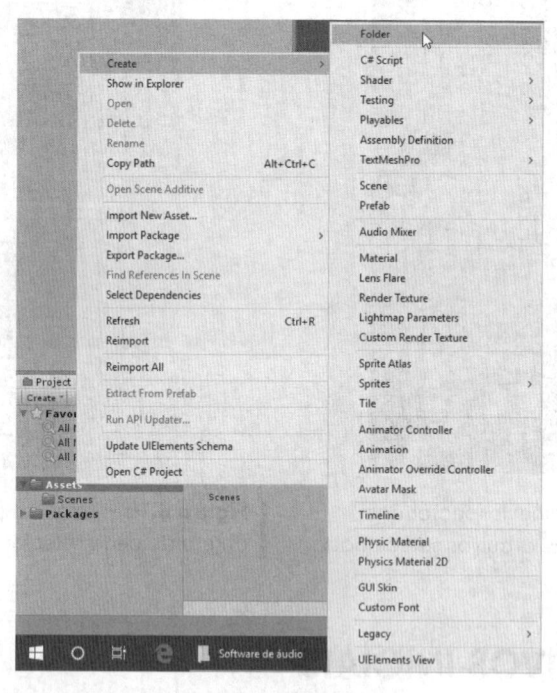

| **Figura 5.19** – Opção para criação de nova pasta.

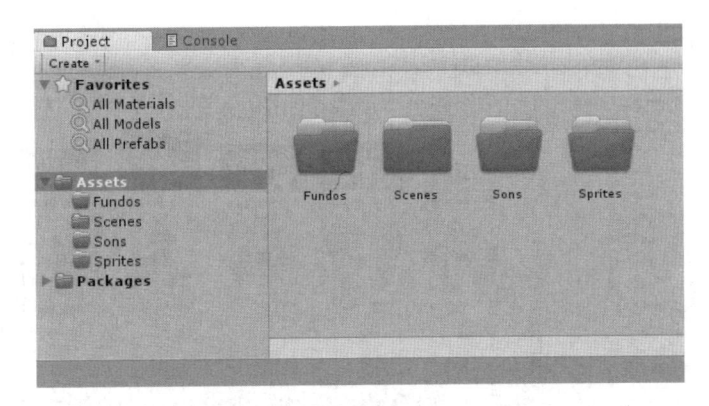

Figura 5.20 – Novas pastas adicionadas ao projeto.

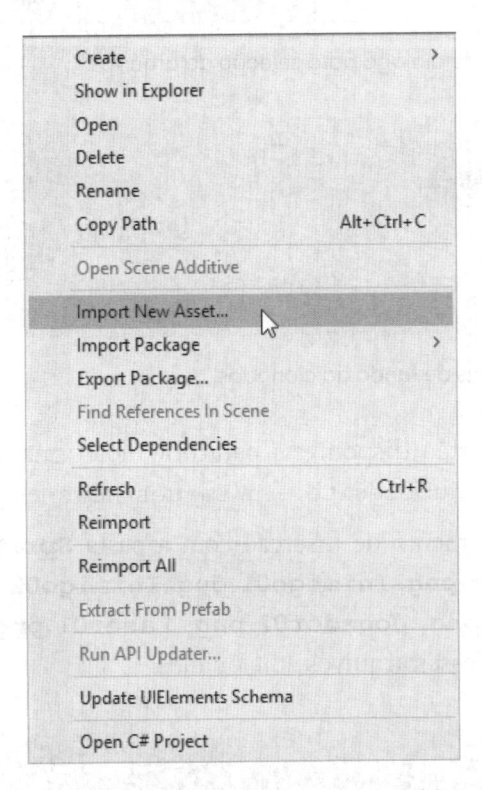

Figura 5.21 – Opção para adição de arquivos à pasta da biblioteca.

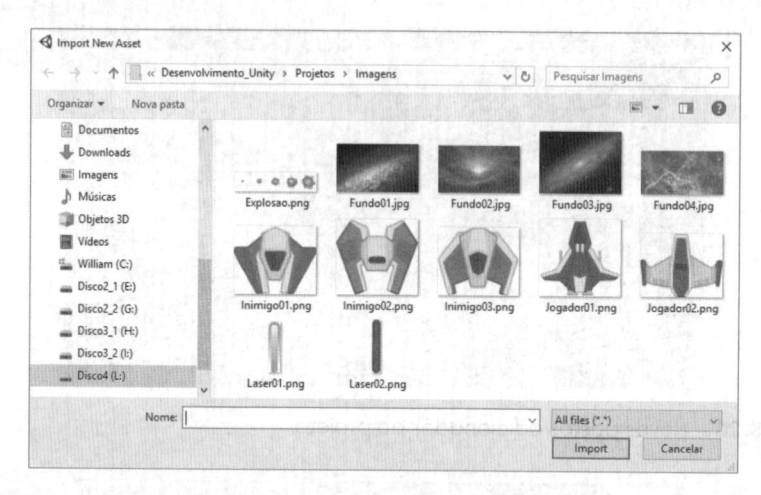

Figura 5.22 – Caixa de diálogo para seleção de arquivos.

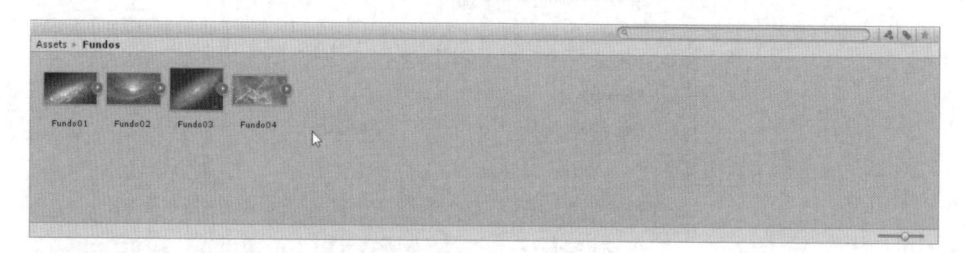

Figura 5.23 – Imagens de fundo adicionadas.

Essas imagens estão disponíveis para download gratuito no site mantido pela NASA, http://hubblesite.org/images/news [em inglês].

Repita o procedimento de inserção com a pasta **Sprites**, selecionado os arquivos **Explosao.png**, **Inimigo01.png**, **Inimigo02.png**, **Inimigo03.png**, **Jogador01.png**, **Jogador02.png**, **Laser01.png** e **Laser02.png**. Veja na Figura 5.24 esses arquivos adicionados.

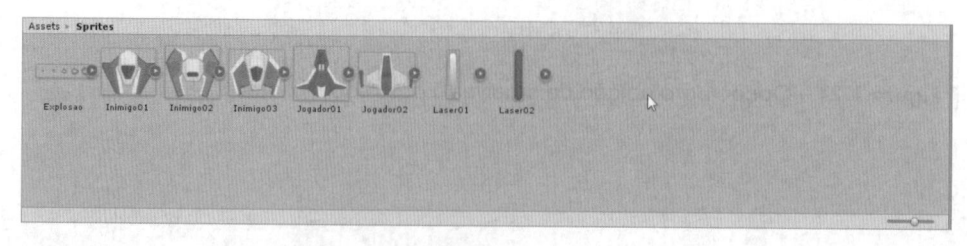

Figura 5.24 – Imagens de sprites adicionadas.

Pode-se baixar gratuitamente essas imagens a partir do endereço `https://kenney.nl/assets/space-shooter-extension`. Existem diversos sites que oferecem imagens de fundo, imagens de sprite, arquivos de áudio (efeitos sonoros, como explosões) e músicas. Alguns deles são `https://craftpix.net`, `https://www.gameart2d.com`, `https://opengameart.org` e `http://spritedatabase.net` [todos os sites indicados são em inglês].

Depois de ter adicionado todas as imagens ao projeto, vamos inseri-las na janela **Scene**, que representa o ambiente do jogo. Para isso, selecione a imagem e arraste-a para dentro dessa área. Por exemplo, arraste a imagem **Fundo01.jpg**, o que resultará na tela da Figura 5.25.

Em seguida, acesse o painel **Inspector** e note que os campos **X** e **Y** da propriedade **Position** estão ajustados com os valores que correspondem à posição horizontal e vertical em que foi inserida a imagem (Figura 5.26). Digite nesses dois campos o valor 0, fazendo, assim, com que a imagem fique alinhada com o canto superior direito. Outra forma de alinhar é selecionando a opção **Reset** do menu apresentado ao se clicar no ícone de engrenagem, no canto direito superior do painel (Figura 5.27).

| **Figura 5.25** – Imagem definida como fundo de tela do jogo.

Figura 5.26 – Valores do posicionamento da imagem.

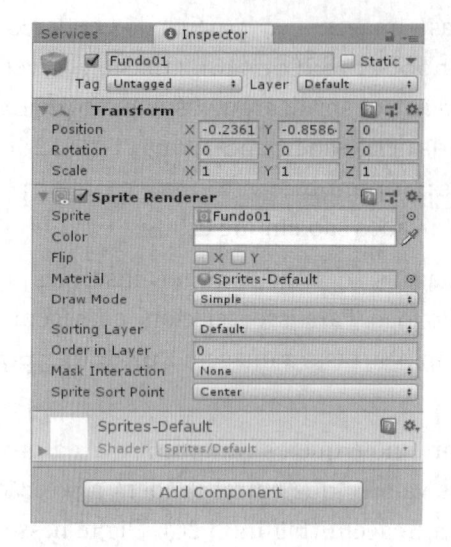

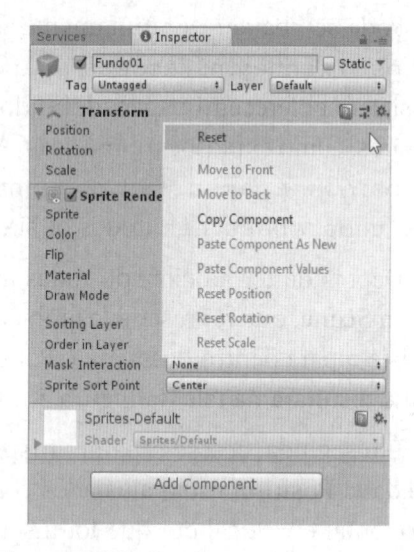

Figura 5.27 – Opções para manipulação de objetos.

A seguir, arraste para a tela o arquivo `Inimigo01.png`, da pasta `Sprites` (Figura 5.28). No painel **Inspector**, digite o valor 1 no campo **Order in Layer** (Figura 5.29). Dessa forma, a imagem da nave será posicionada em uma camada acima da que se encontra a imagem de fundo. Repita o processo com os arquivos `Inimigo02.png`, `Inimigo03.png` e `Jogador01.png`. Veja na Figura 5.30 o resultado.

Figura 5.28 – Sprite adicionado à tela do jogo.

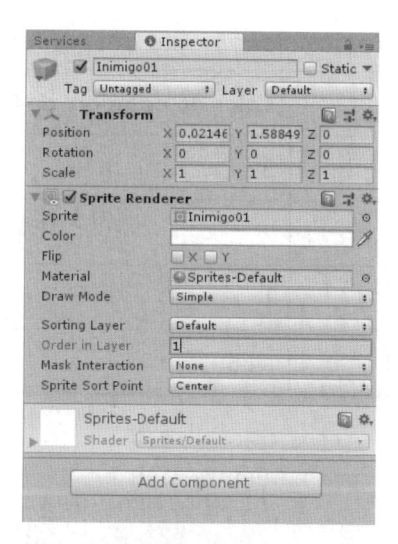

Figura 5.29 – Configuração da propriedade Order in Layer.

Figura 5.30 – Resultado após inserção de todos os sprites.

Digite o valor 0 no campo **X** da propriedade **Position**, grupo **Transform**, para todos os quatro sprites. Para o campo **Y** dessa mesma propriedade, utilize os valores indicados na tabela a seguir:

Valores para posicionamento dos sprites na cena.

Sprite	Valor do campo Y de Position
Inimigo03	3
Inimigo02	2
Inimigo01	1
Jogador01	-4.5

O resultado pode ser visto na Figura 5.31.

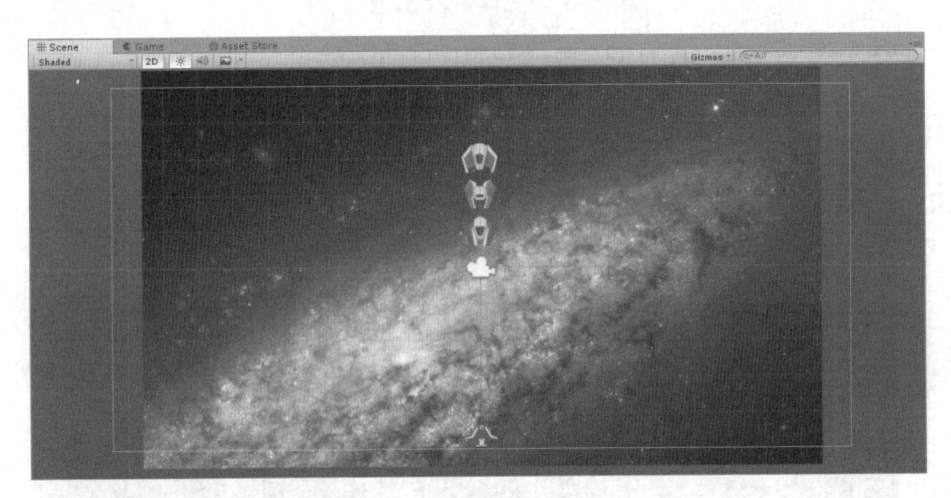

Figura 5.31 – Sprites devidamente posicionados na cena.

Vejamos agora como utilizar o editor de sprites do Unity para gerar vários sprites a partir de uma única imagem. Essa imagem contém a representação do sprite em diversas aparências. Selecione a imagem denominada **Explosao** a partir da janela de arquivos e em seguida, no painel **Inspector**, selecione a opção **Multiple** da propriedade **Sprite Mode** (Figura 5.32). Então clique no botão **Sprite Editor** para a tela do editor de sprites, mostrada na Figura 5.33.

Clique no botão **Slice** para que seja exibida a janela de configuração da Figura 5.34. A caixa de combinação do campo **Type** oferece três opções para fatiamento da imagem (Figura 5.35). Deixando selecionada a opção **Automatic**, o próprio editor se encarrega de criar a área de fatiamento tomando por base o limite entre o fundo transparente e as bordas de cada imagem.

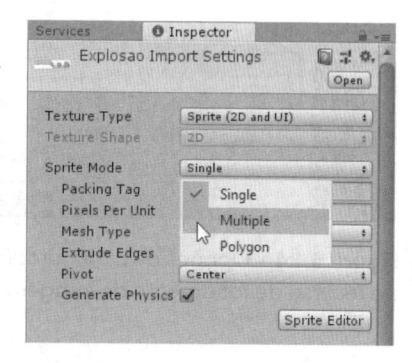

Figura 5.32 – Opção para trabalho com múltiplos sprites em uma só imagem.

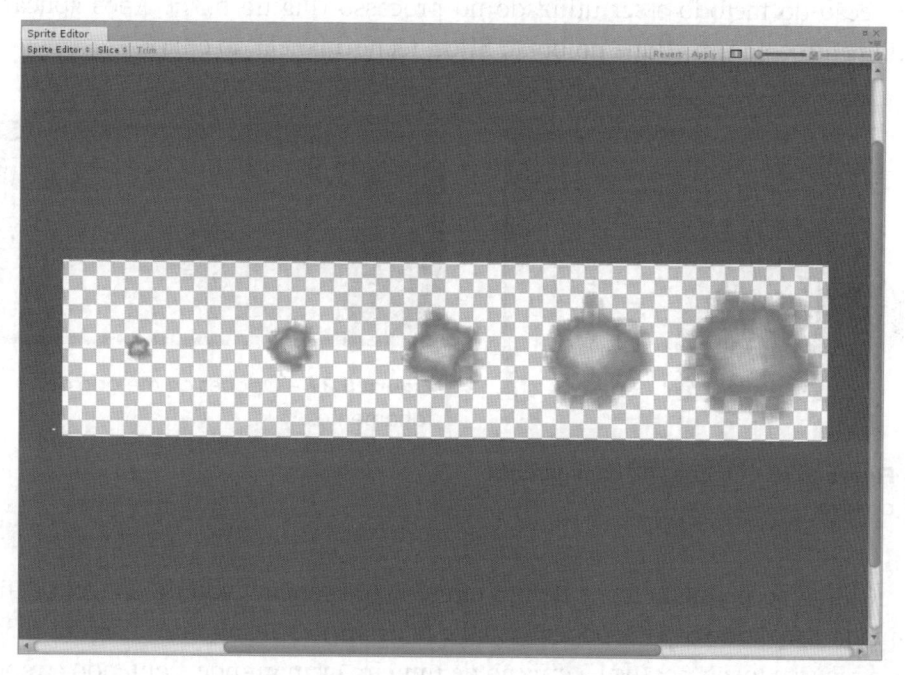

Figura 5.33 – Editor de sprites com múltiplas imagens.

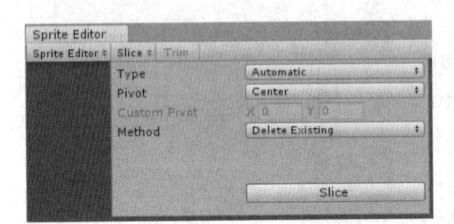

Figura 5.34 – Opções de configuração do recurso de fatiamento de imagem.

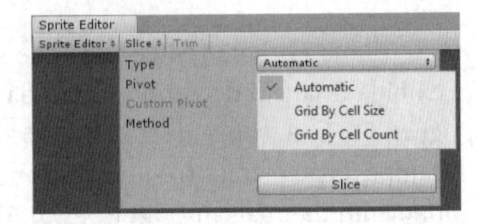

Figura 5.35 – Opções de fatiamento de imagem.

O campo **Pivot** oferece as configurações apresentadas na Figura 5.36, que permitem posicionar o pivô da imagem, ou seja, o ponto de apoio para execução de algumas operações, como rotacionamento. Já a opção **Method** permite a seleção do método a ser utilizado no processo (Figura 5.37). Após aplicar o fatiamento com um clique no botão **Slice**, feche a janela do editor.

Figura 5.36 – Opções de configuração do pivô.

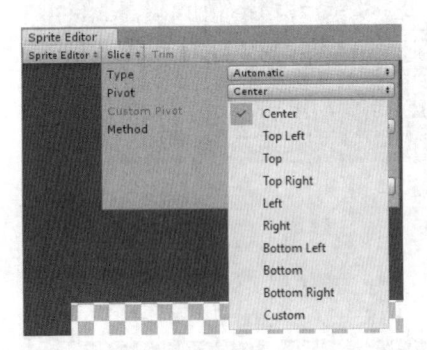

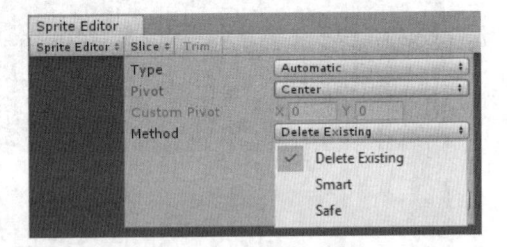

Figura 5.37 – Opções de método de fatiamento.

Clique no pequeno ícone de um círculo com seta ao lado da imagem denominada **Explosao** para poder visualizar os sprites resultantes (Figura 5.38). Esse recurso torna possível a criação de uma imagem grande, contendo a representação de vários sprites, e a posterior geração dos sprites individuais para o jogo. Dessa forma, é dispensado o trabalho de criação de um arquivo de imagem para cada sprite.

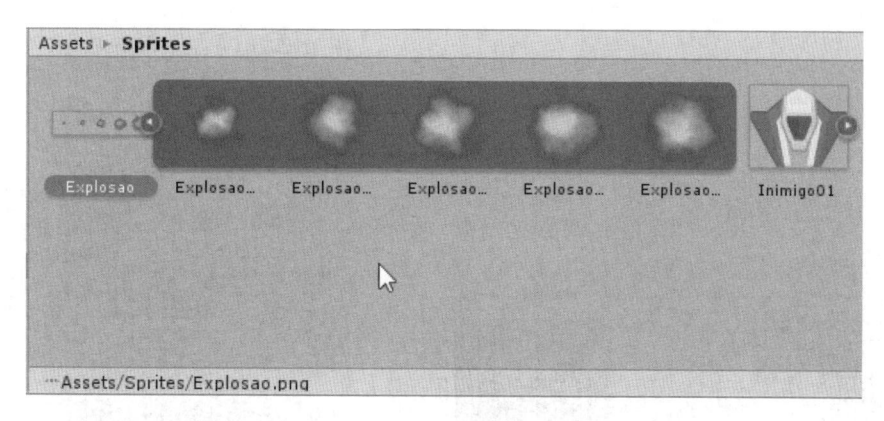

Figura 5.38 – Visão dos múltiplos sprites da imagem.

É importante deixar claro que esse editor de sprites não é uma ferramenta gráfica para criação dos próprios sprites, mas apenas para ajustar a área efetivamente compreendida por eles, ou na criação de múltiplos sprites em um único arquivo. Para criação de imagens a serem utilizadas em sprites, deve ser utilizado um editor de gráficos completo, como os gratuitos Krita ou Inkscape, ou os pagos CorelDRAW, Corel PHOTO-PAINT, Adobe Illustrator ou Adobe Photoshop.

Para finalizar essa primeira etapa do nosso projeto, adicione à pasta **Fundos** o arquivo **Placar.png**, que faz parte do kit de estudo disponível para download no site da editora (acesse www.altabooks.com.br e procure pelo título do livro ou ISBN para ter acesso aos arquivos de apoio e/ou a outros conteúdos aplicáveis à obra). A seguir, selecione a opção **GameObject → UI → Image** (Figura 5.39). O painel **Inspector** apresenta as opções de configuração da Figura 5.40. Clique na imagem **Placar** e arraste-a para o campo **Source Image**. Você pode notar que a imagem é enorme, maior que a própria tela do jogo. Digite os valores 6.5 e 1 nos campos **Width** e **Height**, respectivamente. Posicione, por fim, a imagem conforme indicado na Figura 5.41.

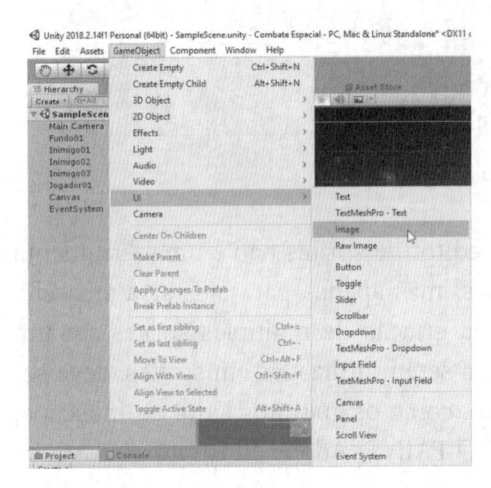

Figura 5.39 – Opção para inserção de imagem estática na cena.

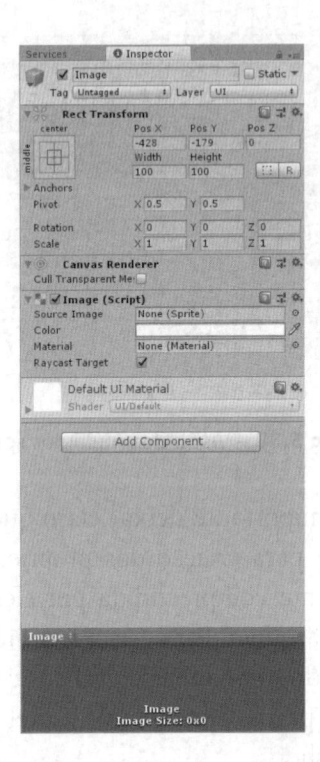

Figura 5.40 – Opções do painel Inspector.

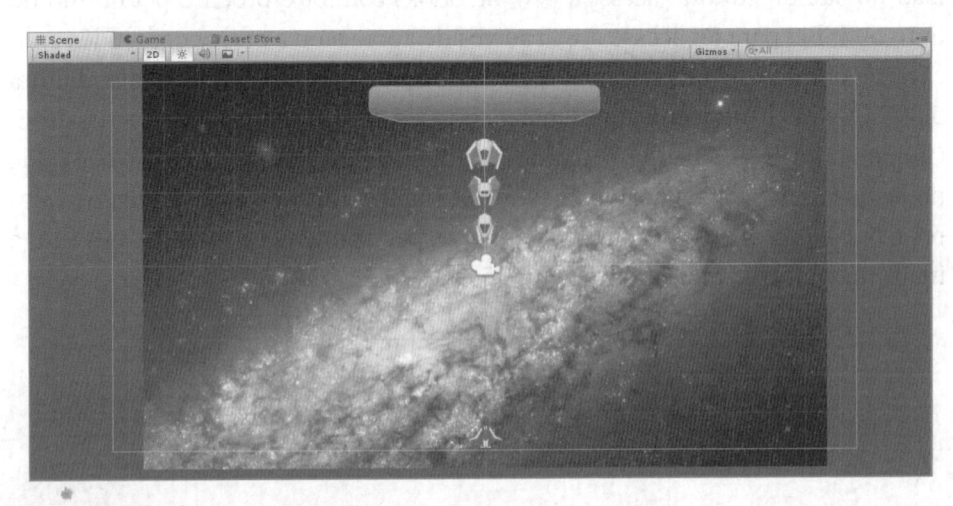

Figura 5.41 – Área que conterá o placar do jogo adicionada.

Vamos encerrar este capítulo apresentando um recurso interessante do Unity que permite utilizar objetos prontos disponíveis no site da empresa, alguns sendo gratuitos, inclusive.

Acesse a aba **Assets Store**, na área de definição de cena, e você verá uma tela similar à da Figura 5.42, que reproduz parcialmente a página do site.

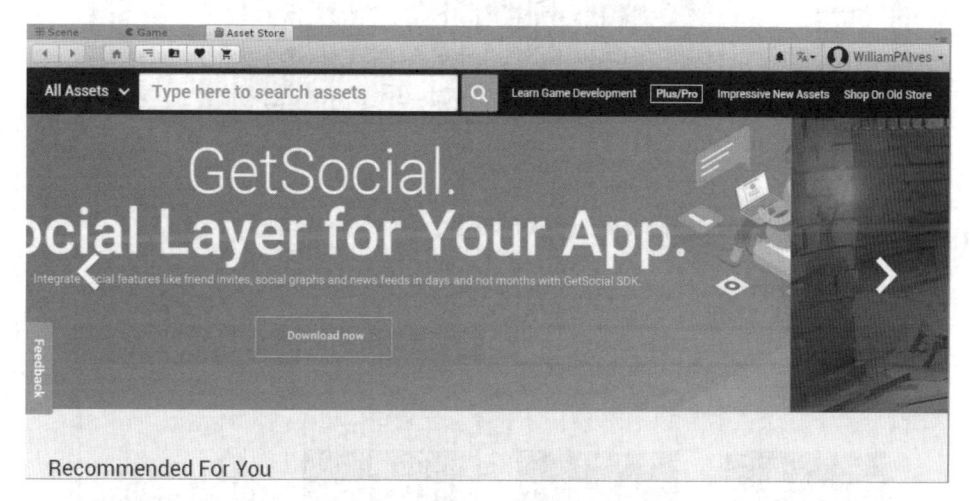

| **Figura 5.42** – Visualização da página para download de pacotes de objetos.

Clique no menu **All Assets** e escolha a opção **Essentials/Asset Packs** (Figura 5.43).Serão mostradas diversas opções de bibliotecas de componentes de jogos gratuitos (Figura 5.44). Para nosso exemplo, selecione o pacote **Standard Assets**. Na tela seguinte (Figura 5.45), clique no botão **Download**. Após ter sido finalizado o processo de download dos arquivos, a tela apresenta um botão com a legenda **Import** (Figura 5.46). Clique nele para iniciar a importação dos arquivos para seu projeto de jogo atualmente aberto.

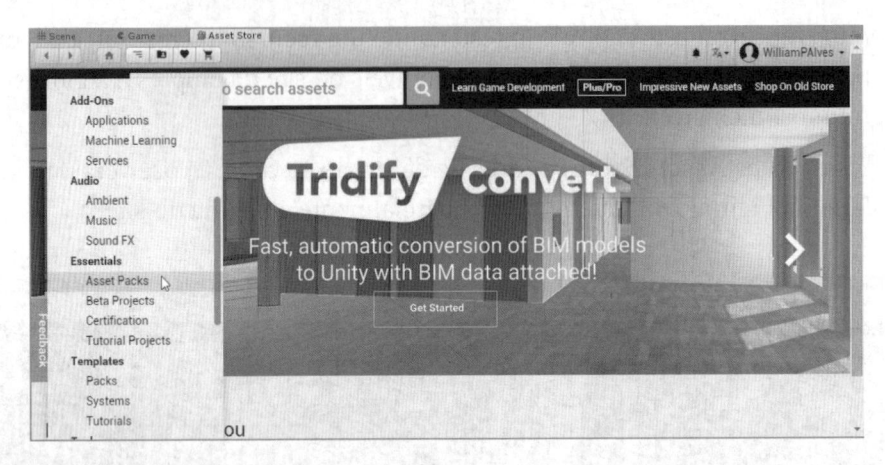

Figura 5.43 – Opções de biblioteca de objetos.

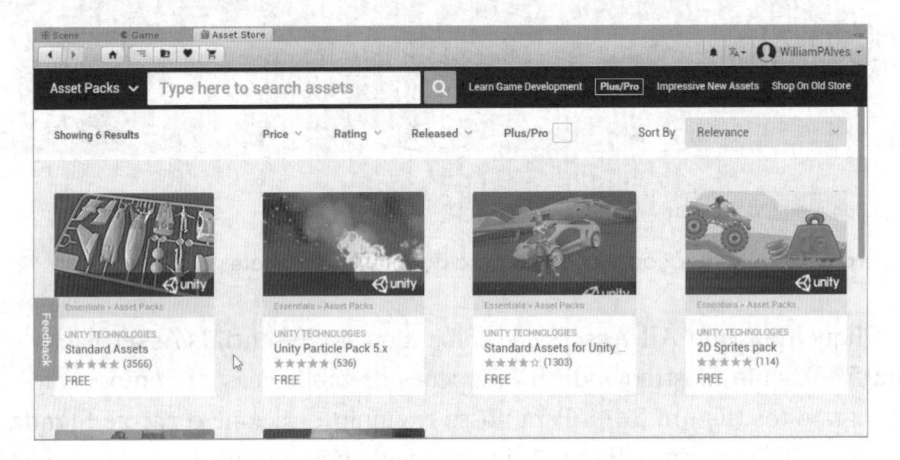

Figura 5.44 – Lista de bibliotecas gratuitas disponíveis para download.

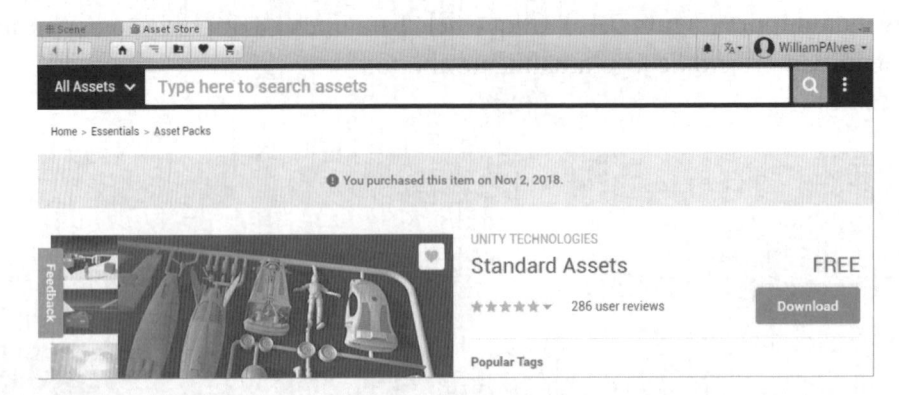

Figura 5.45 – Tela para download de biblioteca de objetos.

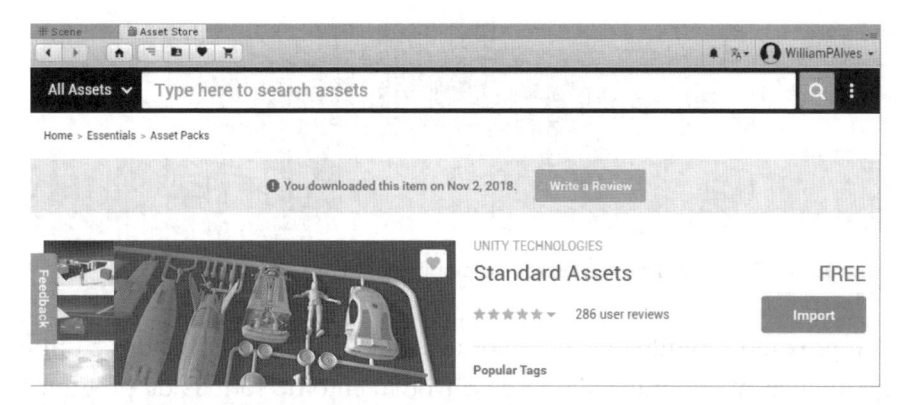

Figura 5.46 – Tela para importação de arquivos da biblioteca baixada.

Você verá a janela da Figura 5.47, com a apresentação em forma de árvore hierárquica dos diversos objetos que estão disponíveis no pacote. Marque os itens que desejar, ou clique no botão **All** para selecionar todos. Para concluir, clique em **Import**. Finalizado o processo de importação da biblioteca, você poderá ver as diversas pastas e arquivos adicionados ao projeto (Figura 5.48).

Figura 5.47 – Lista de objetos disponíveis na biblioteca.

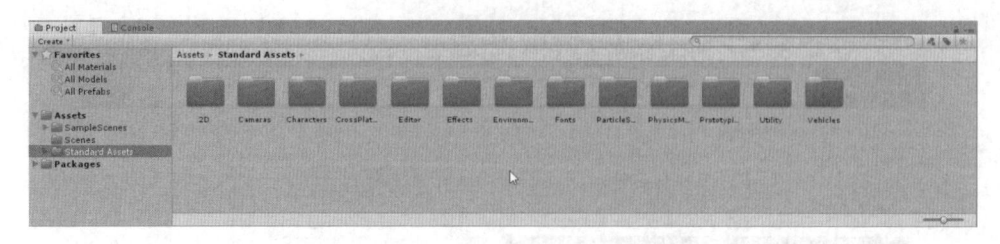

Figura 5.48 – Pastas e arquivos novos adicionados ao projeto.

No próximo capítulo, estudaremos a criação de sprites animados e um pouco da linguagem C#, utilizada no desenvolvimento de rotinas de programação para executar as mais diversas tarefas e dar inteligência ao jogo.

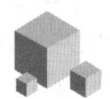

Exercícios

1. Quais os tipos de templates disponíveis para inciarmos nossos projetos de jogos?
2. Qual é a função da área central do ambiente de trabalho do Unity?
3. Por que é vantajoso criar um arquivo contendo diversas imagens de sprites?
4. Em qual situação devemos configurar o modo de sprite como Multiple?

6
Animações e Programação

Neste capítulo, você aprenderá a criar animações com objetos de jogos, conhecidos como GameObjects, verá uma pequena introdução à programação em linguagem C# e criará um script para mover a nave do jogador.

COMO ANIMAR PERSONAGENS E OBJETOS

Os sprites, como já explicado, são imagens gráficas que representam os personagens dos jogos. Podemos ter sprites compostos por diversas imagens, cada uma representando uma posição diferente do personagem, como mostra o exemplo da Figura 6.1, ou uma única imagem, como as utilizadas no capítulo anterior, na definição inicial do nosso projeto de jogo de naves.

Figura 6.1 – Sequência de imagens gráficas que formam um sprite.

No primeiro caso, a animação do personagem é obtida pela sobreposição sequencial das imagens que formam o sprite. Para a segunda alternativa, a imagem é deslocada pela tela para dar a ilusão de movimento. Isso é o que faremos neste tópico com os três sprites que representam as naves inimigas no topo da tela.

Selecione o sprite **Inimigo03** a partir da lista do painel **Hierarchy** ou clicando no respectivo personagem na tela do jogo. Então, escolha a opção **Window → Animation → Animation** para abrir a janela da Figura 6.2. Clique no botão **Create** e especifique como nome do arquivo de animação a expressão caractere `Inimigo03`, na caixa de diálogo da Figura 6.3.

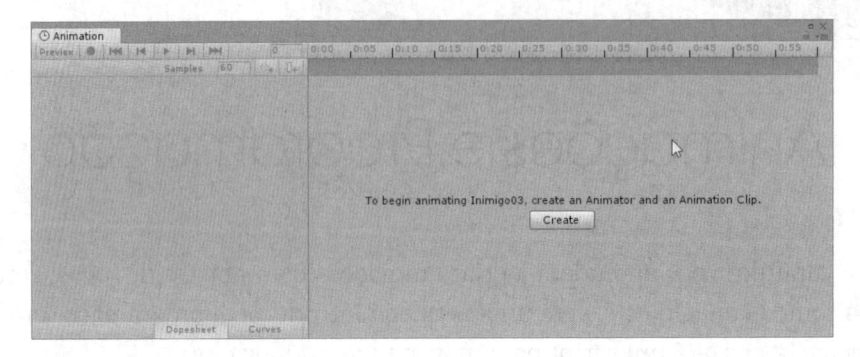

Figura 6.2 – Janela para criar animação do sprite.

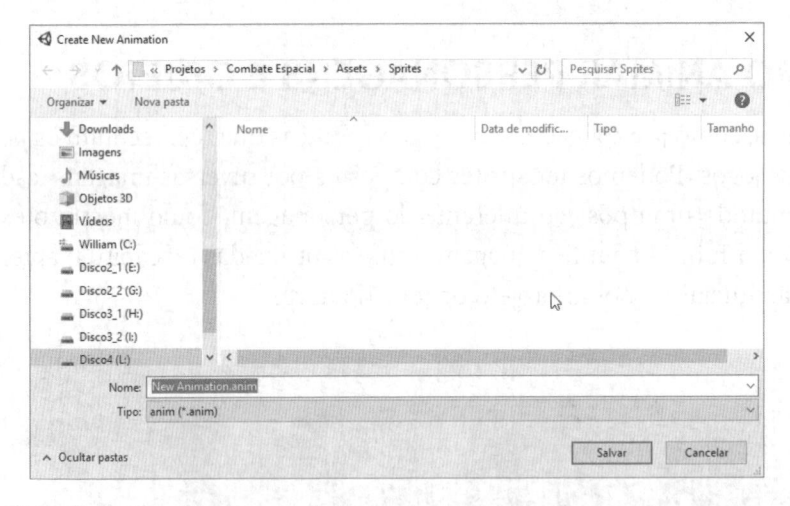

Figura 6.3 – Especificação do nome do arquivo da animação.

Ao retornar para a janela de criação de animação, clique no botão **Add Property** e escolha a opção **Transform → Position** (Figura 6.4). Com isso você verá a linha do tempo mostrada pela Figura 6.5. Digite no campo **Samples** o valor 5. Esse é o número de quadros a serem exibidos por segundo.

Ajuste o nível de zoom da linha do tempo girando o botão de rolagem do mouse para trás, até poder ver a demarcação de keyframe final (Figura 6.6).

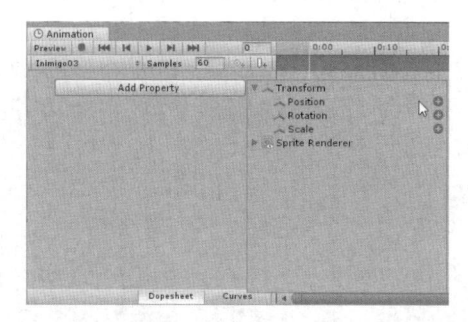

| **Figura 6.4** – Adição de propriedade ao sprite.

| **Figura 6.5** – Linha do tempo mostrada após adição de propriedade.

| **Figura 6.6** – Zoom aplicado à linha do tempo.

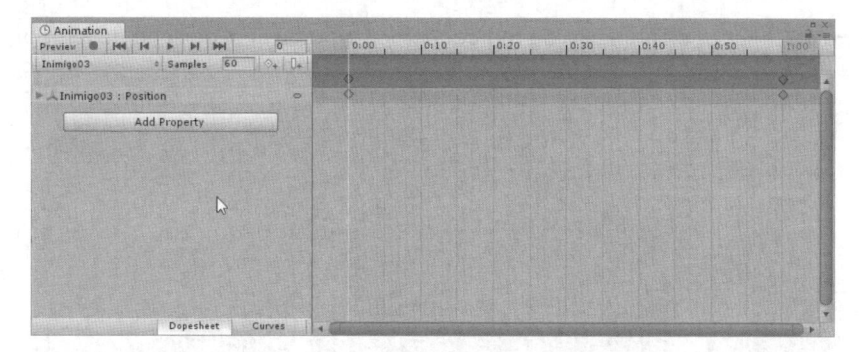

Clique nesse keyframe final e arraste-o até a posição de número 3.0 da linha do tempo (Figura 6.7). Para facilitar as próximas operações, volte o nível de zoom para poder visualizar melhor as divisões da linha do tempo (Figura 6.8).

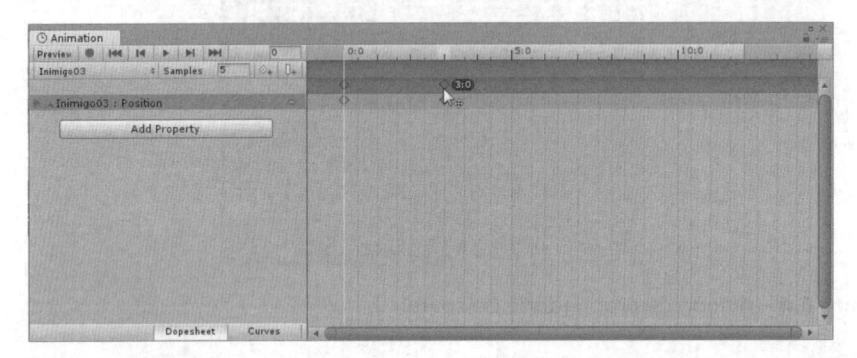

Figura 6.7 – Reposicionamento da marcação de keyframe final da linha do tempo.

Figura 6.8 – Visualização completa da linha do tempo.

Digite o valor 5 no campo de entrada à direita dos botões de execução (similares às teclas de videocassete). Isso faz com que o cursor da linha do tempo seja posicionado em 1s. Em seguida, clique no ícone de **Add keyframe** (), assim, teremos a marcação mostrada pela Figura 6.9.

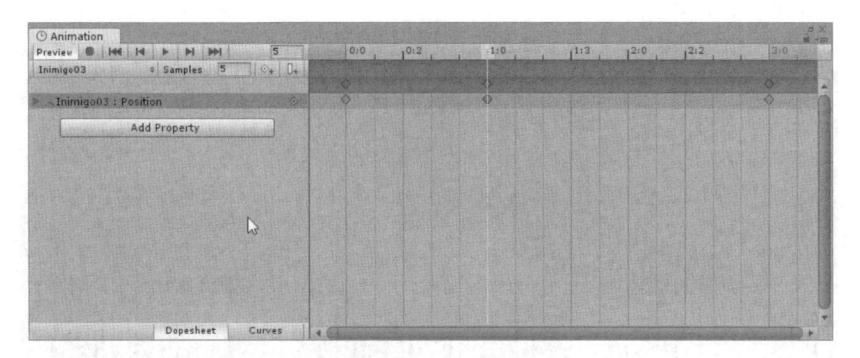

Figura 6.9 – Adição de keyframe em 1s.

Clique no botão de gravação (▣) e digite o valor 8 no campo **X** da propriedade **Position** (Figura 6.10).

Repita esse processo adicionando um segundo keyframe na posição 10 (2s da linha do tempo). Para a posição da nave dentro da tela, digite o valor -8 no campo **X** da propriedade **Position**. Para a última posição (3s da linha do tempo), que corresponde ao frame 15, entre com o valor 0 na propriedade **Position**. Veja na Figura 6.11 a definição completa da linha do tempo dessa animação.

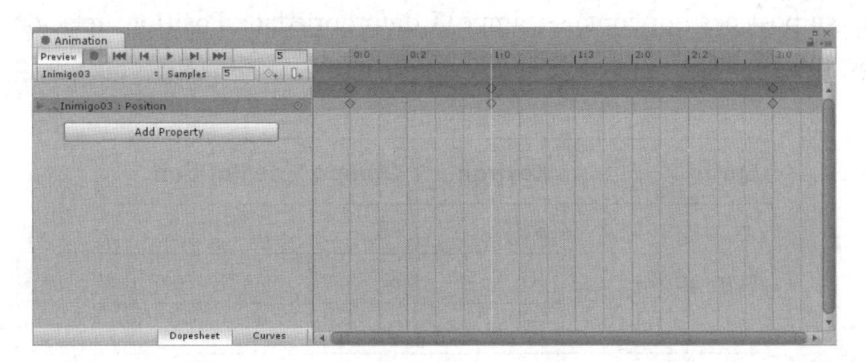

Figura 6.10 – Configuração da posição da nave no keyframe de número 5.

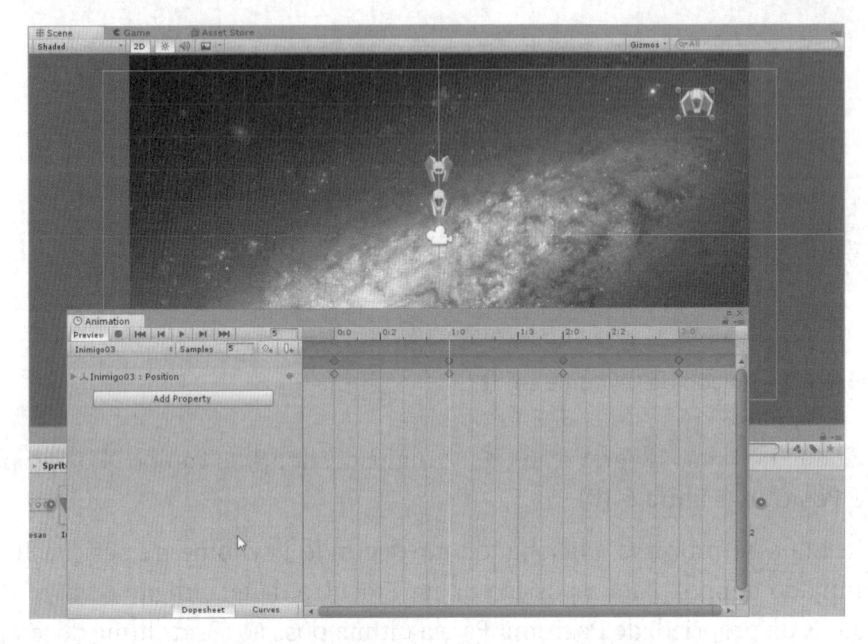

Figura 6.11 – Configuração final da linha do tempo da animação.

Os outros dois sprites devem ser animados com as configurações de linha do tempo e posições horizontais (campo **X** da propriedade **Position**) relacionadas na seguinte tabela:

Sprite	Keyframe	Campo X de Position
Inimigo02	5	-8
	10	8
	15	0
Inimigo01	5	4
	10	-4
	15	8
	20	-8
	25	0

Para o sprite **Inimigo01**, o keyframe final deve ocupar a posição 5s da linha do tempo.

O painel de objetos deve apresentar os itens mostrados pela Figura 6.12. Para ter uma prévia de como ficará a animação, selecione a aba **Game** e em seguida clique no botão **Play** (▶). As Figuras 6.13 e 6.14 exibem dois momentos da animação ao ser executada.

| **Figura 6.12** – Painel de objetos com animações de sprite.

| **Figura 6.13** – Um quadro da animação em execução.

| **Figura 6.14** – Outro quadro da animação em execução.

CONCEITOS BÁSICOS DE PROGRAMAÇÃO

Agora que já sabemos como animar, de forma automática, objetos nas cenas em nossos jogos, o próximo passo é aprender a criar códigos de programação para executar tarefas mais complexas.

A partir da versão 2018, o Unity adotou como linguagem de programação nativa o C#, e abandonou o ambiente MonoDevelop em favor do Visual Studio. A versão 2017 desse ambiente, desde a distribuição Community Edition, já traz no processo de instalação opção para suporte ao desenvolvimento de jogos em Unity.

Isso implica que você precisa ter em sua máquina o Visual Studio 2017 instalado. Pode ser a versão Community, que é gratuita e se encontra disponível para download a partir do site da Microsoft. A instalação ocorre em modo online, ou seja, são baixados os arquivos necessários durante o processo, em vez de baixar tudo e depois ser efetuada a instalação. É um processo que pode demorar, dependendo das opções selecionadas e, obviamente, das configurações do computador, até três horas.

Vejamos alguns conceitos fundamentais de programação em C#, úteis a quem não tem familiaridade com essa linguagem. Não será uma abordagem tão aprofundada, tendo em vista que não é o objetivo deste livro ensinar a programação em detalhes. Mas você verá assuntos suficientes para que possa entender sem dificuldades os códigos que criaremos posteriormente.

Variáveis e tipos de dados

Toda linguagem de programação se vale de variáveis para armazenar dados na memória. Elas são como etiquetas que permitem referenciar um determinado valor, tanto para leitura quanto para escrita. Essas etiquetas são nomeadas para facilitar o trabalho do programador, e não do computador.

Em C#, os nomes de variáveis podem ter até 32 caracteres e, obrigatoriamente, devem iniciar com uma letra do alfabeto, sendo que o restante pode ser formado por uma combinação de letras, números ou o símbolo de sublinhado (_).

Para cada variável, podemos especificar o tipo de dado que ela poderá armazenar. Por exemplo, para uma variável de tipo numérico inteiro, somente podemos atribuir um número inteiro, sem casas decimais, não sendo permitida a atribuição de uma cadeia de caracteres ou um valor decimal.

Os tipos de dados disponíveis em C# estão listados na seguinte tabela:

Tipo de dado	Uso/Descrição
Sbyte	Valores numéricos inteiros com sinal. Faixa de -128 a 127
Byte	Valores numéricos inteiros sem sinal. Faixa de 0 a 255
short	Valores numéricos inteiros de 16 bits com sinal. Faixa de -32768 a 32767
ushort	Valores numéricos inteiros de 16 bits sem sinal. Faixa de 0 a 65535
int	Valores numéricos inteiros de 32 bits com sinal. Faixa de -2.147.483.648 a 2.147.483.647
uint	Valores numéricos inteiros de 32 bits sem sinal. Faixa de 0 a 4.294.967.295
long	Valores numéricos inteiros de 64 bits com sinal. Faixa de -9.223.372.036.854.775.808 a 9.223.372.036.854.775.807
ulong	Valores numéricos inteiros de 64 bits sem sinal. Faixa de 0 a 18.446.744.073.709.551.615
float	Valores numéricos de ponto flutuante de simples precisão. Faixa de 1,5 X 10-45 a 3,4 X 1038
double	Valores numéricos de ponto flutuante de dupla precisão. Faixa de 5 X 10-324 a 1,7 X 10308
decimal	Valores numéricos de ponto flutuante. Faixa de 1 X 10-28 a 7,9 X 1028
char	Caractere padrão Unicode.
bool	Valores lógicos True ou False.
string	Cadeia de caracteres.

A especificação de um nome e do tipo de dado é denominada como declaração em programação. Para declarar uma variável em C# devemos seguir uma sintaxe formada pelo tipo de dado e um nome, como mostrado nos seguintes exemplos:

```
int intContador;
string strNomeCompleto;
double dblValorCusto;
```

Em C#, é permitida a atribuição de um valor no momento da declaração da variável, conforme exemplificado a seguir:

```
int intContador = 0;
string strNomeCompleto = "";
double dblValorCusto = 120.5;
```

Operadores

Para trabalhar com os valores armazenados nas variáveis, a linguagem C# oferece um conjunto completo de operadores, cuja função é similar à encontrada na Matemática.

Os operadores mais primitivos são os aritméticos, que permitem a execução de cálculos com os valores das variáveis. A tabela a seguir relaciona esses operadores:

Operadores matemáticos

Operador	Descrição
+	Adição
-	Subtração
*	Multiplicação
/	Divisão
%	Resto de uma divisão de números inteiros
--	Decremento
++	Incremento

A seguir temos os operadores relacionais, os quais permitem que façamos comparações entre dois ou mais valores/variáveis. Eles também atuam como seus similares da Matemática. Veja a lista a seguir:

Operadores relacionais

Operador	Descrição
<	Menor que
>	Maior que
==	Igual a
!=	Diferente de
<=	Menor que ou igual a
>=	Maior que ou igual a

Os próximos operadores são utilizados junto com os relacionais, com o objetivo de criar expressões de avaliação bastante sofisticadas, que dão a verdadeira inteligência aos programas de computador. Utilizamos os operadores lógicos em situações em que seja preciso avaliar duas ou mais expressões relacionais. Existem três operadores lógicos, listados na tabela a seguir:

Operadores lógicos

Operador	Descrição
&&	And lógico
||	Or lógico
!	Not (inversor lógico)

A linguagem C# oferece, ainda, operadores que permitem a manipulação de bits dentro de um valor numérico. São as conhecidas operações de bits. Com eles podemos ligar e desligar bits individualmente, inverter todos os bits ou mesmo deslocá-los para a direita ou para a esquerda. A seguinte tabela lista esses operadores:

Operadores para manipulação de bits

Operador	Descrição
&	And de bits
|	Or de bits
^	Xor de bits
~	Complemento de um (inversor de bits)
>>	Deslocamento de bits à direita
<<	Deslocamento de bits à esquerda

E, por fim, temos os operadores de atribuição. Nesse grupo, além do sinal de igual, encontramos operadores duplos, que são formados por um operador aritmético e o sinal de igual. Com esses operadores, podemos atualizar de maneira rápida o valor de uma variável. Por exemplo, para adicionar o valor 5 a uma variável, denominada **intContador**, utilizaríamos a seguinte linha de código:

```
intContador += 5;
```

Essa expressão indica que, ao valor anterior da variável **intContador**, deve ser adicionado 5, e o resultado novamente armazenado na própria variável **intContador**.

Estruturas de controle

As estruturas de controle oferecem ao programador a possibilidade de dar "inteligência" aos seus códigos, uma vez que, por meio delas, é possível tomar decisões e executar várias vezes uma mesma instrução.

O primeiro grupo de estruturas de controle é denominado estrutura de decisão, e engloba as instruções **if/else** e **switch**. Elas permitem que, tomando por base o resultado da avaliação de uma expressão lógica, o fluxo de execução do programa seja alterado.

A instrução **if** executa uma ou mais linhas de código se o resultado da expressão lógica for verdadeiro. Se ela vier acompanhada pela cláusula **else**, então outro conjunto de linhas pode ser executado caso o resultado seja falso.

Todos os operadores lógicos e relacionais vistos anteriormente podem ser utilizados na construção da expressão a ser avaliada pela instrução.

Já a instrução **switch** também é empregada na execução de um grupo de linhas de códigos caso uma dada expressão seja verdadeira. É importante destacar que essa instrução, diferentemente de **if**, somente avalia a igualdade.

O segundo grupo compreende as estruturas de repetição, que em C# são ao todo quatro. A primeira estrutura, e a mais simples, é a **for**, utilizada para se executar um trecho de código por um determinado número de vezes. Essa instrução utiliza uma variável numérica, cujo valor é atualizado a cada passagem pelo laço de repetição, até atingir o limite que determina o encerramento do processo.

As outras duas estruturas de repetição, **while** e **do/while**, podem utilizar qualquer tipo de variável e uma diversidade maior de formação de expressões lógicas que controlam o número de vezes que o código deve ser repetido. Na verdade, esse número não possui um limite prefixado, uma vez que a expressão lógica pode resultar em um valor falso a qualquer momento, encerrando assim o ciclo de repetição.

A diferença entre as instruções **while** e **do/while** reside em quando ocorre a avaliação da expressão lógica. Em **while**, a expressão é avaliada antes da execução do bloco de linhas de código. Já em **do/while**, essa avaliação é efetuada depois da execução. Isso significa que, nesse segundo caso, o bloco de código será executado ao menos uma vez.

Funções

Assim como ocorre em outras linguagens de programação, as funções em C# são fragmentos de códigos desenvolvidos para uso em diversos pontos do programa, o que se traduz em economia de tempo e menor espaço do arquivo executável, tendo em vista que não há necessidade de se repetir o mesmo código em cada ponto do programa que precisa efetuar a operação para a qual foi desenhada a função.

As funções também se assemelham às existentes na Matemática, uma vez que elas podem receber parâmetros, realizar alguma operação com eles e devolver um valor. No entanto, elas também apresentam diferenças, como o fato de não executar apenas cálculos aritméticos e nem sempre retornar algum valor.

Um exemplo de função escrita em C# pode ser visto no código a seguir:

```
public int Fatorial(int intValor)
{
    if (intValor == 1)
        return 1;
    else
        return intValor * Fatorial(intValor - 1);*/
}
```

Essa função calcula o fatorial de um número inteiro qualquer.

Classes

As classes, em programação orientada a objetos, são definições de um modelo de dados abstrato que representa uma entidade do mundo real. Por ser um modelo abstrato, chamamos de abstração o processo de modelar essa entidade real para um sistema computacional.

Podemos também considerar uma classe como um novo tipo de dado, definido pelo programador. No entanto, as classes podem conter, além de membros de dados, membros funcionais, ou seja, funções que executam determinadas operações com os dados da classe. A essas funções damos o nome de métodos.

Uma classe, por si só, não tem qualquer utilidade. Ela nem mesmo existe para o sistema. Precisamos criar um objeto que tenha as características dessa classe. Esse processo é conhecido por instanciação. Com o objeto criado, podemos atribuir e ler valores de seus atributos ou invocar seus métodos.

Depois de ter visto esses conceitos, vamos partir para a criação da nossa primeira rotina em C# que será responsável pela movimentação da nave do jogador.

COMO PROGRAMAR EM UNITY

O processo que envolve a programação em Unity difere substancialmente dos que, para aqueles que já são programadores/desenvolvedores, estamos acostumados. Ainda mais na versão 2018 e superiores.

Em vez de criarmos um programa com um módulo principal, geralmente contendo um menu de opções, que invoca outros módulos de acordo com as ações do usuário durante sua execução, os códigos C# escritos para o Unity são vinculados a objetos do jogo, como um personagem, um elemento gráfico ou uma ação do jogador (movimento do joystick, pressionamento de tecla etc).

Esses códigos executam, então, alguma tarefa sobre os elementos do próprio jogo, como exibir uma animação ou vídeo, atualizar o placar do jogo, mover um objeto na tela, destruir uma nave etc.

Conforme veremos no próximo tópico, é necessário ter instalado na máquina o Visual Studio 2017 para que os códigos C# possam ser compilados. Você pode instalar a edição Community que já é suficiente, tendo em vista o fato de ela já oferecer suporte ao desenvolvimento para Windows.

Uma função criada em C# tem acesso a todas as propriedades do objeto ao qual ela se vincula. Isso significa que podemos ler e alterar suas propriedades e até posição na tela.

CONTROLE DA NAVE DO JOGADOR

Nosso primeiro código em C# será destinado a movimentar a nave do jogador conforme ações do usuário. Essas ações correspondem ao pressionamento das teclas de controle do cursor (seta para esquerda e seta para a direita). Resumidamente falando, quando o jogador pressionar a seta da esquerda, a nave será movimentada para a esquerda, e quando for a tecla da seta da direita, a nave será movida para a direita.

A movimentação da nave deverá ser limitada à borda da tela, que definimos como sendo a largura da imagem de fundo. Ao ser atingido esse limite, a nave deve ficar parada nesse ponto.

Nossa primeira providência é adicionar uma nova pasta ao projeto, com o nome **Scripts** e destinada ao armazenamento de todos os códigos C# do jogo. Após ter criado essa pasta, abra-a com um duplo clique e em seguida selecione a opção **Assets** → **Create** → **C# Script** (Figura 6.15). Um novo elemento é adicionado ao painel de visualização de **Assets** (Figura 6.16). Altere seu nome para "MoverNave". Você deverá ver o código exibido na Figura 6.17, no painel **Inspector**. Esse é um código modelo, contendo a definição de uma classe com o nome que demos anteriormente e que é herdeira da classe **MonoBehaviour**. Essa classe contém, inicialmente, dois métodos: **Start()**, que é executado na primeira vez em que a classe é referenciada, e **Update()**, invocado a cada frame da cena. Iremos adicionar nosso código a esse segundo método.

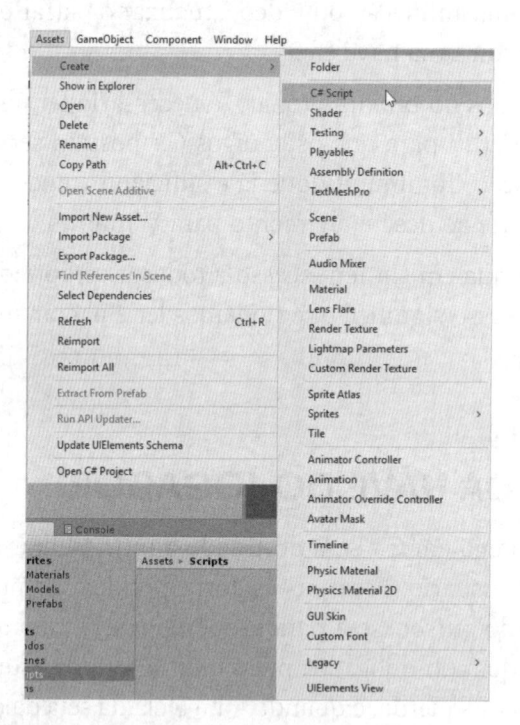

| **Figura 6.15** – Opção para criação de script em linguagem C#.

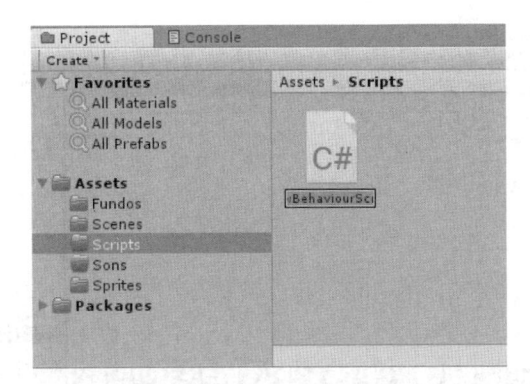

Figura 6.16 – Elemento de script adicionado ao projeto.

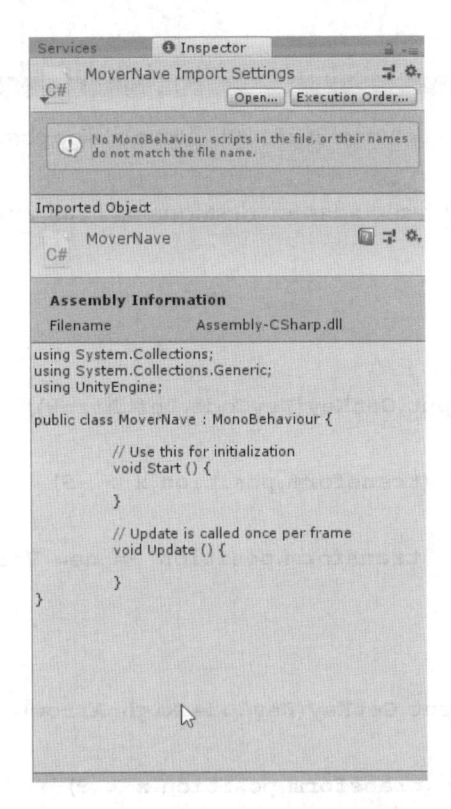

Figura 6.17 – Painel Inspector com o código modelo adicionado.

Para editar esse código modelo, clique no botão **Open** da parte superior do painel **Inspector**. Isso faz com que o Visual Studio 2017 seja executado, já com o código carregado, como mostra a Figura 6.18.

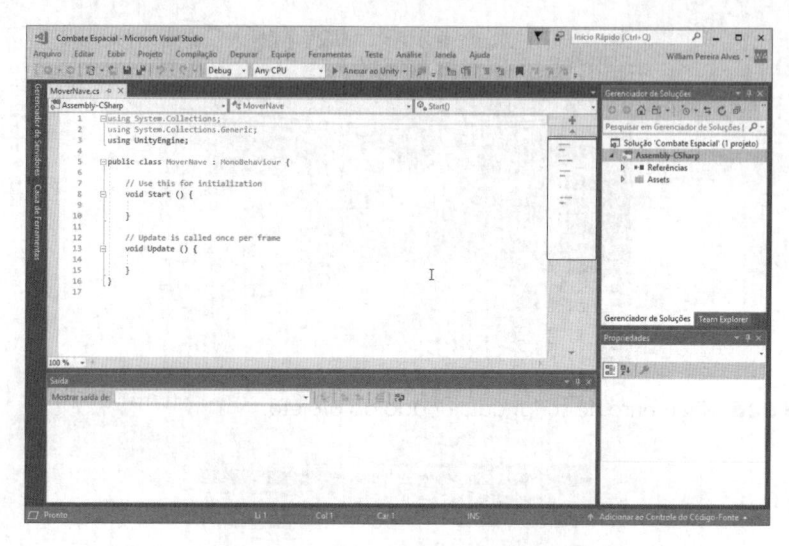

Figura 6.18 – Ambiente do Visual Studio 2017 com o código carregado.

Digite as linhas apresentadas em destaque na Listagem 6.1.

LISTAGEM 6.1

```
void Update () {
    if (Input.GetKey(KeyCode.LeftArrow))
    {
        if (transform.position.x > -9)
        {
            transform.position -= new Vector3(0.2f,0,0);
        }
    }

    if (Input.GetKey(KeyCode.RightArrow))
    {
        if (transform.position.x < 9)
        {
            transform.position += new Vector3(0.2f,0,0);
        }
    }
}
```

Veja na Figura 6.19 o código alterado no editor do Visual Studio.

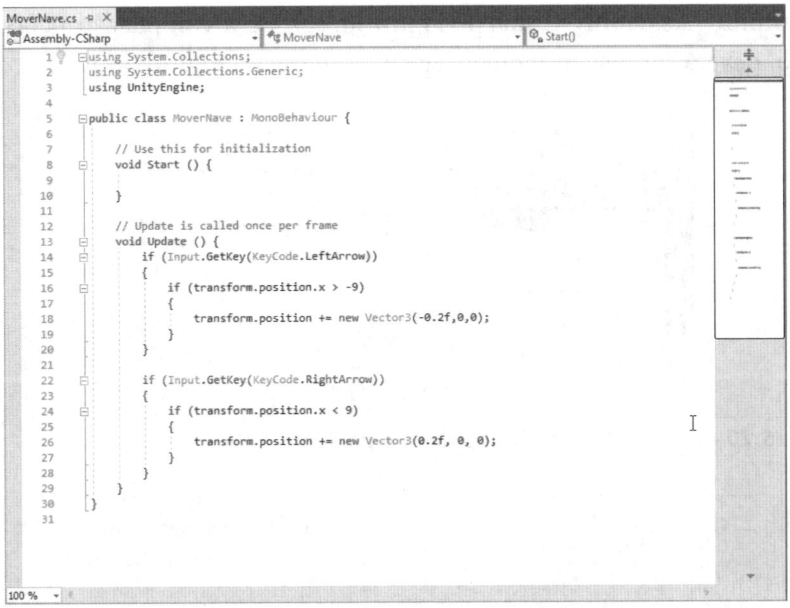

```
using System.Collections;
using System.Collections.Generic;
using UnityEngine;

public class MoverNave : MonoBehaviour {

    // Use this for initialization
    void Start () {

    }

    // Update is called once per frame
    void Update () {
        if (Input.GetKey(KeyCode.LeftArrow))
        {
            if (transform.position.x > -9)
            {
                transform.position += new Vector3(-0.2f,0,0);
            }
        }

        if (Input.GetKey(KeyCode.RightArrow))
        {
            if (transform.position.x < 9)
            {
                transform.position += new Vector3(0.2f, 0, 0);
            }
        }
    }
}
```

Figura 6.19 – Código visualizado no editor do Visual Studio 2017.

A primeira estrutura condicional **if** intercepta o pressionamento da tecla de cursor com seta à esquerda e ajusta a posição horizontal do objeto ao qual o script será vinculado, diminuindo seu valor por meio da linha de código transform.position -= new Vector3(0.2f,0,0). **Vector3** é um objeto que representa o espaço tridimensional no mundo virtual do jogo, ou seja, as posições X, Y e Z. Com isso, conseguimos fazer com que a nave se mova para a esquerda. É importante notar que essa linha de código somente é executada se o valor do atributo **X** da propriedade **position** for maior que -9, que é o limite do lado esquerdo da tela.

Procedimento similar é efetuado ao se pressionar a tecla com seta à direita. O valor do atributo X é aumentado em 0,2 unidades, resultando no deslocamento da nave para o lado direito da tela.

Grave o arquivo clicando no botão **Salvar** (). Embora não seja obrigatório, podemos compilar esse código no Visual Studio acessando a opção **Compilação → Compilar Assembly-CSharp** (Figura 6.20). Se a compilação ocorrer com sucesso, deverá ser vista uma mensagem similar à da Figura 6.21.

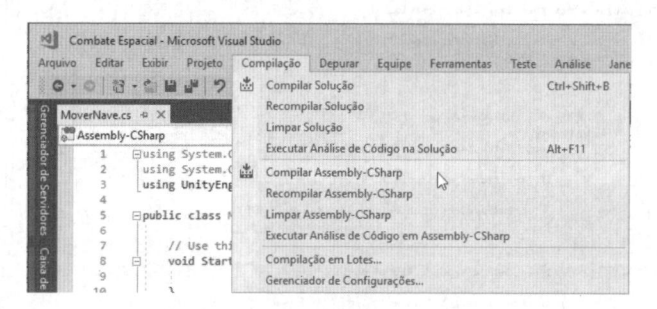

Figura 6.20 – Opção de compilação do código-fonte.

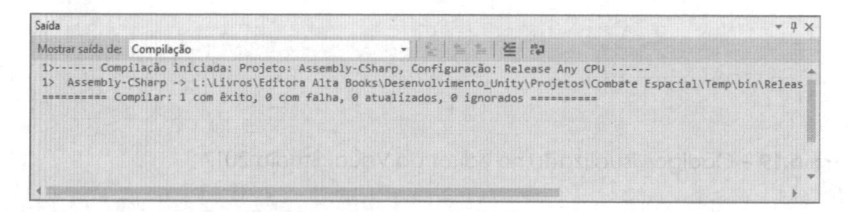

Figura 6.21 – Processo de compilação executado com sucesso.

Mesmo que esse processo de compilação não seja executado, o Unity o faz automaticamente ao se rodar o jogo pela primeira vez.

Ao voltar para o Unity, você deverá ver no painel **Inspector** o código da classe que acabamos de criar (Figura 6.22). O que precisamos fazer agora é vincular essa classe ao objeto (GameObject), e isso é feito clicando no ícone que a representa e arrastando-a para cima do objeto desejado, que em nosso caso deve ser **Jogador01** (Figura 6.23). A partir do painel **Inspector** podemos ver o script vinculado ao objeto (Figura 6.24).

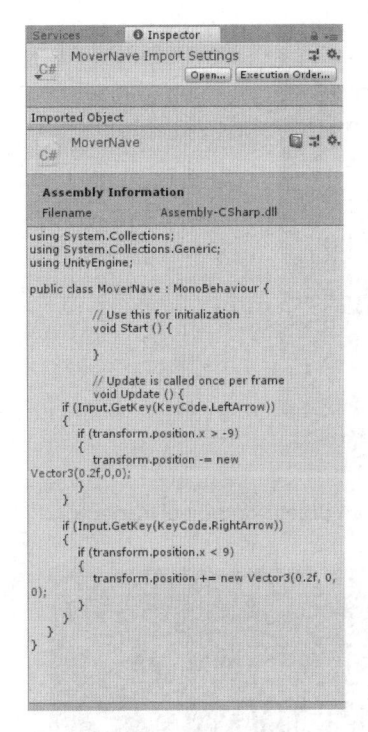

Figura 6.22 – Visão do código no Unity.

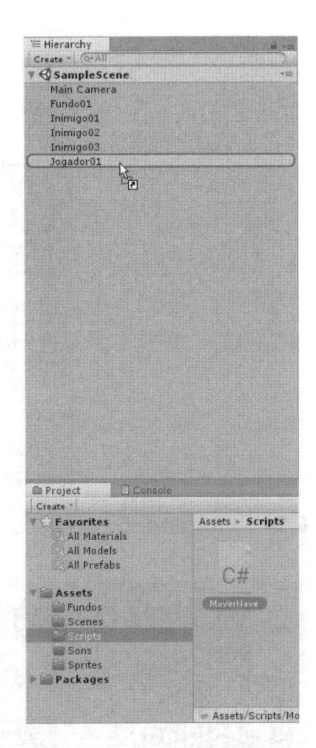

Figura 6.23 – Vinculação do script ao objeto do jogo.

Ao rodar o jogo no ambiente Unity por meio do botão **Play** ( ), você verá as três naves inimigas no topo movendo-se de um lado para outro, como antes, mas agora também pode mover sua nave localizada na parte inferior da tela. Veja os exemplos das Figuras 6.25 e 6.26.

No próximo capítulo, veremos como disparar laser contra as naves alienígenas para destruí-las e criar um placar de pontuação.

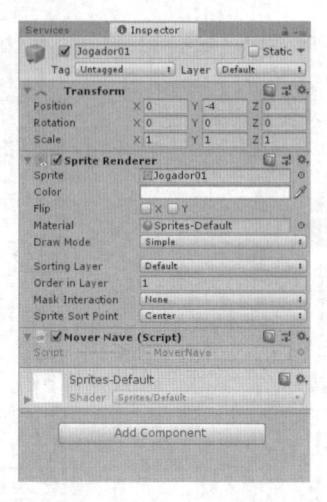

Figura 6.24 – Visualização do vínculo do script com objeto no painel Inspector.

Figura 6.25 – Movimentação da nave do jogador para a esquerda.

Figura 6.26 – Movimentação da nave do jogador para a direita.

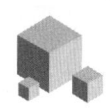

Exercícios

1. Como podem ser as animações de sprites?
2. Qual propriedade de um objeto de jogo (GameObject) pode ser utilizada na simulação de movimento pela tela?
3. Cite quatro tipos de dados que podemos utilizar na declaração de variáveis em C#.
4. Quais são os tipos de operadores aceitos pela linguagem C#?
5. Assinale a alternativa que contenha estruturas de controle disponíveis em C#:

    a) do case, if, selection, repeat
    b) if, do/loop, case, for
    c) if, while, for, switch
    d) repeat, do while, for, switch
    e) if, for/next, while do, repeat

6. Descreva o conceito de funções e classes.
7. Altere o código do script para que seja possível mover a nave para cima e para baixo, também. O limite para o movimento para cima deve ser -1, e para baixo deve ser -4.

7
Aprimoramentos do Jogo

Este capítulo demonstrará como criar objetos e códigos em C# para utilizar a capacidade de detecção de colisão, permitindo, dessa forma, que as naves alienígenas sejam destruídas com disparos de raios laser.

Você também verá como adicionar sons ao jogo, como música de fundo e efeitos sonoros dos disparos e das explosões.

CRIAÇÃO DO OBJETO LASER

A primeira providência para podermos adicionar o recurso de tiro à nossa nave é criar um objeto gráfico (GameObject) que representa o laser disparado por ela. Já temos um sprite adicionado ao projeto, precisamos então utilizá-lo nesse processo.

Arraste para a área de desenho (janela **Scene**) o sprite **Laser01**, que se encontra na pasta **Sprites**, dentro de **Assets**. Se não for possível visualizar a imagem do sprite, significa que ele está posicionado atrás da imagem de fundo. Nesse caso, altere o valor da propriedade **Order in layer** para 1.

Vamos agora adicionar ao sprite **Laser01** um recurso conhecido como detector de colisão, que utilizaremos posteriormente na destruição das naves inimigas. Com o sprite selecionado, clique no botão **Add Component**, do painel **Inspector**, selecione a opção **Physics 2D** e depois **Box Collider 2D** (Figura 7.1). Com isso, um novo grupo de parâmetros de configuração será exibido no painel

(Figura 7.2). Note que o tamanho da caixa é ajustado automaticamente para envolver todo o objeto (parâmetro **Size**).

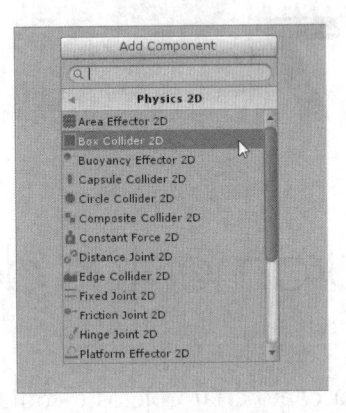

| **Figura 7.1** – Opções de componentes para efeitos físicos em jogo 2D.

O próximo passo é definir o código em C# que define o comportamento desse objeto. No caso, ele deve sair da nave do jogador e seguir, em linha reta, na direção das naves inimigas, no topo da tela.

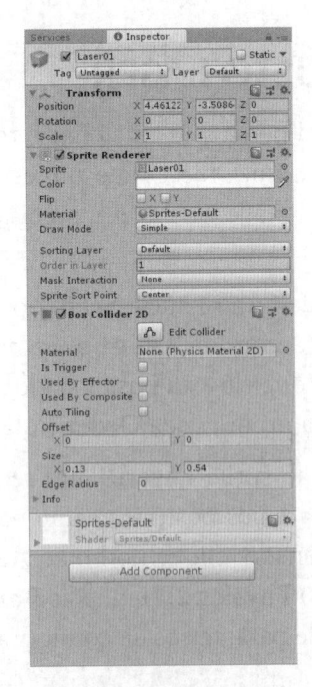

| **Figura 7.2** – Parâmetros de configuração do Box Collider 2D.

Acesse a pasta **Scripts** e clique com o botão direito na área de visualização de arquivos. Então, selecione a opção **Create → C# Script** (Figura 7.3). Nomeie o arquivo como *LaserJogador*. Altere o código de forma que fique como mostrado na Listagem 7.1.

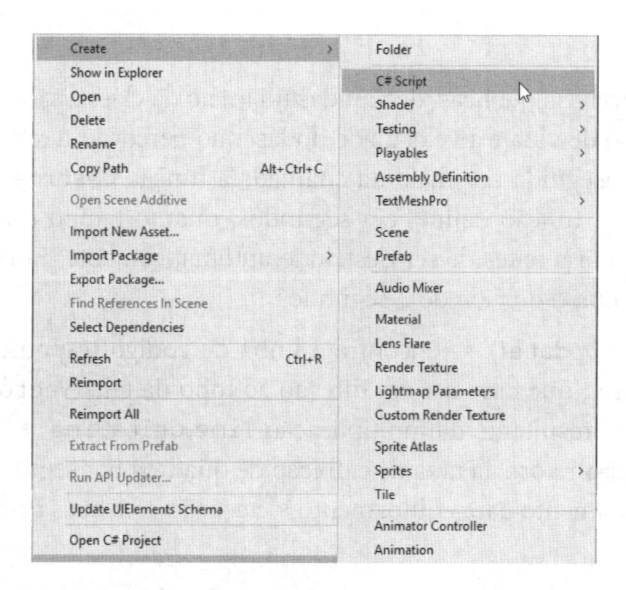

Figura 7.3 – Adição de novo script em C#.

LISTAGEM 7.1 - CÓDIGO PARA CONTROLAR O LASER.

```
using UnityEngine;

public class LaserJogador : MonoBehaviour {
    public float tempoVida = 2.0f;
    public float velocidade = 10.0f;

    // Use this for initialization
    void Start () {
        Destroy(gameObject, tempoVida);
    }

    // Update is called once per frame
```

```
    void Update()
    {
        transform.Translate(Vector3.up * Time.deltaTime * velocidade);
    }
}
```

As duas variáveis públicas, declaradas no início da classe, são utilizadas para definir o tempo de vida e a velocidade do laser ao percorrer a tela. A destruição do objeto é conseguida por meio da chamada à função **Destroy()**. O segundo parâmetro dessa função define, em segundos, quanto tempo o objeto permanecerá em memória antes de ser destruído automaticamente. Em nosso caso, o laser terá um tempo de vida de 2 segundos.

No método **Update()** se encontra a linha de código responsável pelo movimento do laser, que deve ser em direção ao topo da tela (**Vector3.up**) e com uma velocidade resultante da multiplicação **Time.deltaTime * velocidade**. **Time.deltaTime** retorna a taxa de exibição de quadros por segundos, que pode variar de equipamento para equipamento, de acordo com suas características de hardware.

Grave o código e em seguida retorne ao Unity. Selecione o arquivo do código que acabou de ser criado e arraste-o para o objeto **Laser01**, no painel **Hierarchy**. Você verá no painel **Inspector** o script adicionado, assim como poderá notar que são apresentados dois parâmetros que representam nossas duas variáveis públicas (Figura 7.4).

Crie uma nova pasta em **Assets**, denominada **Prefabs** (de pré-fabricados), Em seguida, arraste o objeto **Laser01** do painel **Hierarchy** para dentro dela. Nesse momento, o nome do objeto é apresentado na cor azul.

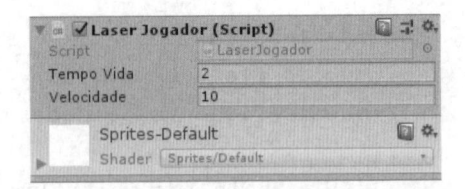

Figura 7.4 - Script adicionado ao objeto Laser01.

Por fim, apague o objeto **Laser01** do painel **Hierarchy** teclando [DEL].

ADAPTAÇÃO DO SCRIPT DA NAVE

Para que nossa nave possa efetivamente disparar o laser contra as naves alienígenas, ainda precisamos efetuar algumas alterações no código do script vinculado a ela. Até agora, ele simplesmente permitia movê-la para a direita e para a esquerda. Com a alteração, a nave poderá disparar ao ser pressionada a tecla de barra de espaço.

Acesse a pasta **Scripts** e dê um duplo clique no arquivo **MoverNave** para abri-lo no Visual Studio. A primeira mudança no script é o deslocamento das linhas de código presentes no método **Update()** para uma função à parte, da seguinte forma:

LISTAGEM 7.2 - CÓDIGO DA FUNÇÃO MOVENAVE().

```
void MoveNave()
{
    if (Input.GetKey(KeyCode.LeftArrow))
    {
        if (transform.position.x > -9)
        {
            transform.position -= new Vector3(0.2f, 0, 0);
        }
    }

    if (Input.GetKey(KeyCode.RightArrow))
    {
        if (transform.position.x < 9)
        {
            transform.position += new Vector3(0.2f, 0, 0);
        }
    }
}
```

Acrescente as linhas apresentadas em negrito na Listagem 7.3 no início da classe.

LISTAGEM 7.3 - DECLARAÇÃO DE VARIÁVEIS.

```
public class MoverNave : MonoBehaviour {
    private float proximoTiro = 0.0f;

    public Transform laser;
    public float distancia = 0.2f;
    public float intervalo = 0.5f;
```

Após o método **MoverNave()**, adicione outra função, denominada **Atira()**, com o código apresentado na Listagem 7.4.

LISTAGEM 7.4 - FUNÇÃO ATIRA().

```
void Atira()
{
    if (Input.GetKey(KeyCode.Space) && (proximoTiro < 0))
    {
        proximoTiro = intervalo;

        float posY = this.transform.position.y + (Mathf.Sin((transform.localEulerAngles.z - 90) * Mathf.Deg2Rad) * -distancia);
        Instantiate(laser, new Vector3(this.transform.position.x, posY, 0), this.transform.rotation);
    }

    proximoTiro -= Time.deltaTime;
}
```

Essa função detecta o pressionamento da barra de espaço e também verifica o valor da variável **proximoTiro**, que deve ser menor que zero para poder haver um novo disparo. Esse intervalo é necessário para que não haja colisão entre os lasers durante os disparos. Inicialmente o intervalo é definido em meio segundo, e a cada chamada da função, seu valor é decrementado até zerar. Isso significa que não adianta o jogador pressionar muito rapidamente a barra de espaço com o intuito de atirar mais vezes.

A função **Instantiate()** é invocada para criar uma nova instância do objeto **Laser01** (nosso sprite do laser). Esse sprite será criado na posição X atualmente ocupada pela própria nave (**this.transform.position.x**), enquanto a posição Y é calculada com base no valor anterior da nave. A expressão matemática empregada permite que o laser seja disparado a partir da parte dianteira da nave. É importante notar que a referência ao sprite é feita por meio da variável pública **laser**, declarada como sendo do tipo **Transform**.

Para finalizar as alterações desse script, apague a definição do método **Start()** e modifique o método **Update()** conforme a Listagem 7.5. A Listagem 7.6 apresenta o código completo desse script.

LISTAGEM 7.5 - CÓDIGO DO MÉTODO UPDATE().

```
void Update () {
    MoveNave();
    Atira();
}
```

LISTAGEM 7.6 - CÓDIGO COMPLETO DO SCRIPT MOVERNAVE.

```
using UnityEngine;

public class MoverNave : MonoBehaviour {
    private float proximoTiro = 0.0f;

    public Transform laser;
    public float distancia = 0.2f;
    public float intervalo = 0.5f;

    // Update is called once per frame
    void Update () {
        MoveNave();
        Atira();
    }
```

```csharp
void MoveNave()
{
    if (Input.GetKey(KeyCode.LeftArrow))
    {
        if (transform.position.x > -9)
        {
            transform.position -= new Vector3(0.2f, 0, 0);
        }
    }

    if (Input.GetKey(KeyCode.RightArrow))
    {
        if (transform.position.x < 9)
        {
            transform.position += new Vector3(0.2f, 0, 0);
        }
    }
}

void Atira()
{
    if (Input.GetKey(KeyCode.Space) && (proximoTiro < 0))
    {
        proximoTiro = intervalo;

        float posY = this.transform.position.y + (Mathf.Sin((transform.localEulerAngles.z - 90) * Mathf.Deg2Rad) * -distancia);
        Instantiate(laser, new Vector3(this.transform.position.x, posY, 0), this.transform.rotation);
    }

    proximoTiro -= Time.deltaTime;
}
}
```

Volte ao Unity e acesse novamente a pasta **Prefabs**, que contém nosso objeto **Laser01**. No painel **Hierarchy**, selecione o objeto **Jogador01** e adicione um componente **Circle Collider 2D**, na opção **Physics 2D**. Você deverá ver no painel **Inspector** as opções mostradas pela Figura 7.5.

Clique e arraste o objeto **Laser01** da pasta **Prefabs** para dentro da propriedade **Laser** do script **MoveNave**, dessa forma vinculamos o objeto à variável **laser**, declarada no script como do tipo **Transform**. Assim, o script pode manipulá-lo adequadamente. Veja os detalhes na Figura 7.6.

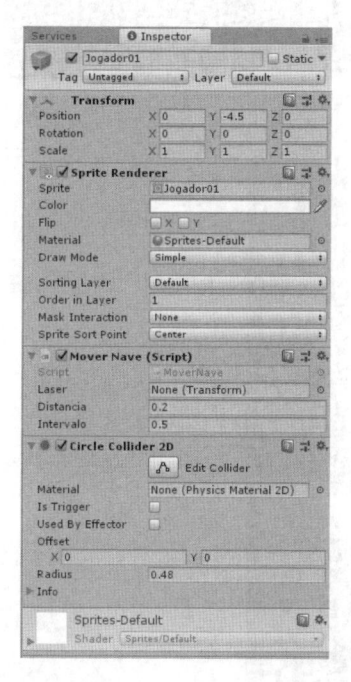

Figura 7.5 – Circle Collider 2D adicionado à nave.

Figura 7.6 – Vinculação do sprite ao script da nave.

Rode o jogo para ver o resultado. Ao efetuar vários disparos (Figura 7.7), você notará, pelo painel **Hierarchy**, que são criadas diversas instâncias do sprite **Laser01** (Figura7.8).

Figura 7.7 – Exemplo de nave disparando laser.

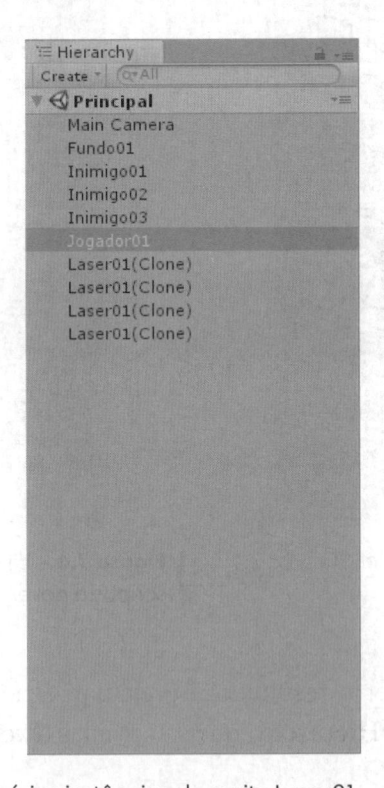

Figura 7.8 – Exibição de várias instâncias do sprite Laser01.

EFEITOS DE DESTRUIÇÃO E EXPLOSÃO

Agora que nossa nave já tem a capacidade de atirar contra as naves alienígenas, precisamos adicionar a destruição delas, tendo em vista que até esse momento o laser passa por elas sem provocar qualquer efeito.

Vamos começar adicionando um novo módulo de programa à pasta **Scripts**, denominado **DestroiInimigo**. O código deve ser o listado a seguir:

LISTAGEM 7.7 – CÓDIGO PARA DETECÇÃO DE COLISÃO.

```
using UnityEngine;

public class DestroiInimigo : MonoBehaviour {

    void OnCollisionEnter2D(Collision2D colisao)
    {
        if (colisao.gameObject.name.Contains("laser"))
        {
            Destroy(colisao.gameObject);
        }

        Destroy(this.gameObject);
    }
}
```

A função **OnCollisionEnter2D()** é invocada quando um objeto colide com outro. Ao detectar essa colisão, podemos executar alguma tarefa. Em nosso caso, é a destruição da nave inimiga atingida pelo laser.

A função recebe como parâmetro um objeto do tipo **Collision2D**, que representa o objeto gráfico que colidiu com o objeto ao qual está vinculado o script. Nosso código utiliza uma estrutura condicional **if** para verificar se o objeto de colisão é o sprite do laser. Para isso, o teste é efetuado por meio da instrução **colisao.gameObject.name.Contains("laser")**. Em caso afirmativo, o sprite é destruído da memória. O mesmo processo ocorre com o objeto que representa a nave alienígena. Grave o arquivo e em seguida retorne ao Unity.

Depois de definido esse script, precisamos vinculá-lo a cada uma das naves alienígenas. Sendo assim, arraste-o para dentro dos respectivos nomes listados no painel **Hierarchy**.

Outra providência que deve ser tomada é a adição de dois componentes aos sprites dessas naves. O primeiro é o já conhecido **Box Collider 2D** (Figura 7.9), e o segundo é o **Rigidbody 2D** (Figura 7.10). Ambos são responsáveis pela capacidade de detecção de colisão em nosso código. Para o componente **Rigidbody 2D**, atribua o valor 0 à propriedade **Gravity Scale**, uma vez que no espaço os objetos não sofrem um efeito significativo da gravidade. Sem essa alteração, as naves cairão sobre nossa nave.

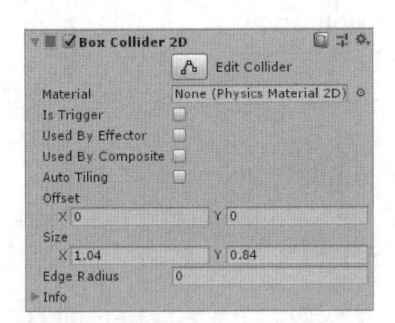

Figura 7.9 – Box Collider 2D adicionado às naves alienígenas.

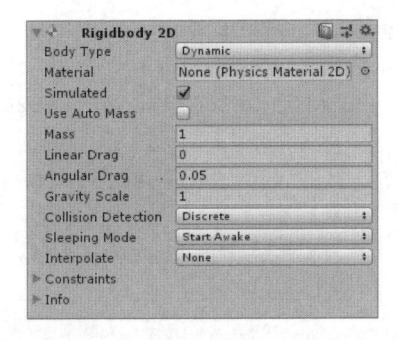

Figura 7.10 – Rigidbody 2D adicionado às naves alienígenas.

Grave a cena e depois rode o jogo por meio do botão **Play** ( ). Você verá que, apesar de uma certa dificuldade oferecida pelo movimento das naves alienígenas, quando elas são atingidas pelo laser, imediatamente desaparecem da tela.

É possível melhorar ainda mais nosso jogo com a adição de efeito de explosão quando a nave for atingida. Esse efeito pode ser obtido com o uso de um recurso denominado sistema de partículas, muito conhecido dos profissionais que trabalham com softwares de modelagem e animação em 3D, como 3ds Max, Maya, Blender ou Cinema 4D.

Para adicionar esse recurso ao nosso projeto de jogo, clique no menu **Create** do painel **Hiearchy** e selecione a opção **Effects** → **Particle System** (Figura 7.11). Você deverá ver, em seguida, as opções de configuração mostradas na Figura 7.12.

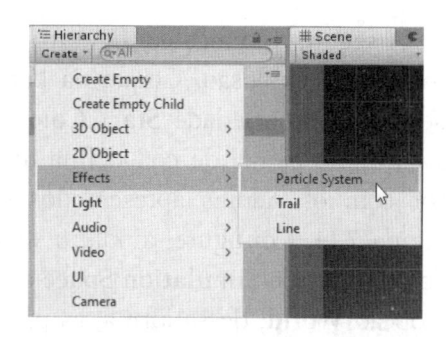

Figura 7.11 – Opção para adição de partículas.

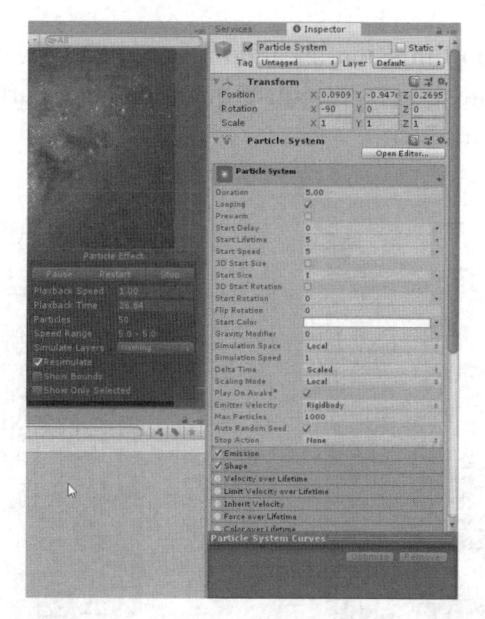

Figura 7.12 – Configurações do sistema de partículas.

No campo **Duration**, digite o valor 3 para definir uma duração de 3 segundos do efeito, e também desmarque a caixa de seleção **Looping**, uma vez que o efeito não será repetido indefinidamente. Clique na propriedade **Start Lifetime** e escolha a opção **Random Between Two Constants** (Figura 7.13). Entre com os valores 0 e 0,25 em cada um dos campos apresentados. Com isso, estabelecemos que deverá ser gerado um valor aleatório entre 0 e 0,25 para dar início à "vida" do efeito de partícula. Repita esse procedimento com a propriedade **Start Speed**, que é responsável pela velocidade inicial do efeito.

A seguir, devemos configurar uma cor para a explosão. Clique na barra de cor da propriedade **Start Color** e, a partir do painel de cor, defina uma cor com os valores apresentados na Figura 7.14. Configure, ainda, o valor da propriedade **Simulation Space** com a opção **World**, dessa forma, as partículas não serão movidas junto com o objeto.

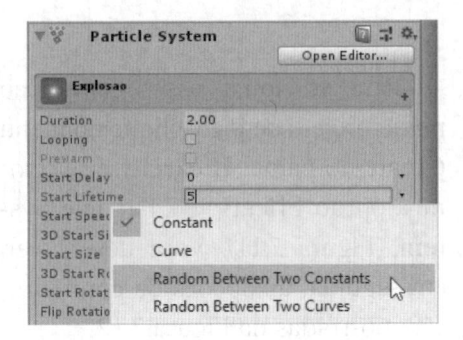

Figura 7.13 – Opções de configuração da propriedade Start Lifetime.

Expanda o grupo **Emission** clicando nele e digite o valor 300 na propriedade **Rate over Time**, que representa a quantidade de partículas emitidas por segundo. Veja a Figura 7.15.

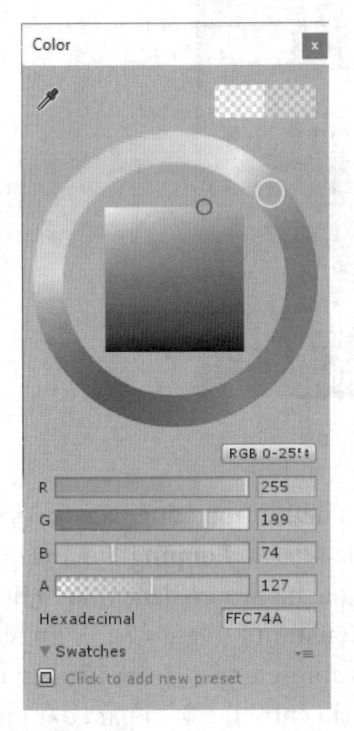

Figura 7.14 – Painel de definição de cor.

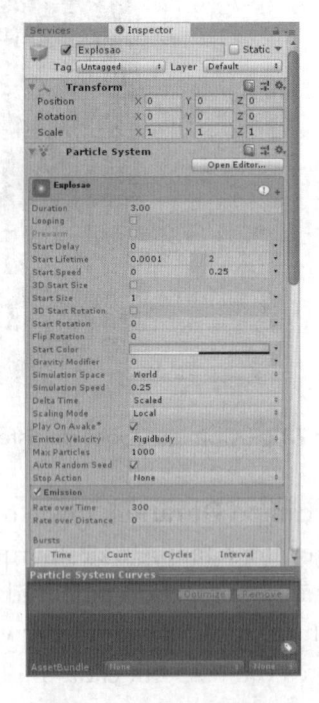

Figura 7.15 – Configurações principais do sistema de partícula.

De igual modo, expanda o grupo **Shape** e escolha a opção **Sphere**. O valor do campo **Radius** deve ser deixado com o valor padrão 1, como mostra a Figura 7.16.

Arraste esse objeto do painel **Hierarchy** para a pasta `Prefabs`. Em seguida, apague-o do painel **Hierarchy** e vote a acessar o script **DestroiInimigo** e acrescente as linhas de código mostradas na Listagem 7.8.

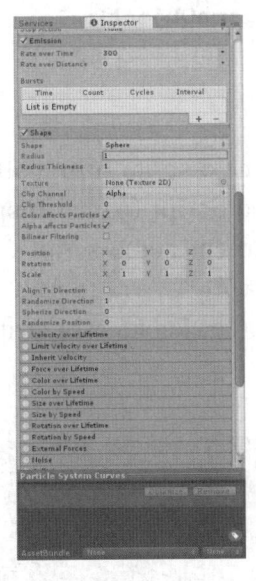

| **Figura 7.16** – Configurações da propriedade Shape do sistema de partículas.

LISTAGEM 7.8 – CÓDIGO PARA GERAR EFEITO DE EXPLOSÃO COM SISTEMA DE PARTÍCULAS.

```
public class DestroiInimigo : MonoBehaviour {
    public Transform explosao;

    void OnCollisionEnter2D(Collision2D colisao)
    {
        if (colisao.gameObject.name.Contains("laser"))
        {
            Destroy(colisao.gameObject);
        }
```

```
        if (explosao)
        {
                GameObject explodir = ((Transform)
Instantiate(explosao, this.transform.position, this.transform.
rotation)).gameObject;
                Destroy(explodir, 2.0f);
        }

        Destroy(this.gameObject);
    }
}
```

De volta ao Unity, selecione o sprite **Inimigo01** no painel **Hierarchy**. Note que no grupo de configuração **Script** (painel **Inspector**) existe um campo denominado **Explosao**, definido em nosso script C# como uma variável pública do tipo **Transform** (Figura 7.17). Arraste para dentro desse campo o objeto **Explosao** que acabamos de criar. Repita essa atribuição para os sprites **Inimigo02** e **Inimigo03**.

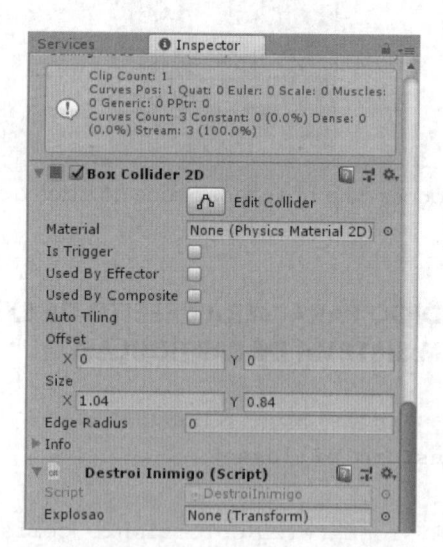

| **Figura 7.17** – Campo Explosao do script no painel Inspector.

ADIÇÃO DE ÁUDIO

Vejamos neste tópico como adicionar áudio ao nosso jogo. Isso inclui efeitos sonoros, como sons dos disparos de laser e das explosões, e também a execução de uma música de fundo durante o desenrolar do jogo.

Em primeiro lugar, precisamos ter em mãos os arquivos de áudio que desejamos utilizar. O Unity suporta uma variedade muito grande de formatos de arquivos de áudio, como MP3, WAVE, MIDI etc.

Você pode criar esses arquivos com a ajuda de aplicativos destinados a essa tarefa ou baixar arquivos já prontos que estão disponíveis em diversos sites que os oferecem gratuitamente. Partiremos para essa opção, utilizando arquivos disponíveis no site `opengameart.org` [em inglês] (Figura 7.18). Acesse o menu **Browse** e selecione a opção **Sound Effects** (Figura 7.19).

A página da Figura 7.20 é apresentada em seguida. Clique no título do ícone **4 Projectile Launches** (Figura 7.21), assim é aberta a tela para download do arquivo (Figura 7.22). Clique no link **launches.7z** para iniciar a cópia do arquivo. Esse arquivo contém áudios que utilizaremos no disparo do laser.

Repita o processo para fazer o download do arquivo referente à opção **2 High Quality Explosions**. Nele temos o áudio a ser utilizado na explosão das naves alienígenas.

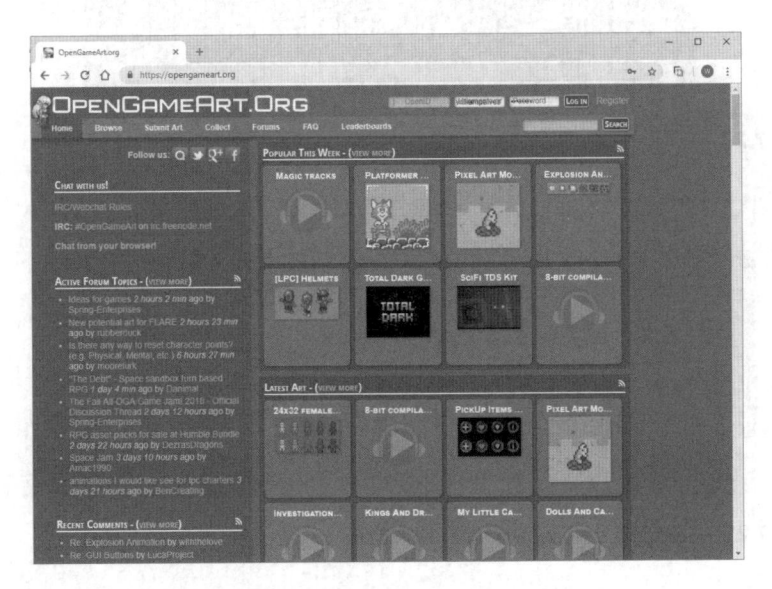

| **Figura 7.18** – Página inicial do site opengameart.org.

Utilizaremos como música de fundo um arquivo que eu mesmo criei com o software Fruity Loops. Ele faz parte do kit de estudo disponível no site da editora. Caso queira, você pode criar suas próprias músicas com um software gratuito chamado *Linux Multimedia Studio*, o qual pode ser baixado a partir do endereço `lmms.io/download/#-windows` [em inglês] (Figura 7.23).

Figura 7.19 – Opção para download de arquivos de áudio.

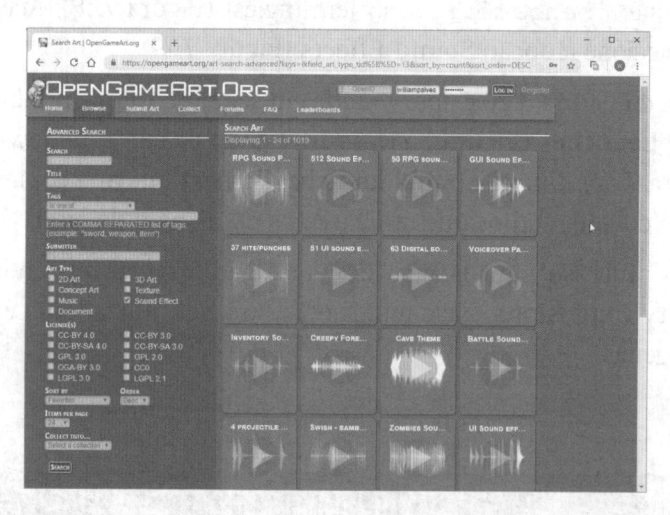

Figura 7.20 – Página arquivos de áudios.

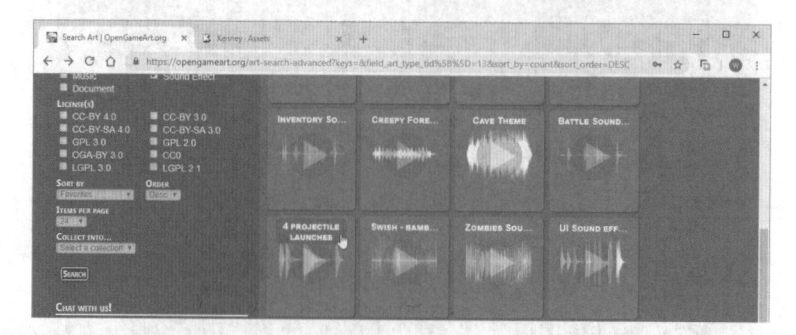

Figura 7.21 – Seleção do arquivo a ser baixado.

Aprimoramentos do Jogo   137

De posse dos arquivos, acesse a pasta **Sons** no painel **Project** e clique com o botão direito do mouse na área de arquivos para que seja exibido o menu da Figura 7.24. Selecione a opção **Import New Asset** e depois escolha o arquivo `MusicaFundo.wav`. O painel **Inspector** deve mostrar os parâmetros de configuração da Figura 7.25.

Repita o processo para importar os arquivos `explode.wav` e `iceball.wav`. Ambos fazem parte dos arquivos baixados do site *opengameart.org*.

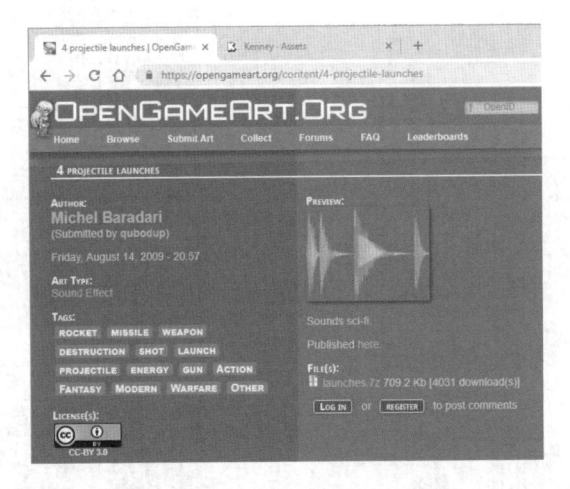

| **Figura 7.22** – Página de download do arquivo selecionado.

| **Figura 7.23** – Página de download do programa LMMS.

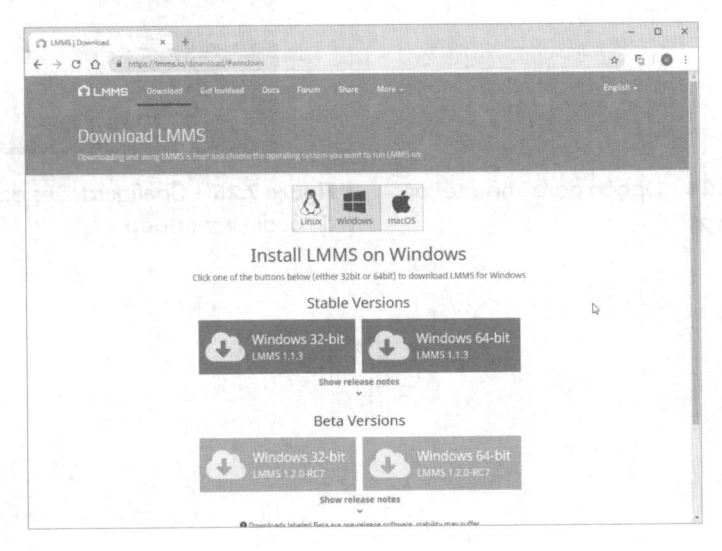

Estamos prontos para adicionar sons ao nosso jogo. Primeiro vamos adicionar uma música de fundo. Sendo assim, selecione o objeto **Main Camera** e em seguida adicione um componente **Audio Source**, clicando no botão **Add Component** e selecionando a opção **Audio → Audio Source** (Figura 7.26). Veja na Figura 7.27 os parâmetros de configuração do painel **Inspector**.

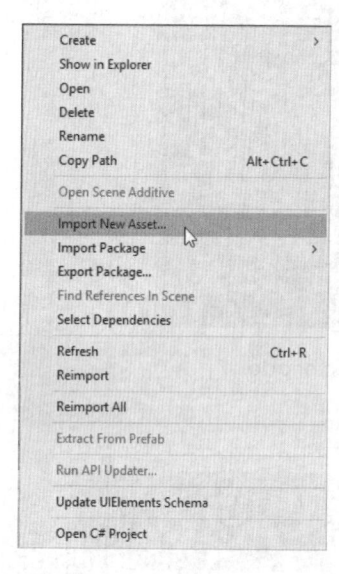

Figura 7.24 – Opção para importação de arquivos.

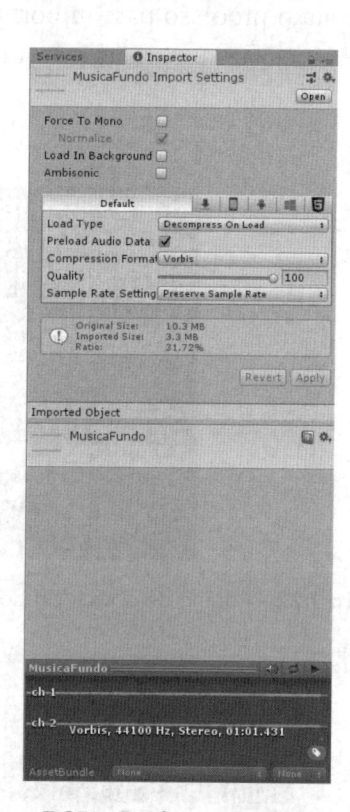

Figura 7.25 – Configurações do arquivo de áudio importado.

Aprimoramentos do Jogo   **139**

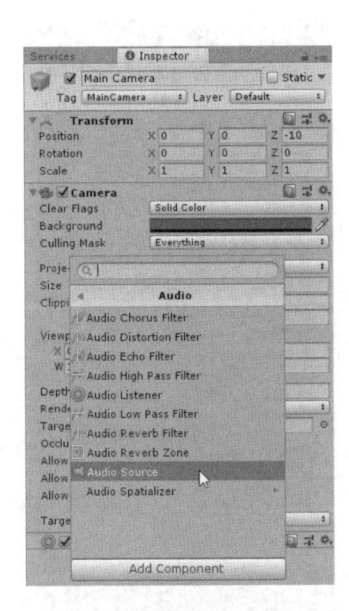

Figura 7.26 – Opção para adição do componente Audio Source.

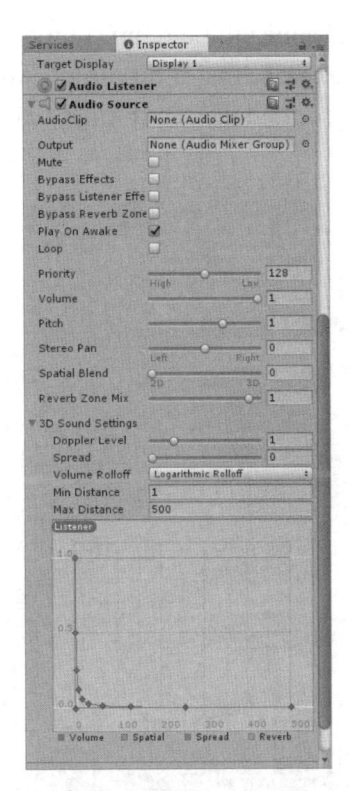

Figura 7.27 – Configurações do componente Audio Source.

Arraste o arquivo **MusicaFundo** do painel de visualização de arquivos para dentro do campo **Audio Clip**. Marque a opção **Loop**, para que o áudio seja tocado repetidamente, e digite o valor 0,75 na propriedade **Volume**.

Acesse o objeto **Explosao** que está na pasta **Prefabs** e então adicione um componente **Audio Source**, como feito anteriormente. Arraste para o campo **Audio Clip** o arquivo **explode**, localizado na pasta **Sons**. Para o campo **Volume**, digite também o valor 0,75. Já as propriedades **Spatial Blend**, **Doppler Level**, **Spread** e **Min Distance**, devem ser configuradas com os seguintes valores, respectivamente: 0,5; 2; 100 e 10. Veja a Figura 7.28.

Adicione também um componente **Audio Source** ao objeto **Laser01**, da pasta `Prefabs`. Insira no campo **Audio Clip** o arquivo iceball e configure as demais propriedades conforme indicação da Figura 7.29.

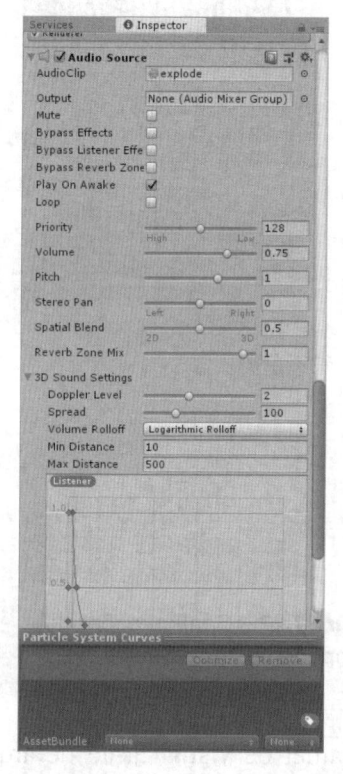

Figura 7.28 – Configurações de áudio para o objeto Explosao.

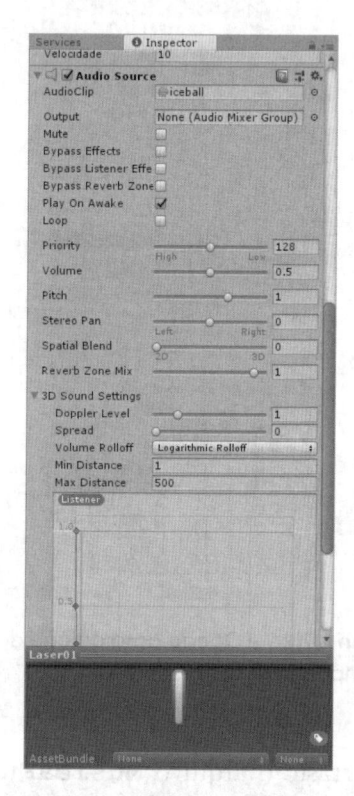

Figura 7.29 – Configurações de áudio para o objeto Laser01.

Agora é só gravar a cena e depois rodar o jogo para ver o resultado.

O próximo capítulo dará continuidade aos aperfeiçoamentos do nosso projeto ao incluir a contagem de pontos e exibição do placar. Também mostrará como passar para outra fase com a criação de uma nova cena do jogo.

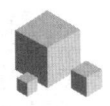

Exercícios

1. Qual a utilidade dos componentes físicos do grupo Collider?
2. Qual é a função que permite, via código, apagar um objeto da cena e da memória?
3. Por que é importante utilizar o valor Time.deltaTime quando desejamos calcular a velocidade de um objeto do jogo?
4. Qual função deve ser utilizada na criação dinâmica de instâncias de objetos?
5. Pesquise na internet e depois descreva o que você entendeu sobre o sistema de partículas presente no Unity ou nos softwares de modelagem/animação.
6. O Unity oferece suporte a uma variedade de arquivos de áudio. Da lista apresentada a seguir, assinale a alternativa que apresenta corretamente alguns dos formatos aceitos.

    a) WAVE, JPEG, AVI, TIF e XLS
    b) MIDI, MP3, WAV e OGG
    c) DOC, XLS, PCX, XML e HTML
    d) WAVE, AVI, ODS, MPEG e MIDI
    e) JPG, WAV, AVI, MKV e OGG

7. O que é preciso para que nosso jogo seja capaz de reproduzir efeitos sonoros e música?
8. Faça experiências trocando os arquivos de áudio dos objetos para ver o resultado obtido.

Contagem de Pontos

A utilização de textos e a adição de um placar de pontos do jogo são os assuntos a serem tratados neste capítulo. Será demonstrado como posicionar adequadamente o texto dentro da cena do jogo e como atualizar seu conteúdo dinamicamente, por meio de um código escrito em C#. Também estudaremos uma técnica para poder salvar o placar antes de reiniciar o jogo para uma nova fase.

ADIÇÃO DE TEXTO

Neste capítulo, veremos como implementar um placar em nosso jogo. Mas para isso, é necessária a adição de um texto que será utilizado na exibição da pontuação. Não estranhe o modo como o Unity trabalha com textos, com o tempo você se acostuma.

Estando com a aba **Scene** ativa, clique no botão **Create** do painel **Hierarchy** e selecione a opção **UI → Text** (Figura 8.1). O painel **Inspector** apresenta, então, os parâmetros de configuração vistos na Figura 8.2. Altere o nome desse objeto para *Placar*. Especifique os valores -350 e 205 nos campos **Pos X** e **Pos Y**, respectivamente. Já no campo **Text**, digite a expressão caractere "Placar: 0". Selecione a opção **Bold** na propriedade **Font Style** (Figura 8.3) e digite o valor 20 em **Font Size**.

Para poder visualizar o texto, clique na caixa de cor da propriedade **Color**. A partir do painel de definição de cor, defina a cor branca, como mostra a Figura 8.4. Veja na Figura 8.5 a configuração completa do texto.

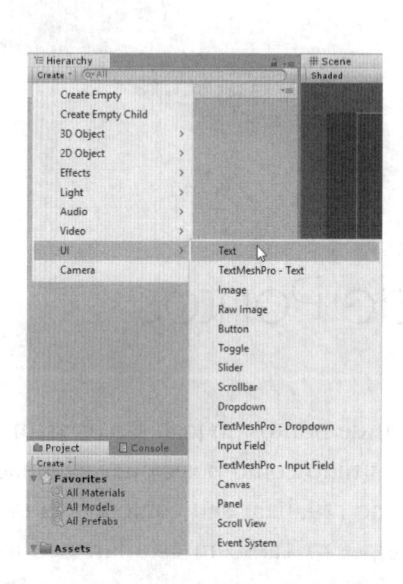

Figura 8.1 – Opção para adição de texto.

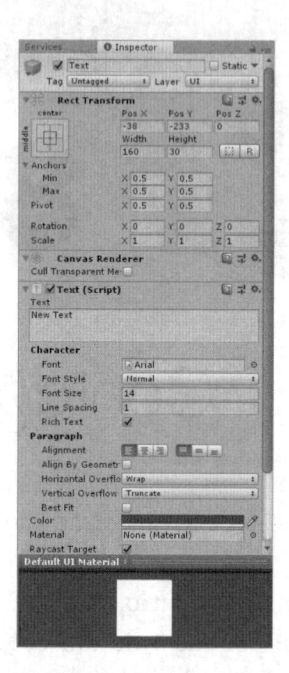

Figura 8.2 – Parâmetros de configuração do texto no painel Inspector.

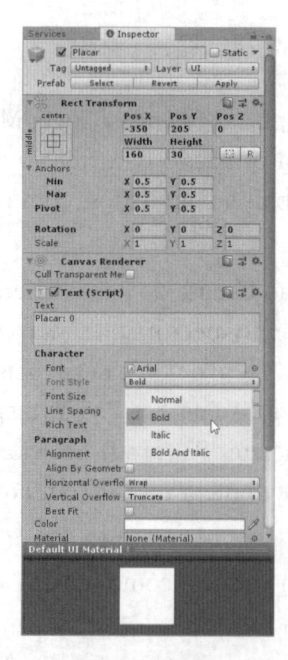

Figura 8.3 – Configuração do estilo dos caracteres do texto em negrito.

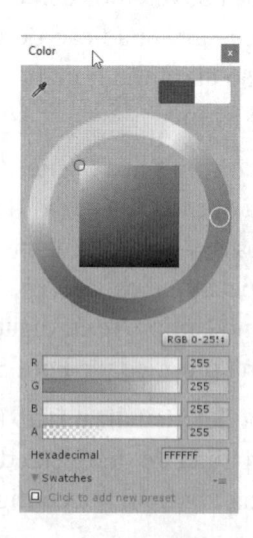

Figura 8.4 – Janela de definição de cores.

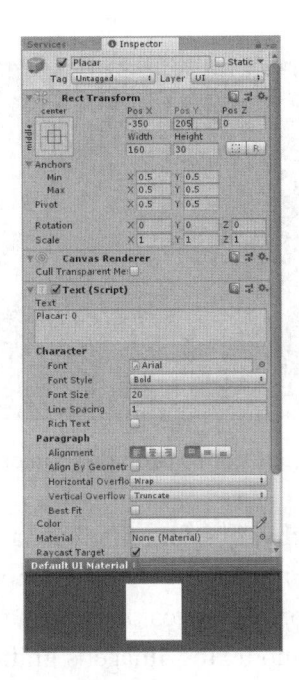

Figura 8.5 – Visão das configurações do texto.

Utilizando o botão de rolagem do mouse, diminua o zoom da cena até que a área de texto mostrada na Figura 8.6 seja vista. Essa é a posição que o texto ocupará na cena do jogo. Para conseguir vê-lo, acesse a aba **Game** (Figura 8.7).

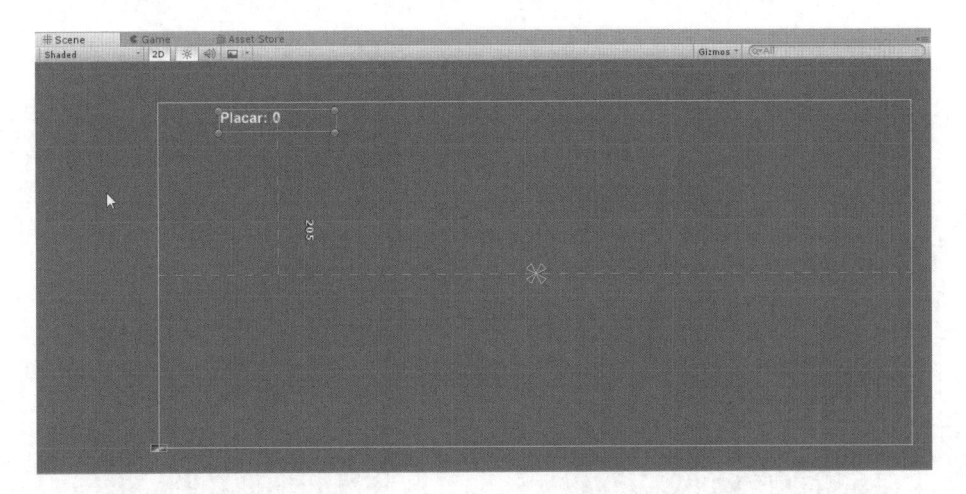

Figura 8.6 – Visão da área de texto.

Figura 8.7 – Visão da tela do jogo com o texto devidamente posicionado.

Note, no painel **Hierarchy,** que foram adicionados na verdade três objetos para a criação desse texto (Figura 8.8). O objeto **Canvas** é uma área de desenho utilizada pelo Unity para abrigar outros objetos que podem compor a interface entre o jogo e o usuário, como textos, imagens gráficas, botões, barras de rolagem etc.

Já o objeto **EventSystem** corresponde a um código de script C# responsável pela manipulação e processamento dos eventos que ocorrem na cena do jogo, principalmente aqueles relacionados com entrada de dados. A Figura 8.9 apresenta as propriedades do painel **Inspector** quando esse objeto é selecionado.

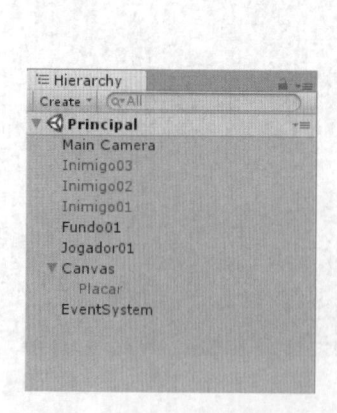

Figura 8.8 – Objetos adicionados com o texto.

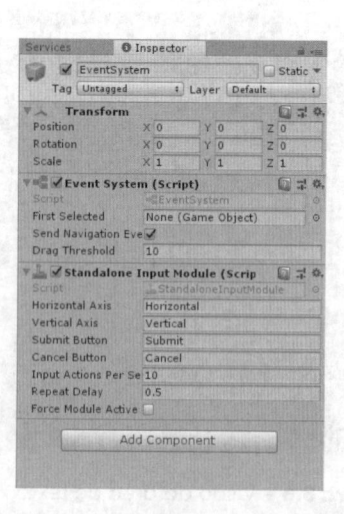

Figura 8.9 – Propriedades do objeto EventSystem.

DEFINIÇÃO DO PLACAR DO JOGO

Vamos dar início à definição dos objetos e scripts C# responsáveis pela exibição dos pontos obtidos pelo jogador ao abater as naves alienígenas. O primeiro passo é adicionar um objeto vazio ao qual vincularemos um script C#.

Clique no botão **Create** e selecione a opção **Create Empty** (Figura 8.10). Clique no botão da propriedade **Tag** e escolha a opção **GameController** (Figura 8.11). Altere o nome do objeto para *Controlador*. Esse objeto será responsável pela execução do script C# que criaremos a seguir.

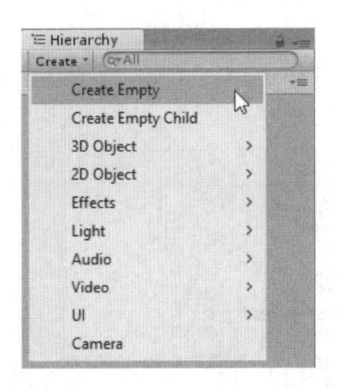

Figura 8.10 – Opção para criação de objeto vazio.

Figura 8.11 – Definição de tipo de objeto GameController.

Acesse a pasta **Scripts**, do grupo **Assets**. Clique com o botão direito na área de arquivos e selecione **Create → C# Script** (Figura 8.12). Defina o nome do script como **Controlador**. Clique no botão **Open** para abrir o código no Visual Studio e com isso tornar possível alterá-lo conforme demonstrado na seguinte listagem:

```
using UnityEngine;

public class Controlador : MonoBehaviour {

    // Use this for initialization
    void Start () {

    }
```

```
    // Update is called once per frame
    void Update () {

    }

    void OnApplicationFocus(bool focus)
    {
        if (!focus)
        {
            PlayerPrefs.DeleteAll();
        }
    }
}
```

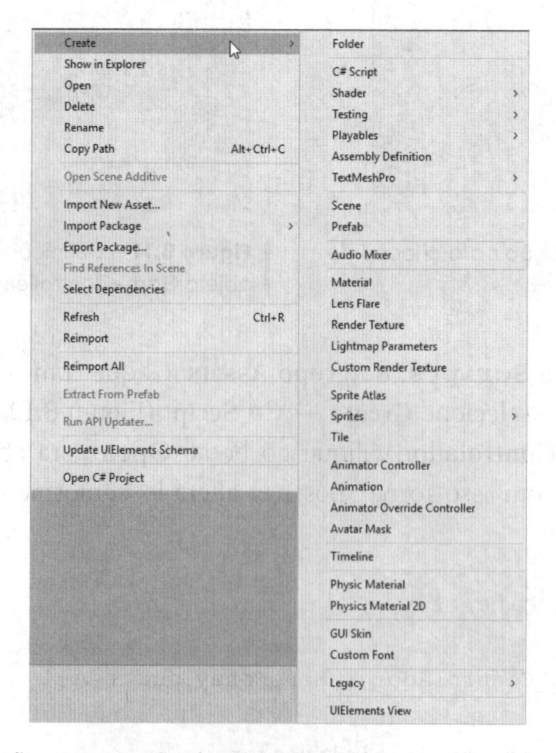

Figura 8.12 – Opção para criação de novo script C#.

Por meio desse script, especificamente o método **OnApplicationFocus()**, apagamos todas as configurações do jogo, gravadas durante sua execução, quando ele é executado. Conforme veremos posteriormente, o placar do jogo é gravado para seja possível reiniciar partida com novo grupo de naves alienígenas, sem perder a pontuação.

Grave o código e depois retorne ao Unity. Selecione esse script e arraste-o para cima do objeto **Controlador**, do painel **Hierarchy**. Note pelo painel **Inspector** que foi criado um vínculo entre ambos (Figura 8.13).

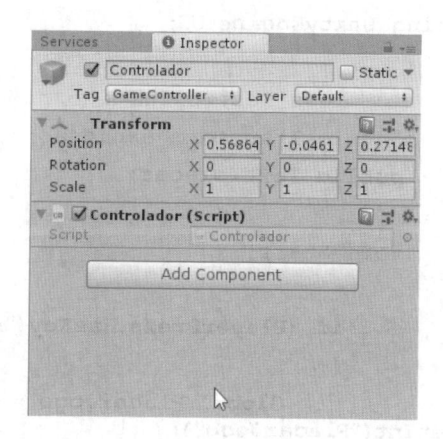

Figura 8.13 – Script C# vinculado ao objeto Controlador.

Precisamos, ainda, criar outro script C#, denominado **Global.cs**, que conterá apenas a declaração de variáveis estáticas utilizadas no controle da quantidade de naves alienígenas abatidas e nos pontos acumulados. Altere o código gerado pelo Unity para o mostrado pela seguinte listagem:

```
namespace Assets.Scripts
{
    public static class Global
    {
        public static int NavesDestruidas = 0;
        public static int PlacarJogo = 0;
    }
}
```

Ao serem declaradas como do static, essas variáveis não perdem seu valor entre as chamadas de funções e métodos que as utilizam. Já a classe declarada como static significa que não é necessário criar uma instância dela.

O próximo passo é alterar o script **DestroiInimigo.cs**. Seu código deve receber as linhas destacadas em negrito na listagem apresentada a seguir:

```
using Assets.Scripts;
using UnityEngine;
using UnityEngine.SceneManagement;
using UnityEngine.UI;

public class DestroiInimigo : MonoBehaviour {
    public Transform explosao;
    public Text placar;

    void Start()
    {
        if (PlayerPrefs.HasKey("PlacarJogo"))
        {
            Global.PlacarJogo = PlayerPrefs.GetInt("PlacarJogo");
        }
        else
        {
            PlayerPrefs.SetInt("PlacarJogo", Global.PlacarJogo);
            PlayerPrefs.Save();
        }

        placar.text = "Placar: " + Global.PlacarJogo.ToString();
    }

    void Update()
    {

    }

    void OnCollisionEnter2D(Collision2D colisao)
    {
```

```
        if (colisao.gameObject.name.Contains("laser"))
        {
            Destroy(colisao.gameObject);
        }

        if (explosao)
        {
            GameObject explodir = ((Transform)
Instantiate(explosao, this.transform.position, this.transform.
rotation)).gameObject;
            Destroy(explodir, 2.0f);
        }

        Destroy(this.gameObject);

        AtualizaPlacar();
    }

    public void AtualizaPlacar()
    {
        Global.NavesDestruidas++;
        Global.PlacarJogo++;
        placar.text = "Placar: " + Global.PlacarJogo.ToString();

        PlayerPrefs.SetInt("PlacarJogo", Global.PlacarJogo);
        PlayerPrefs.Save();

        if (Global.NavesDestruidas == 3)
        {
            Global.PlacarJogo = PlayerPrefs.
GetInt("PlacarJogo");
            SceneManager.LoadScene(SceneManager.
GetActiveScene().name);
            Global.NavesDestruidas = 0;
        }
    }
}
```

Começamos com a declaração de uma variável pública do tipo **Text**. Como veremos mais à frente, a ela será vinculado, via painel **Inspector**, o objeto que representa o placar na cena.

Ao método **Start()** foi atribuído um código cuja função é gravar a pontuação do jogador, armazenada na variável global **PlacarJogo**. O objeto **PlayerPrefs** é utilizado para essa tarefa, por meio do método **Save()**. O arquivo de preferências do usuário/jogador é similar aos arquivos .INI do Windows, ou seja, é composto por uma chave e o correspondente valor.

Em primeiro lugar, é verificado se a chave **PlacarJogo** existe no arquivo de preferências. Em caso afirmativo, seu valor é atribuído à variável global **PlacarJogo**. Se não existir, significa que o jogo acabou de ser executado, e neste caso, a chave é criada com um valor numérico inteiro, por meio da chamada ao método **SetInt()** do objeto **PlayerPrefs**, para então ser gravado em disco. Por fim, o valor dos pontos é exibido na tela.

Já o método **AtualizarPlacar()** que adicionamos ao script é responsável por incrementar as variáveis globais **NavesDestruidas** (quantidade de naves alienígenas abatidas) e **PlacarJogo** (pontos acumulados), exibir os pontos na tela e gravá-los em disco.

Se o número de naves alienígenas destruídas for igual a três, significa que todas foram abatidas, o que força o reinício da cena por meio da linha de código reproduzida abaixo:

```
SceneManager.LoadScene(SceneManager.GetActiveScene().name);
```

Precisamos salvar os pontos devido ao fato de a cena ser recarregada, caso contrário eles seriam zerados toda vez que as naves fossem destruídas.

Selecione o objeto **Inimigo1** e, no painel **Inspector**, arraste para dentro da propriedade **Placar** do script o objeto **Placar** presente no painel **Hierarchy** (Figura 8.14). Repita esse procedimento com os objetos **Inimigo2** e **Inimigo3**.

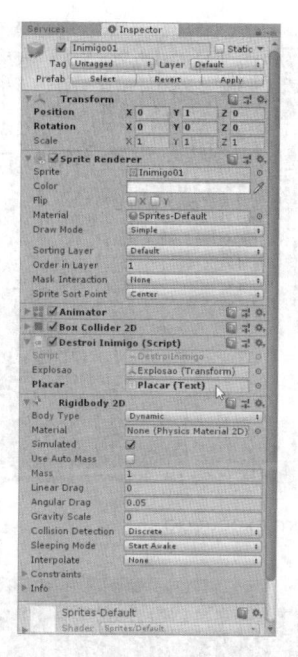

Figura 8.14 – Configuração da variável Placar do script C#.

Arraste os objetos **Inimigo1**, **Inimigo2**, **Inimigo3** e **Placar** para dentro da pasta `Prefabs` (Figura 8.15).

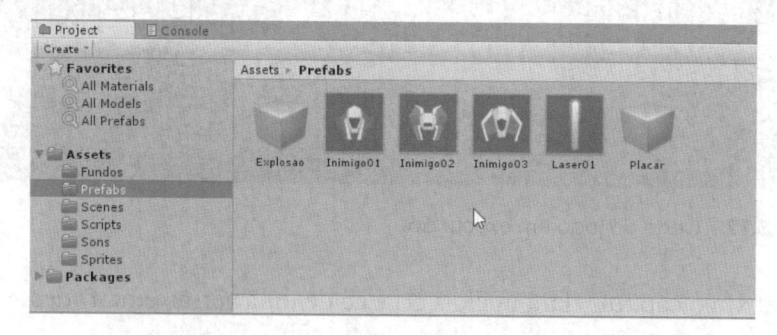

Figura 8.15 – Naves adicionadas à pasta Prefabs.

Grave a cena e em seguida clique no botão de execução para rodar o jogo. As Figuras 8.16 e 8.17 exibem duas cenas do jogo com o placar atualizado.

Figura 8.16 – Cena do jogo em execução.

Figura 8.17 – Cena do jogo em execução.

O próximo capítulo dará início à criação de uma versão em 3D desse mesmo jogo de naves.

9
Criação de Jogo 3D

Neste capítulo, daremos início ao desenvolvimento de uma versão do projeto anterior utilizando os recursos 3D do Unity. Esse projeto fará uso de uma biblioteca de objetos pronta, disponível para ser utilizada livremente.

Começaremos o estudo abordando a criação de um objeto 3D no Blender, que será utilizado no projeto jogo para demonstrar como é possível criar objetos nessa ferramenta de modelagem para uso em nossos projetos de jogos em Unity.

Também veremos a criação de uma imagem no software de edição gráfica GIMP para ser utilizada no projeto como fundo de tela do jogo.

MODELAGEM DE OBJETO 3D PARA O JOGO

Nosso projeto de jogo 3D fará uso de uma biblioteca que contém uma série de Game Objects (sprites, animações, sons, scripts etc), disponível gratuitamente no site do Unity. No entanto, vamos criar um objeto 3D no Blender e exportá-lo para uso no projeto. Dessa forma, os futuros desenvolvedores poderão ver como é possível utilizar o Blender na criação de objetos para projetos em Unity. Esse objeto representa uma estação espacial que deve ser destruída para que o jogo seja finalizado. Ela é protegida por diversas naves pequenas, que também precisam ser eliminadas.

Já vimos superficialmente, nos Capítulos 3 e 4, como trabalhar com o Blender na modelagem de objetos tridimensionais. Aqui, utilizaremos intensivamente os conceitos aprendidos neles.

Com um novo projeto iniciado no Blender, apague o cube apresentado teclando [DEL]. Em seguida, adicione um cilindro. Para isso, tecle [SHIFT]+[A] e então selecione a opção **Mesh → Cylinder** (Figura 9.1).

No painel **Add Cylinder**, mostrado à esquerda, digite o valor 64 no campo **Vertices**. Você verá o objeto da Figura 9.2.

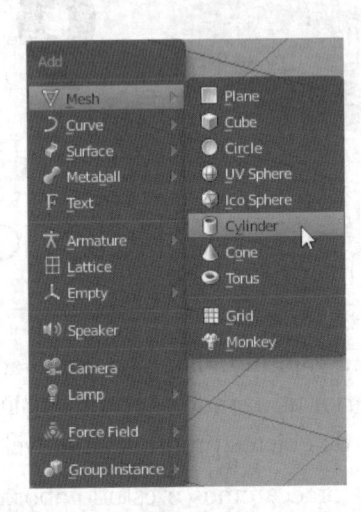

Figura 9.1 – Opção para adição de cilindro.

Tecle [1] para acessar a visão lateral. Então, tecle [S] e arraste o cursor para diminuir o tamanho do objeto conforme indicado na Figura 9.3.

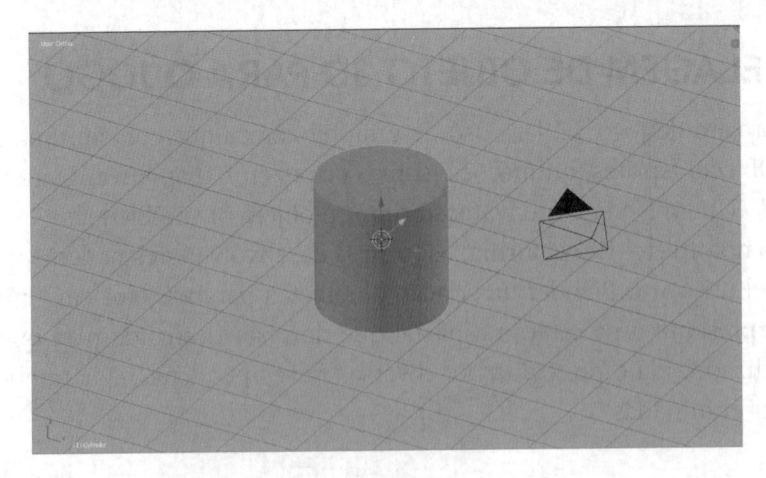

Figura 9.2 – Cilindro adicionado.

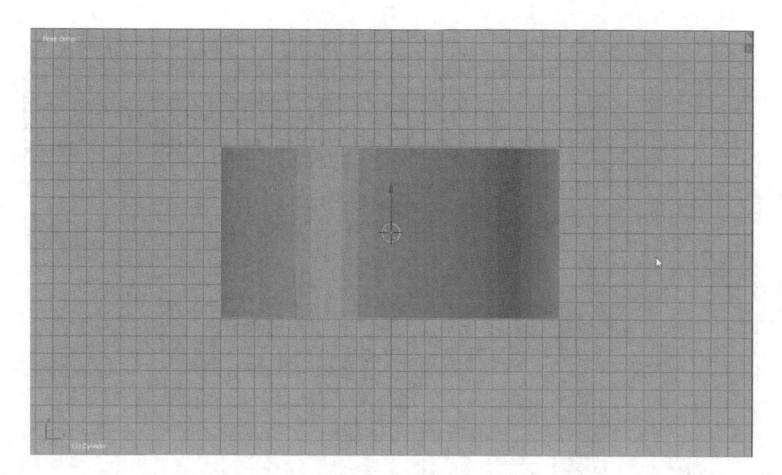

Figura 9.3 – Cilindro redimensionado.

Vamos agora criar novas divisões na malha do objeto. Tecle [TAB] para entrar no modo de edição de malha. Tecle [CTRL]+[R] e depois clique duas vezes com o botão esquerdo do mouse para fixar a divisão na posição sugerida pelo Blender (Figura 9.4). Crie mais quatro divisões, conforme indicado na Figura 9.5.

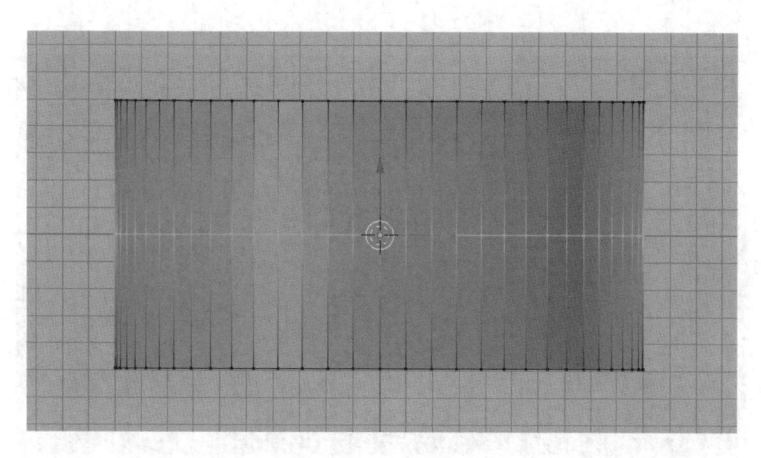

Figura 9.4 – Divisão do cilindro ao meio.

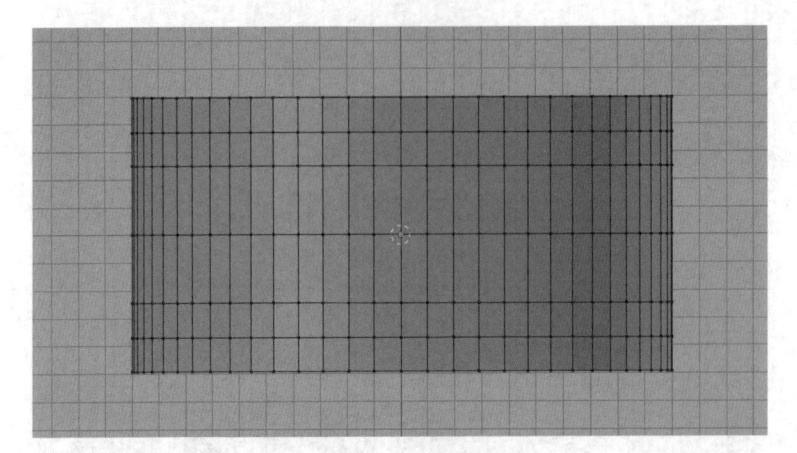

Figura 9.5 – Cilindro com as divisões adicionadas.

Desative a limitação de seleção clicando no ícone e depois tecle [B] para selecionar os vértices indicados na Figura 9.6. Diminua a dimensão dessas áreas e depois selecione também os vértices imediatamente abaixo desses. Ajuste novamente o tamanho, diminuindo-o. Veja na Figura 9.7 como deve ficar o objeto após essa manipulação.

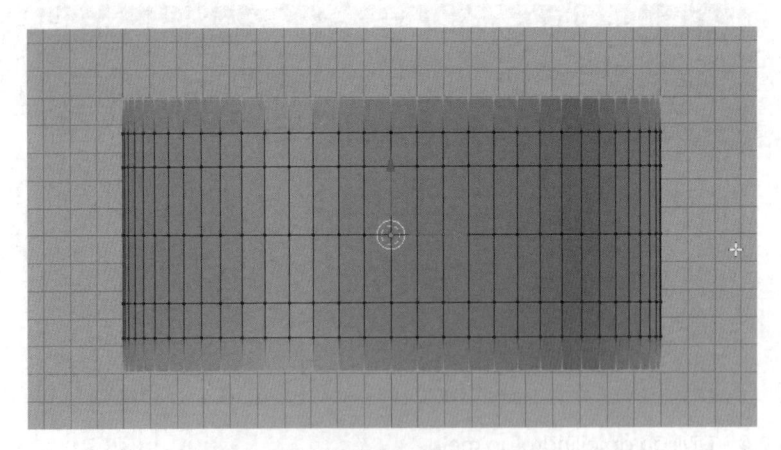

Figura 9.6 – Vértices superiores e inferiores selecionados.

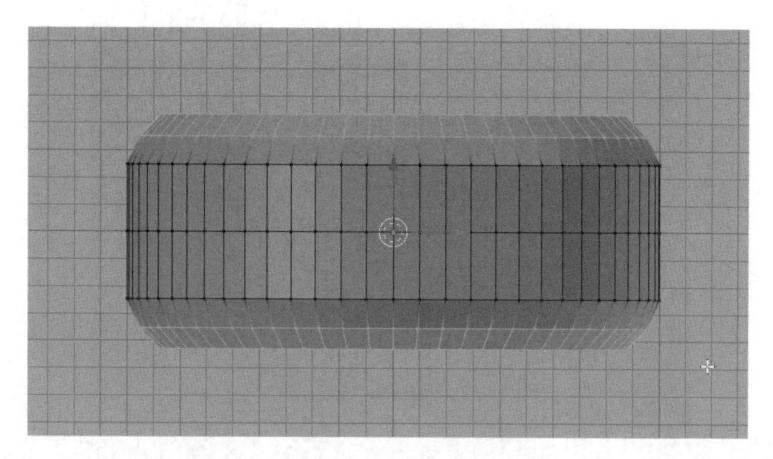

Figura 9.7 – Regiões superior e inferior redimensionadas.

Com o botão de rolagem do mouse pressionado, rotacione a visão para que seja possível ver a parte superior do cilindro. Tecle [I] para ativar a ferramenta **Inset** e então mova os vértices em direção ao centro do objeto, como mostra a Figura 9.8.

Ative a limitação de seleção e mude para a seleção de faces (ícone ▣), assim você verá o objeto com a aparência da Figura 9.9. Clique com o botão direito do mouse na face central do topo do objeto para selecioná-la (Figura 9.10). Tecle [1] para voltar à visão lateral. Aplique uma extrusão (tecla [E]) com a altura mostrada pela Figura 9.11.

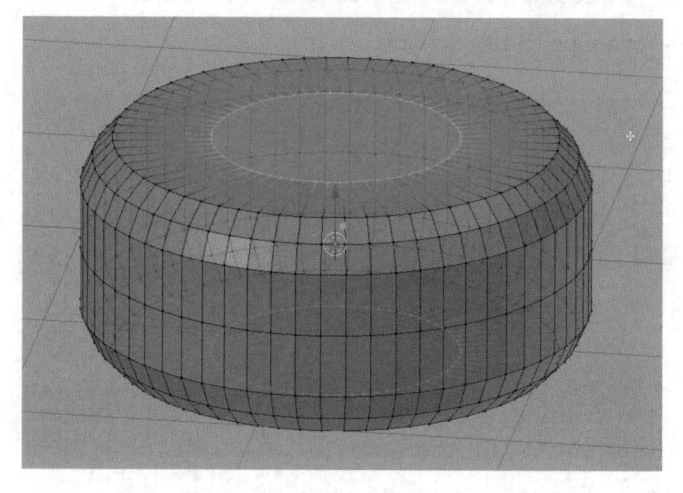

Figura 9.8 – Aplicação da ferramenta Inset às regiões superior e inferior.

Unity - Design e Desenvolvimento de Jogos

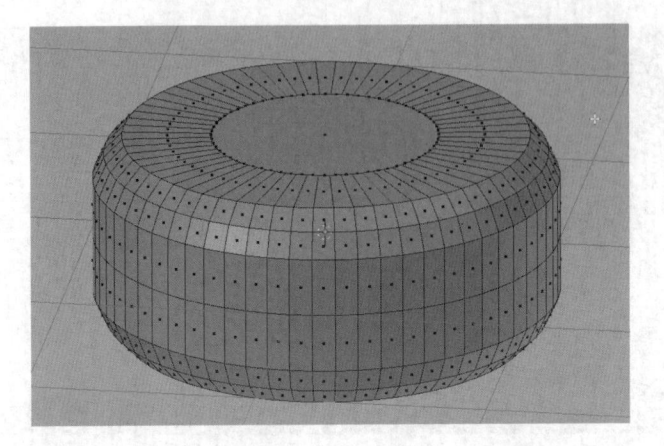

Figura 9.9 – Seleção de faces ativada.

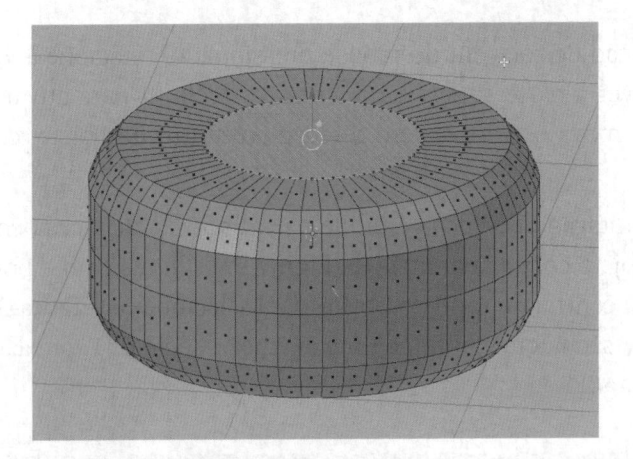

Figura 9.10 – Face superior selecionada.

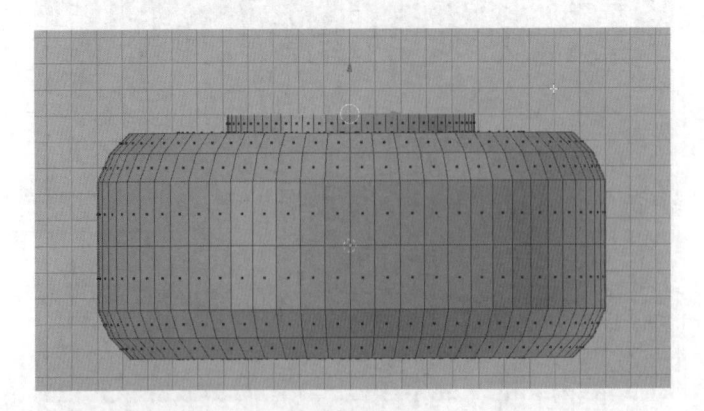

Figura 9.11 – Face superior com extrusão aplicada.

Diminua a circunferência dessa área teclando [S]. A Figura 9.12 mostra como deve ficar o objeto até o momento.

Devemos aplicar as mesmas transformações à parte inferior do objeto. Para isso, rotacione a visão para ver essa área (Figura 9.13). A Figura 9.14 mostra a face inferior selecionada. Já a Figura 9.15 apresenta o objeto com a aplicação da extrusão e o redimensionamento dessa face.

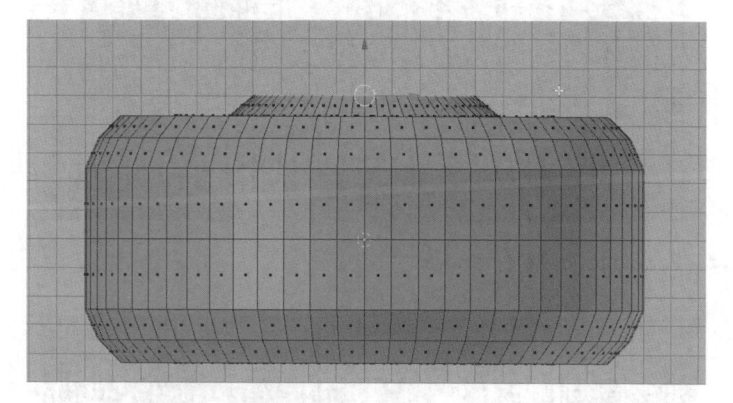

Figura 9.12 – Face superior redimensionada.

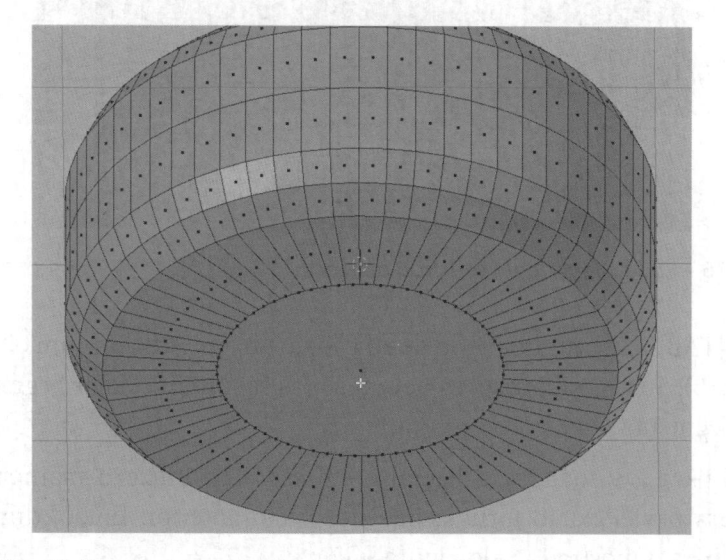

Figura 9.13 – Visão rotacionada para acesso à face inferior.

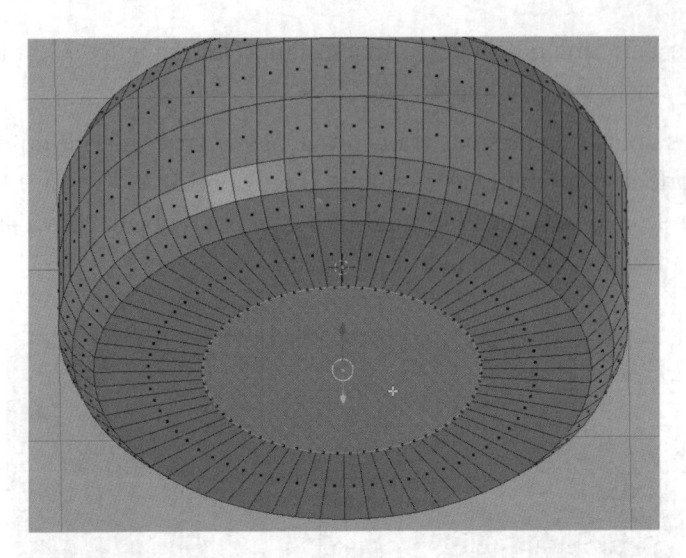

Figura 9.14 – Face inferior selecionada.

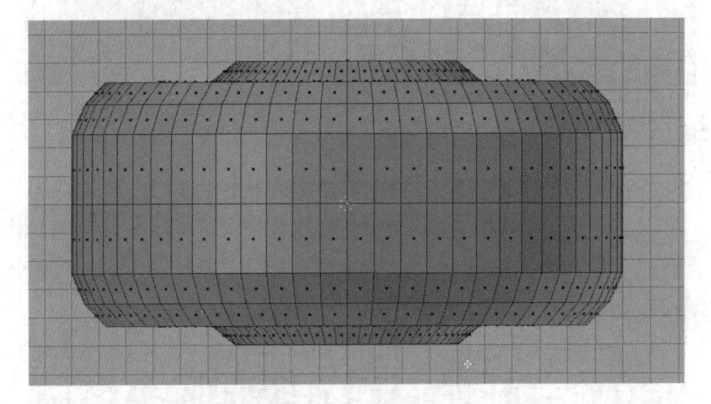

Figura 9.15 – Face inferior com extrusão aplicada.

Tecle [TAB] para sair do modo de edição do objeto. Adicione um objeto torus (Figura 9.16). Suas configurações devem ser as seguintes: Major Segments = 96 e Minor Segments = 24.

Mude para a visualização lateral e em seguida utilize o manipulador do eixo Z para posicionar o torus acima do objeto anterior. Então, diminua seu tamanho para o mostrado pela Figura 9.17.

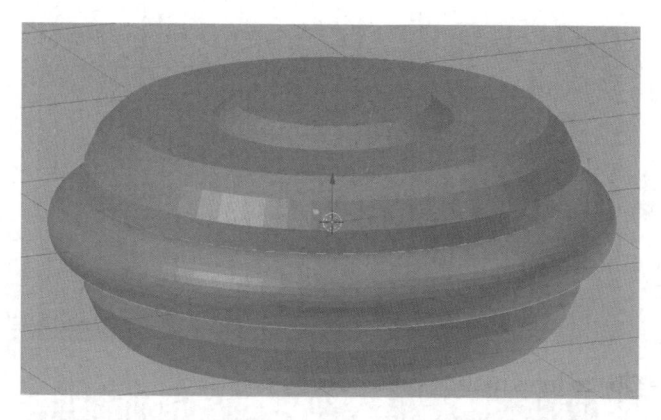

Figura 9.16 – Objeto torus adicionado.

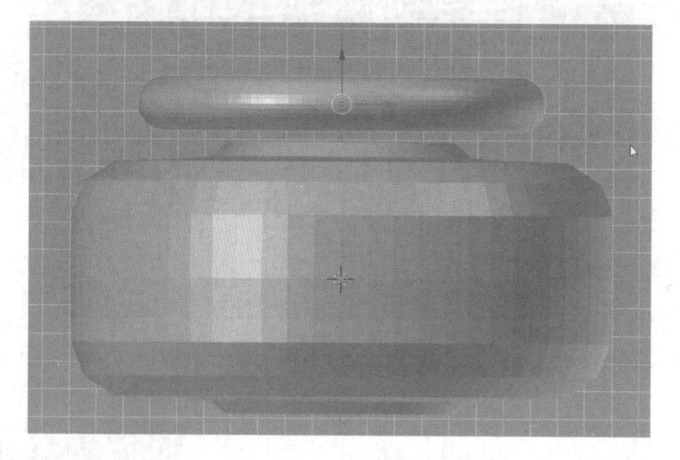

Figura 9.17 – Objeto torus reposicionado e redimensionado.

Ative o modo de visualização aramado por meio da opção **Wireframe** (Figura 9.18). Mova o torus até a posição indicada na Figura 9.19. Duplique esse objeto teclando [SHIFT]+[D]. Tecle [ESC] e mova a nova cópia até posicioná-la na parte inferior (Figura 9.20).

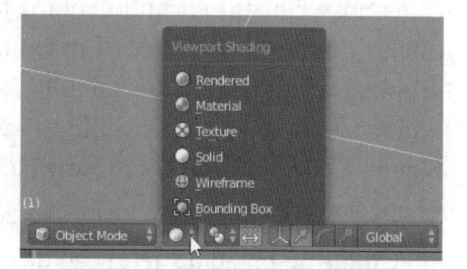

Figura 9.18 – Opções de modo de visualização.

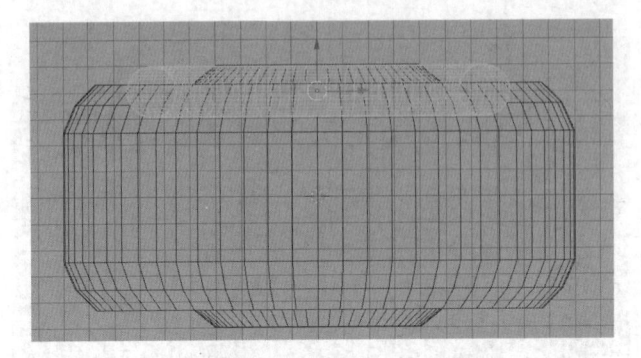

Figura 9.19 – Objeto torus movido para posição definitiva.

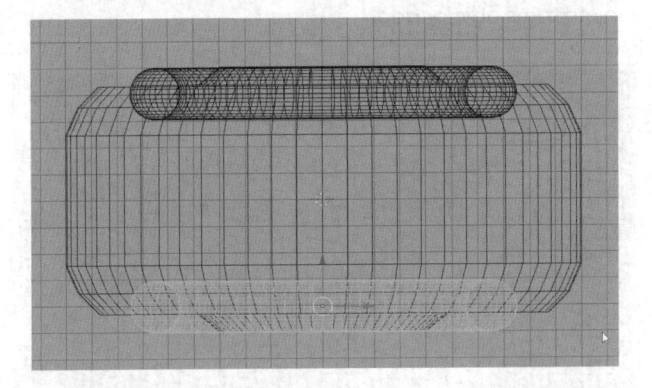

Figura 9.20 – Cópia do objeto torus devidamente posicionada.

Volte ao modo de visualização sólido (opção **Solid**). Selecione o cilindro que adicionamos primeiro clicando com o botão direito do mouse sobre ele. Então, acesse grupo de ferramenta **Material** ( ). Assim, será mostrado o painel de configuração da Figura 9.21. Clique no botão **New** para ver as opções da Figura 9.22.

Clique no botão de definição de cor da opção **Diffuse** e configure os valores da cor conforme indicado na Figura 9.23.

Figura 9.21 – Painel de definição de material.

Clique no botão de adição de material (). Defina a cor **Diffuse** desse novo material conforme indicado na Figura 9.24. Adicione outro material com a cor **Diffuse** configurada de acordo com os valores da Figura 9.25. O quarto e último material tem as configurações de cor Diffuse e Specular mostradas nas Figuras 9.26 e 9.27.

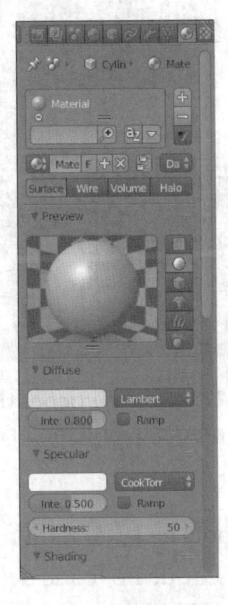

Figura 9.22 – Parâmetros de configuração de material.

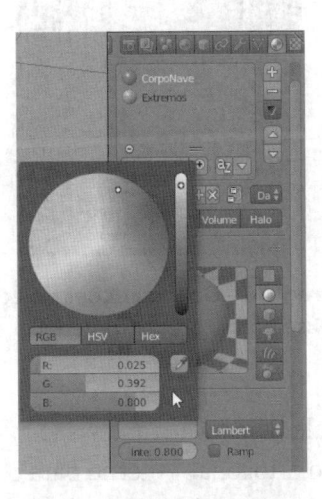

Figura 9.23 – Configurações para cor Diffuse do material.

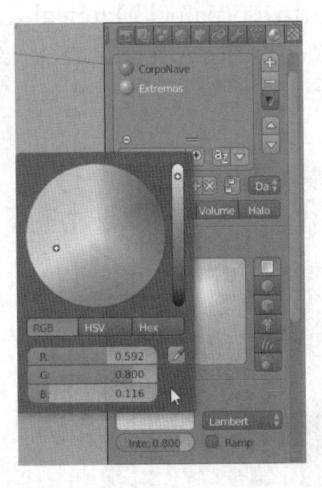

Figura 9.24 – Configurações de cor para o segundo material.

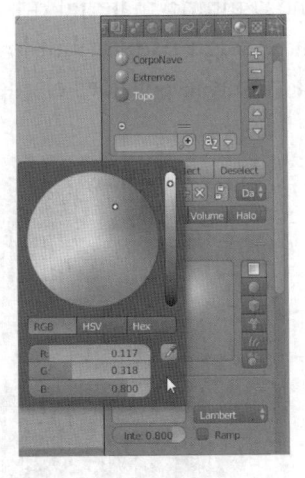

Figura 9.25 – Configurações de cor para o terceiro material.

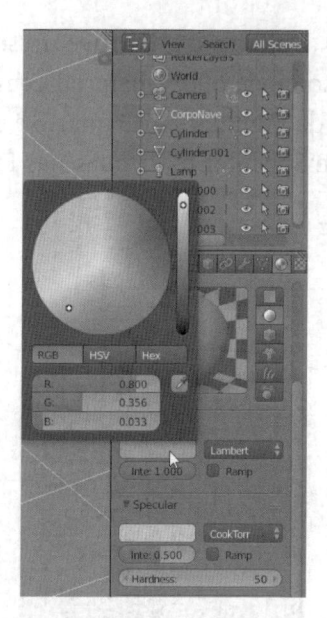

Figura 9.26 – Configurações da cor Diffeuse para o quarto material.

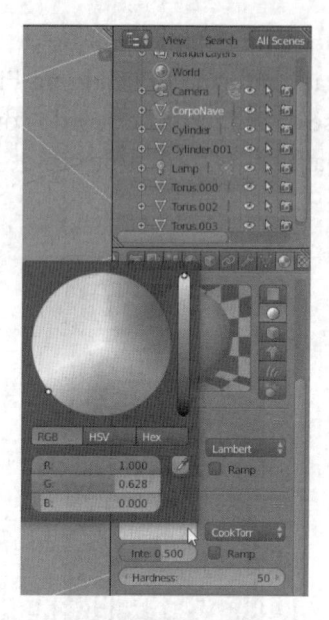

Figura 9.27 – Configurações da cor Specular para o quarto material.

Tecle [1] para ativar a visão frontal da cena e depois tecle [5] para mudar para o modo ortogonal. Alterne para o modo de edição e clique no ícone de seleção de faces. Desative a limitação de seleção, caso esteja habilitada. Tecle [B] e selecione as faces da parte central do cilindro que adicionamos (Figura 9.28). Em seguida, selecione o último material que criamos, a partir do painel **Material**, e clique no botão **Assign** para atribuí-lo a essa região do objeto. A seguir, tecle [A] para desativar todas as seleções efetuadas anteriormente.

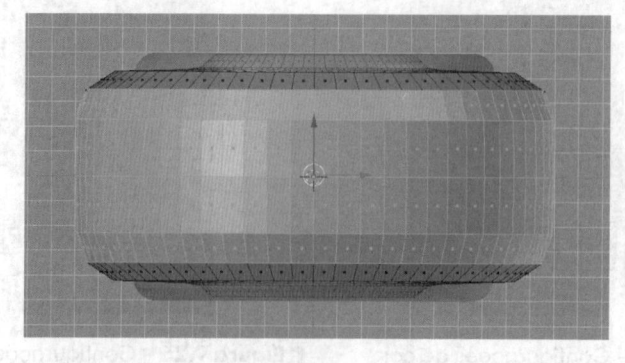

Figura 9.28 – Seleção das faces da área central do objeto.

Desative a visualização dos dois torus (superior e inferior) clicando no ícone correspondente no painel de gerenciamento de objetos da cena (Figura 9.29). Isso facilitará a seleção das faces indicadas na Figura 9.30. Atribua o segundo material a elas. Por fim, selecione a face superior e a inferior e atribua o terceiro material.

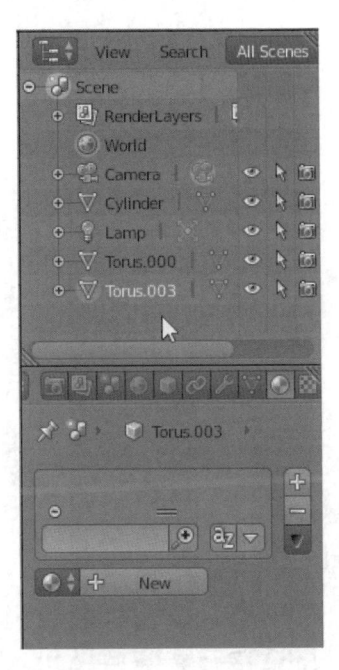

Figura 9.29 – Painel de gerenciamento de objetos.

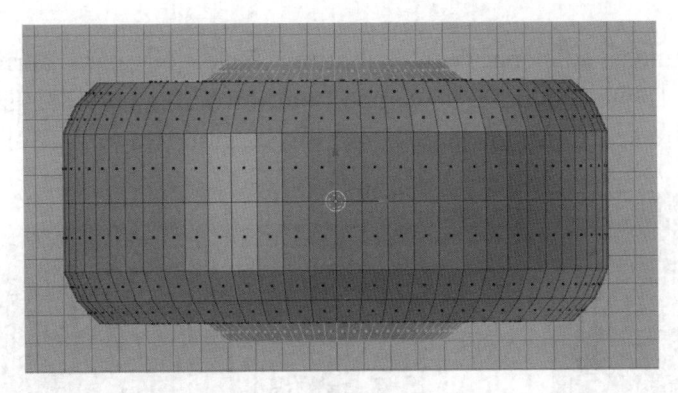

Figura 9.30 – Seleção das faces das áreas superior e inferior.

Volte a habilitar a visualização dos dois torus e depois, com um deles selecionado, adicione um novo material com a cor **Diffuse** configurada de acordo com o apresentado na Figura 9.31. A Figura 9.32 exibe o resultado que deve ser obtido com essas configurações.

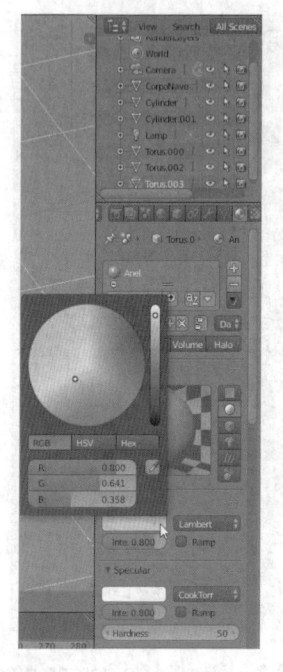

Figura 9.31 – Definição de cor para o material dos objetos torus.

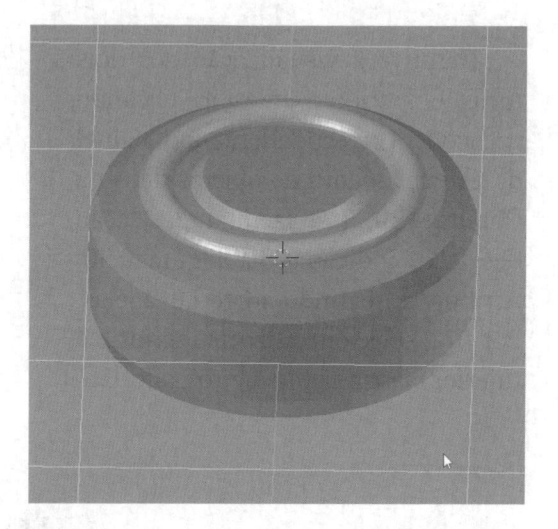

Figura 9.32 – Objeto torus com material aplicado.

Em seguida, adicione outro cilindro. Tecle [N] para abrir o painel **Transform**. Digite o valor 90 no campo **Rotation Y** (Figura 9.33). Isso fará com que o cilindro seja rotacionado no eixo Y em 90 graus (Figura 9.34).

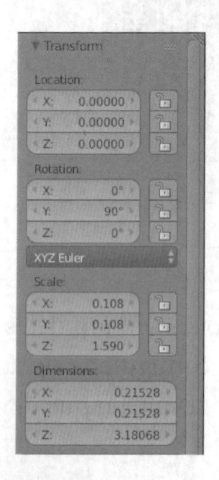

Figura 9.33 – Painel Transform.

Figura 9.34 – Cilindro rotacionado.

Acesse a visão pelo topo (tecla [7]) e alterne para o modo aramado (**Wireframe**). Ajuste as dimensões do cilindro para o mostrado na Figura 9.35. Em seguida, aumente o comprimento conforme a Figura 9.36. Para isso, tecle [S] e [X], para habilitar o redimensionamento apenas no eixo X.

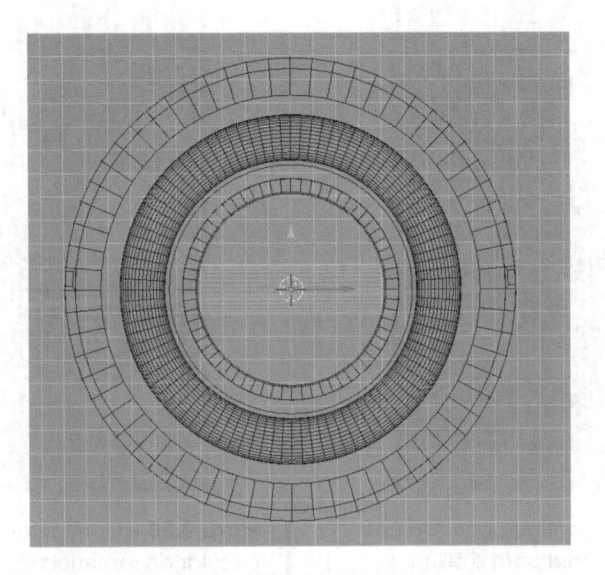

| **Figura 9.35** – Cilindro com tamanho ajustado.

| **Figura 9.36** – Cilindro com comprimento ajustado.

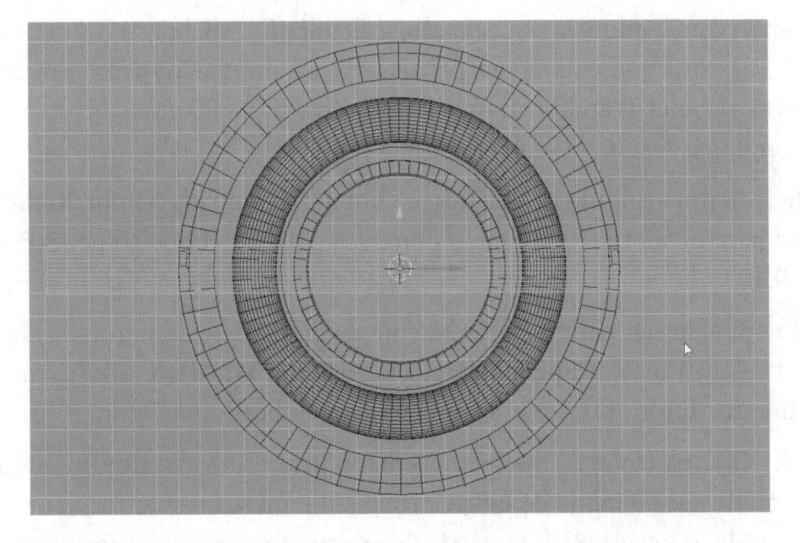

Volte ao modo sólido e crie um novo material, com a cor **Diffuse** configurada com os valores mostrados na Figura 9.37. Configure também a cor **Specular** conforme a Figura 9.38.

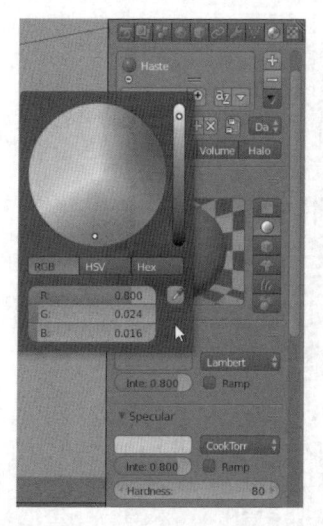

Figura 9.37 – Configurações da cor Diffuse do material para o cilindro.

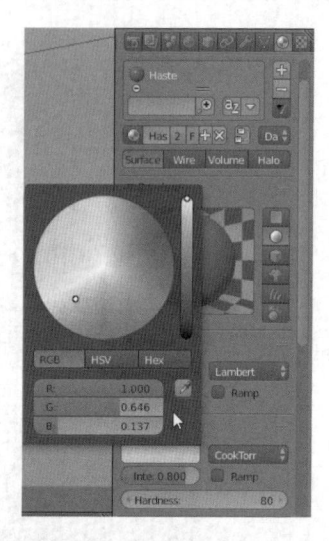

Figura 9.38 – Configurações da cor Specular do material para o cilindro.

Estando com o cilindro selecionado, tecle [SHIFT]+[D] para criar uma cópia. Tecle [ESC] para que essa cópia permaneça na mesma posição. Em seguida, utilizando o painel **Transform**, rotacione a nova cópia 90 graus no eixo Z. Você deverá ter como resultado o objeto da Figura 9.39.

Adicione um segundo objeto torus, com a propriedade **Minor Radius** configurada para o valor 0,10. Ajuste o tamanho para que fique como indicado na Figura 9.40.

Crie um material para esse objeto com a cor **Diffuse** configurada conforme a Figura 9.41. Para a cor **Specular**, selecione o tipo **WardIso**. Configure, ainda, os parâmetros **Emit.**, **Mirror** e **Refl**, conforme indicado na Figura 9.42.

Selecione o objeto principal, representado pelo primeiro cilindro que adicionamos, mude para o modo de edição, tecle [A] para selecionar todos os vértices ou faces e depois tecle [W]. A partir do menu apresentado, selecione a opção **Smooth** (Figura 9.43). Essa ferramenta suaviza as curvas dos objetos.

Figura 9.39 – Cilindro duplicado e rotacionado.

Figura 9.40 – Torus adicionado à cena.

Repita esse procedimento com os demais objetos. A Figura 9.44 exibe o resultado que deve ser obtido após a renderização da cena pressionando a tecla [F12].

Grave o arquivo com o nome **NaveEstacao**. O próximo passo é exportar esse objeto para um formato de arquivo que possa ser aberto no Unity. Selecione a opção **File → Export → FBX** (Figura 9.45). Na tela da Figura 9.46, selecione a pasta na qual o arquivo deve ser gravado e especifique um nome para ele.

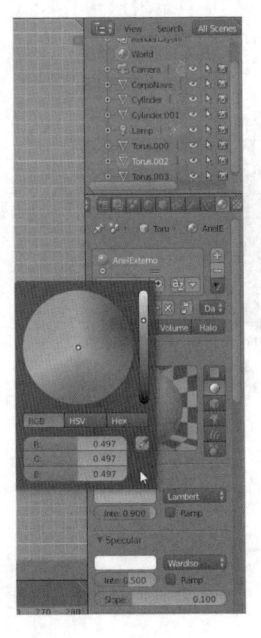

Figura 9.41 – Configurações da cor Diffuse.

Figura 9.42 – Outras configurações do material.

Figura 9.43 – Menu de ferramentas especiais de deformação.

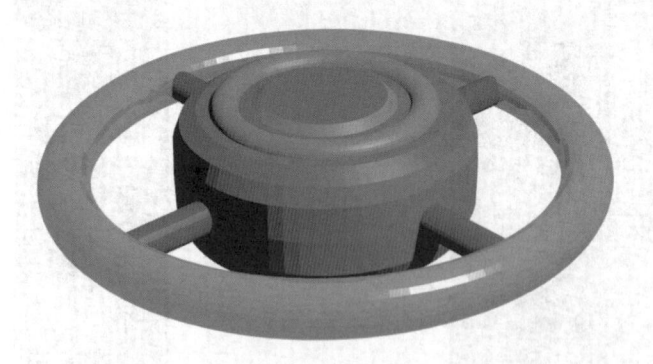

Figura 9.44 – Objeto renderizado.

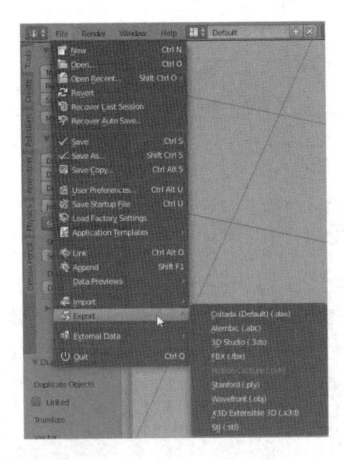

Figura 9.45 – Opções de exportação.

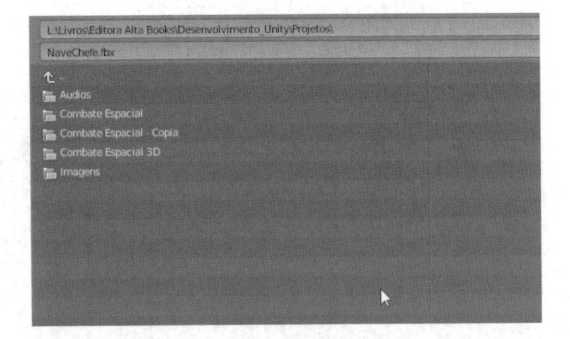

Figura 9.46 – Tela de especificação de pasta/arquivo.

CRIAÇÃO DE IMAGEM COM O GIMP

O GIMP é um software aberto (open source) para criação e edição de imagens gráficas. Ele não trabalha com gráficos vetoriais, como ocorre com o Corel-DRAW, Adobe Illustrator e Inkscape, mas apenas no padrão de imagem mapeada a bits. Pode ser baixado gratuitamente a partir do link www.gimp.org [em inglês]. A versão utilizada neste livro é a de número 2.10.8.

Assim como na abordagem do Blender, por não ser o objetivo principal deste livro, veremos apenas superficialmente como criar uma imagem no GIMP.

Após efetuar o download e a instalação, execute o programa para ver a tela principal da Figura 9.47.

Para criar um novo arquivo, selecione a opção **Arquivo → Novo**. Surge, em seguida, a caixa de diálogo da Figura 9.48. Digite o valor 1200 em ambas as caixas de entrada **Largura** e **Altura**. Clique no item **Opções avançadas** para ver os demais parâmetros de configuração. Altere o valor dos campos **Resolução X** e **Resolução Y** para 96. Na caixa de combinação **Precisão**, escolha a opção **inteiro de 16 bits**. A Figura 9.49 apresenta essas configurações.

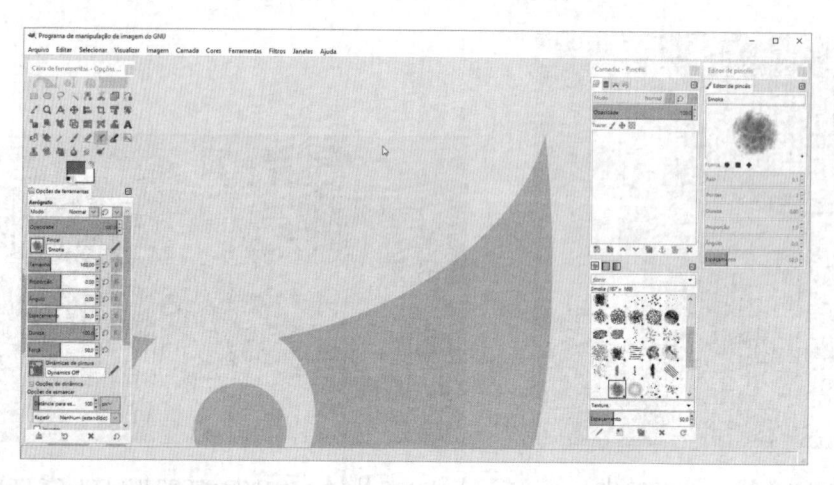

Figura 9.47 – Tela do ambiente de trabalho do GIMP.

Após clicar no botão **OK**, o GIMP mostra a área destinada à criação da imagem ou ilustração (Figura 9.50).

Clique no ícone de definição de cor de preenchimento ( ) para abrir a caixa de diálogo da Figura 9.51. Defina a cor preta.

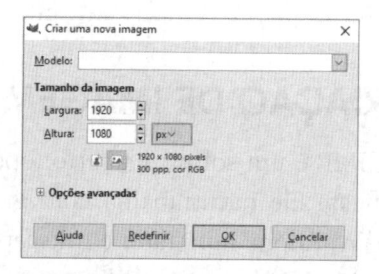

Figura 9.48 – Caixa de diálogo da configuração do arquivo de imagem.

Selecione a ferramenta **Preenchimento** ( ) e depois clique na área de desenho, o que fará com que ela seja toda colorida de preto.

Defina uma nova cor com as configurações mostradas na Figura 9.52.

Selecione a ferramenta **Pincel** ( ), escolha o tipo de pincel da Figura 9.53 e defina o valor da propriedade **Tamanho** em 51. Então, clique em uma área próxima ao canto superior esquerdo da folha de desenho (Figura 9.54).

Figura 9.49 – Configurações para o arquivo.

Figura 9.50 – Novo arquivo de ilustração criado.

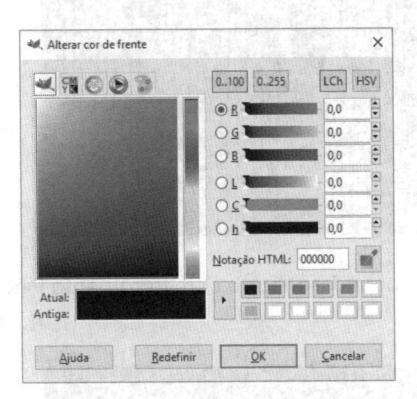

Figura 9.51 – Cor para o fundo do desenho.

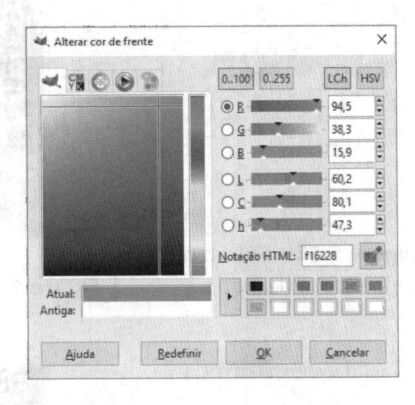

Figura 9.52 – Cor para o primeiro objeto do desenho.

Para o próximo objeto da ilustração, selecione o pincel mostrado na Figura 9.55, semelhante a um sol. Então, clique em vários locais da área de desenho, como no exemplo da Figura 9.56.

Defina outras cores e, com outros tipos de pincéis, crie uma imagem que se assemelhe a uma região do espaço contendo planetas, estrelas, nebulosas e galáxias, como indicado no exemplo da Figura 9.57.

Grave o arquivo selecionando a opção **Arquivo → Salvar**. Especifique como nome a expressão caractere `FundoJogo`.

Para poder utilizar essa imagem em nosso projeto de jogo, é necessário exportá-la. Para isso, selecione a opção **Arquivo** → **Exportar como**. A partir da caixa de diálogo apresentada (Figura 9.58), clique no item **Selecionar Tipo de arquivo** e escolha a opção **Imagem PNG** (Figura 9.59). Para o nome do arquivo, especifique `FundoJogo`. Clique no botão **Exportar** e especifique uma pasta para gravação do arquivo.

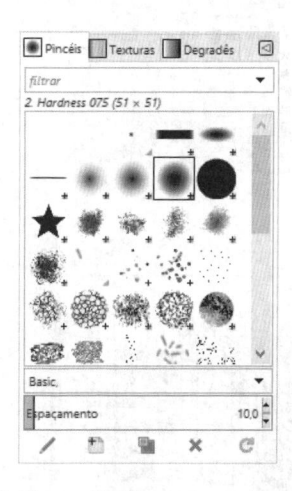

Figura 9.53 – Forma do pincel para desenho.

Figura 9.54 – Ponto desenhado com ferramenta Pincel.

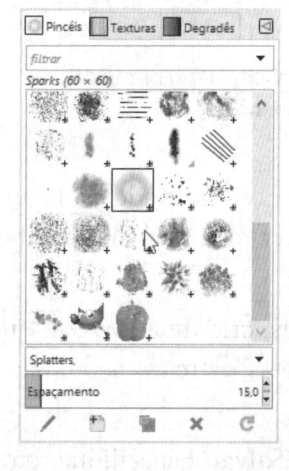

Figura 9.55 – Forma do pincel para desenho de estrelas.

Figura 9.56 – Estrelas adicionadas ao desenho.

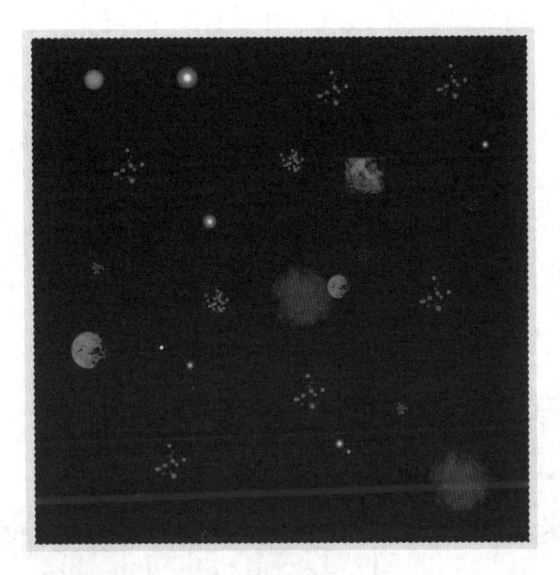

| **Figura 9.57** – Exemplo de imagem a ser criada.

| **Figura 9.58** – Caixa de diálogo de exportação da imagem.

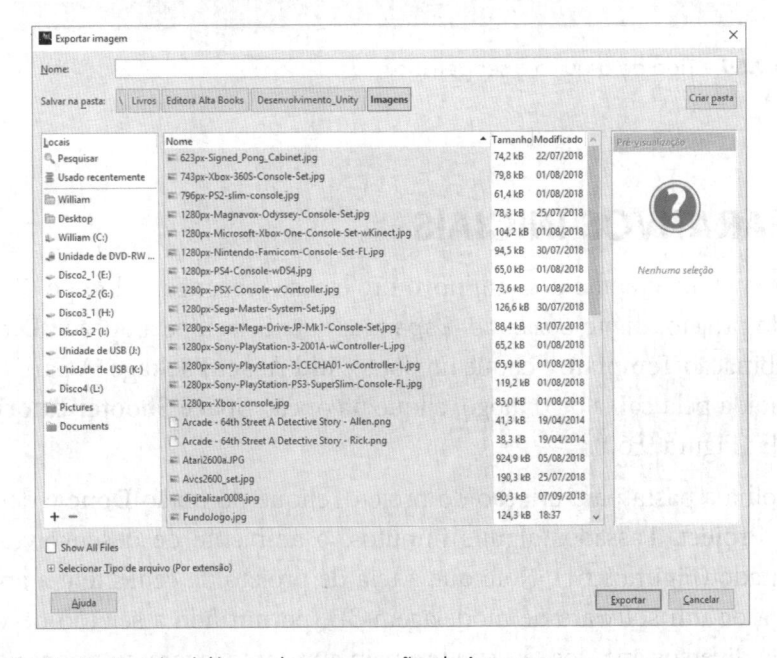

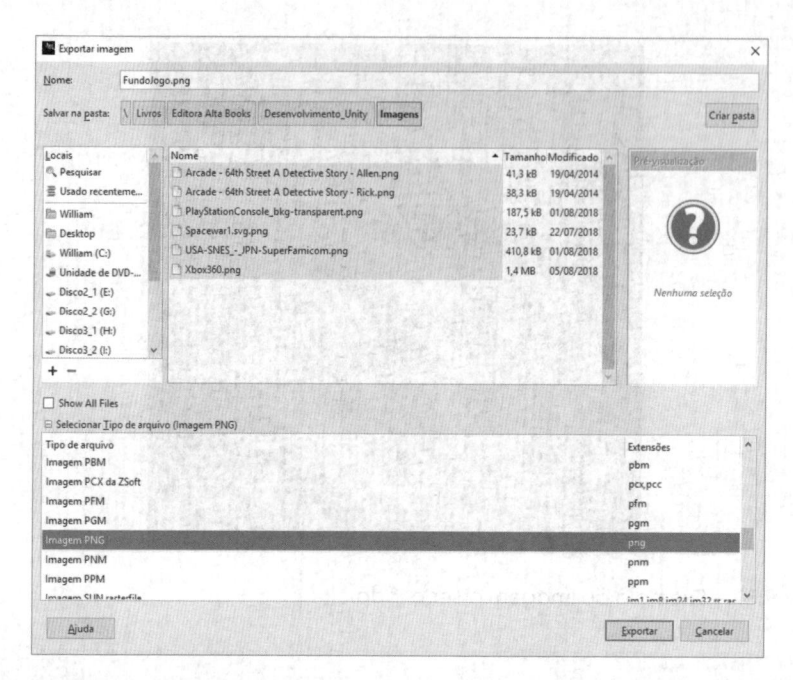

Figura 9.59 – Tipo de arquivo a ser gerado.

PREPARATIVOS INICIAIS

Execute o Unity e então crie um novo projeto de jogo, agora do tipo 3D. Para o nome do projeto, digite `Combate Espacial 3D`. Selecione a opção **3D** na caixa de combinação **Template** e clique no botão **Add Asset Package**. A partir da lista apresentada pela caixa de diálogo, clique na opção **Space Shooter tutorial** para marcá-la (Figura 9.60).

Escolha a pasta para criação do projeto, clique no botão **Done** e depois em **Create Project**. Passados alguns minutos, o ambiente de desenvolvimento é apresentado (Figura 9.61). Note que a tela de projeto de cenas tem a aparência similar à de um software de modelagem 3D, permitindo a seleção de visões a partir de diversos ângulos. A cena também apresenta, agora, um ponto de luz e uma câmera (Figura 9.62).

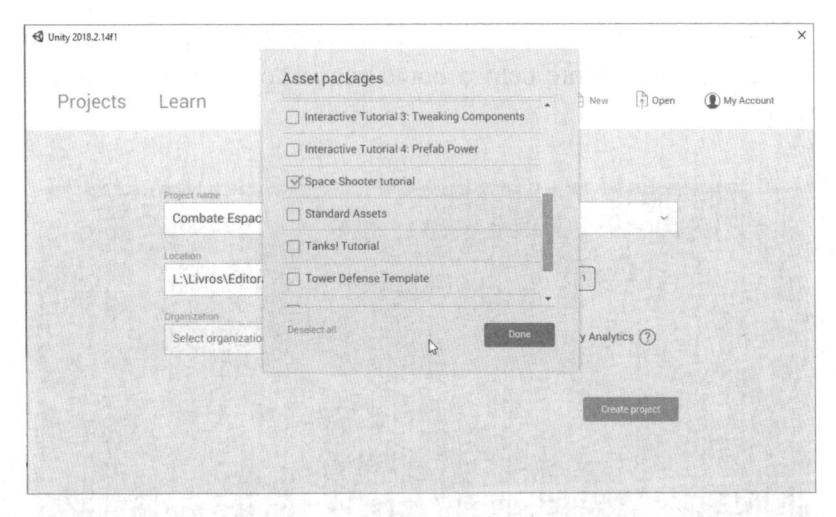

Figura 9.60 – Seleção de biblioteca de objetos.

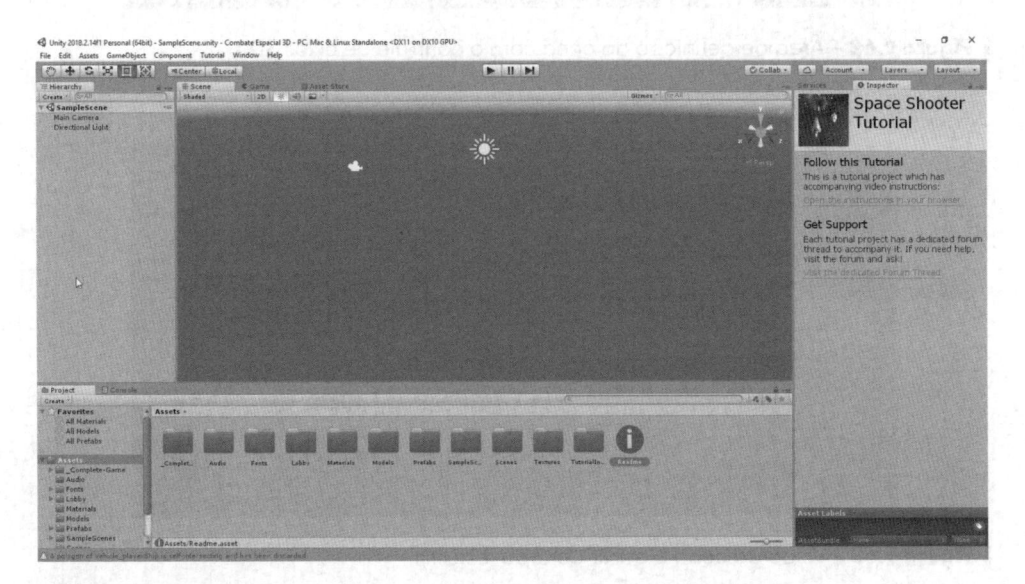

Figura 9.61 – Tela do ambiente do Unity com um projeto de jogo 3D.

No canto direito superior da área de cena temos o controle de eixos, o qual nos permite alterar o ponto de visão a partir da seleção de um desses eixos. Por exemplo, ao ser selecionado o eixo Y com um clique, habilitamos a visão do topo da cena (Figura 9.63). Essa seleção também pode ser feita a partir do menu local apresentado quando se clica o botão direito do mouse sobre o controle (Figura

9.64). Deve-se destacar que, quando está selecionada a opção Free, podemos rotacionar a cena livremente com o botão esquerdo pressionado junto com a tecla [ALT].

Figura 9.62 – Área de definição da cena com o controle de eixos 3D.

Figura 9.63 – Visão da cena a partir do topo (eixo Y).

Criação de Jogo 3D

Com a importação da biblioteca de objetos, especificada no início do projeto, temos uma vasta gama de Game Objects que podemos utilizar, como mostram as Figuras 9.65 e 9.66. Em nosso pequeno projeto, usaremos apenas alguns deles. Mas, antes disso, precisamos efetuar algumas configurações no projeto.

Selecione a opção **File → Build Settings** (Figura 9.67). Com isso, é apresentada a caixa de diálogo da Figura 9.68.

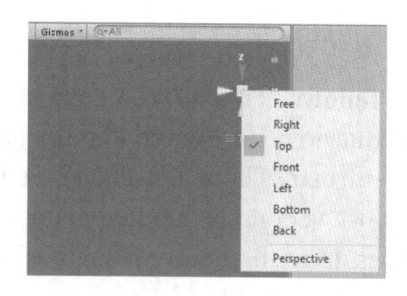

Figura 9.64 – Opções de ângulos de visão da cena.

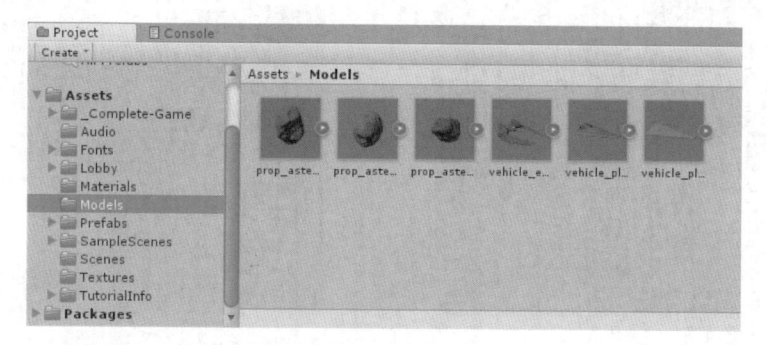

Figura 9.65 – Modelos de objetos para jogos.

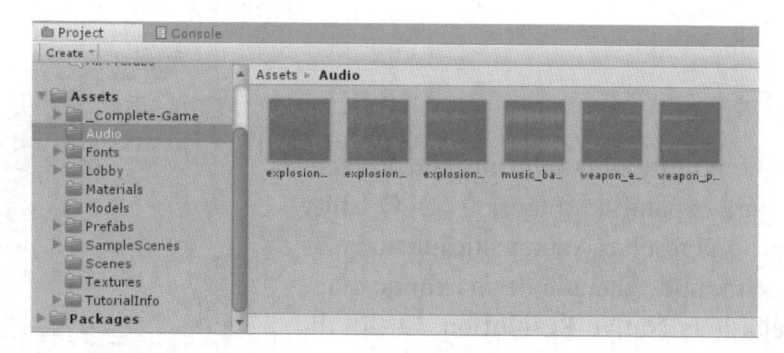

Figura 9.66 – Arquivos de sons para jogos.

Selecione o sistema operacional **Windows** (Figura 9.69) e em seguida clique no botão **Switch Plataform** para confirmar. Clique em **Player Settings** e você verá no painel **Inspector** as opções de configuração da Figura 9.70.

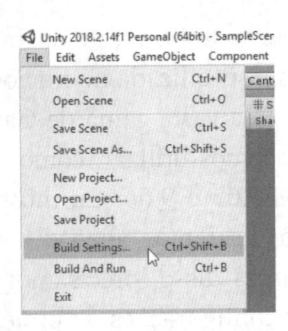

Figura 9.67 – Opção para configuração do projeto.

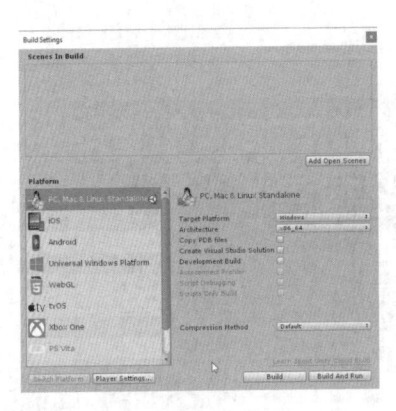

Figura 9.68 – Caixa de diálogo de configuração do projeto.

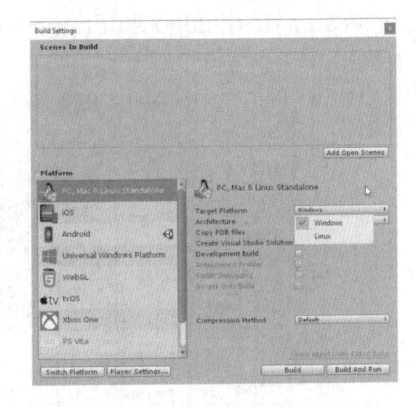

Figura 9.69 – Seleção do sistema operacional de destino.

Clique no grupo **Resolution and Presentation** para expandi-lo (Figura 9.71). O Unity já define uma resolução automaticamente, mas caso queira, pode alterá-la desmarcando a opção **Default Is Native Resolution**. Então, digite os novos valores para a largura e altura da tela, em unidades de pixels, conforme o exemplo da Figura 9.72.

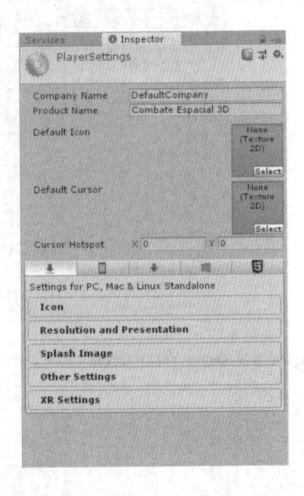

Figura 9.70 – Opção para configuração do projeto.

Para finalizar essas configurações iniciais, clique no botão da opção **Fullscreen Mode** e escolha **Windowed** (Figura 9.73). Se futuramente for necessário alterar essas configurações, acesse a opção **File → Project Settings → Player** (Figura 9.74).

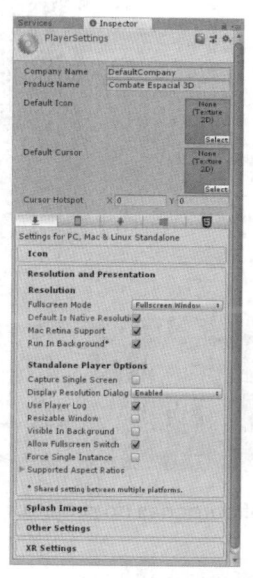

| **Figura 9.71** – Opções do grupo Resolution and Presentation.

| **Figura 9.72** – Configuração personalizada de resolução de tela.

| **Figura 9.73** – Opção para modo de execução.

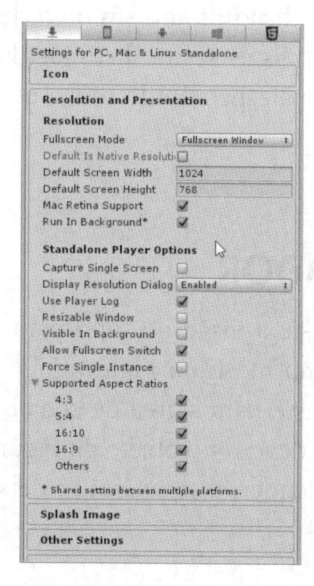

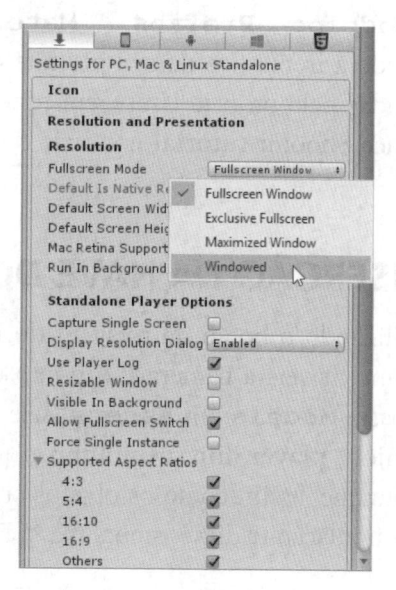

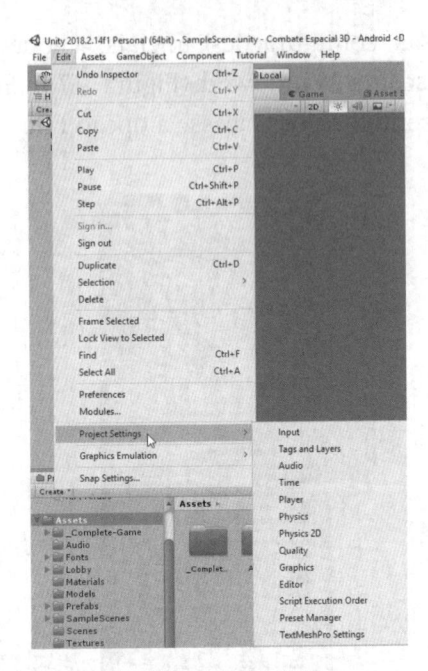

Figura 9.74 – Opções para configurações do projeto.

O próximo passo é criar pastas para armazenamento dos arquivos que compõem nosso projeto. Crie as pastas denominadas **_Cenas**, **_Scripts**, **_Modelos**, **_Prefabs** e **_Materiais**. A adição de um símbolo de sublinhado à frente dos nomes permite que nossas pastas sejam distintas daquelas criadas pelo próprio Unity, em função de termos especificado o uso do pacote **Space Shooter tutorial** no início do projeto.

INSERÇÃO DA NAVE DO JOGADOR

Utilizando o botão de rolagem do mouse, afaste a visão do topo para que fiquem visíveis a câmera e o ponto de luz, como mostra a Figura 9.75. Acesse a pasta **Models** em **Assets**, selecione e arraste para a área de cena o objeto **vehicle_playerShip** (penúltimo arquivo). Você deve ver o objeto da Figura 9.76. Note que, assim como os objetos criados no Blender, esse possui um eixo para manipulação tridimensional (X, Y e Z).

Criação de Jogo 3D **185**

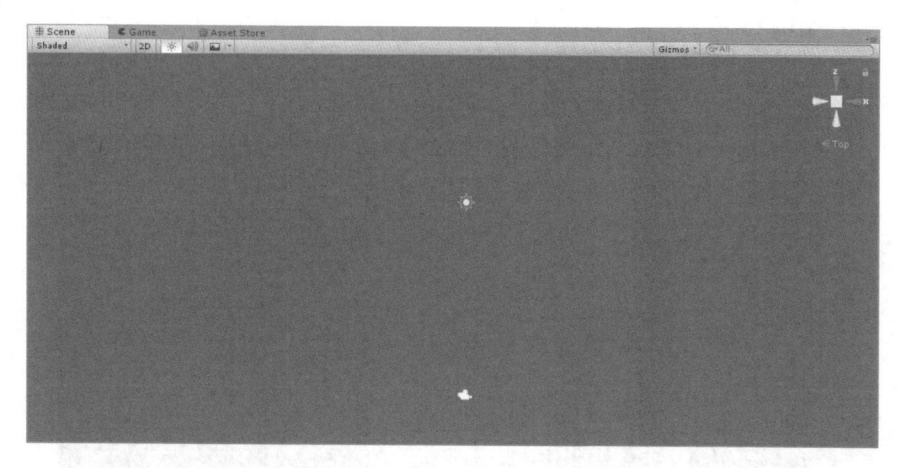

Figura 9.75 – Visão da cena com zoom ajustado.

Figura 9.76 – Nave do jogador adicionada à cena do jogo.

Clique no ícone de menu de contexto e selecione a opção **Reset** (Figura 9.77). Com isso, o objeto é posicionado na origem da cena (0,0,0). Altere o nome do objeto para *NaveJogador*. Para isso, clique na caixa de texto no topo do painel **Inspector** e digite essa expressão caractere (Figura 9.78).

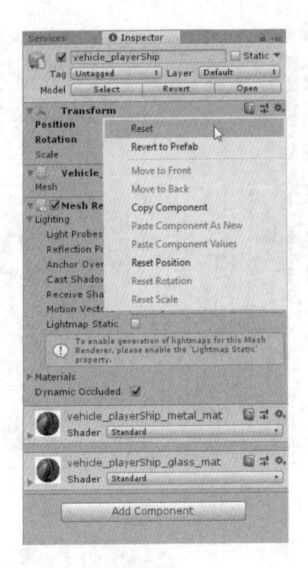

Figura 9.77 – Opção para ajustar a posição e a rotação do objeto em 0.

Figura 9.78 – Nome do objeto alterado.

Digite o valor -6 no campo Z da propriedade **Position**, o que fará a nave ser posicionada mais perto da câmera (Figura 9.79). Ao ser selecionada a câmera no painel **Hierarchy**, uma pequena janela no canto direito inferior da cena é apresentada, mostrando uma visão pela câmera (Figura 9.80). Também se pode ter uma visão da câmera ao acessar a aba **Game** (Figura 9.81).

Figura 9.79 – Nave posicionada próximo da câmera.

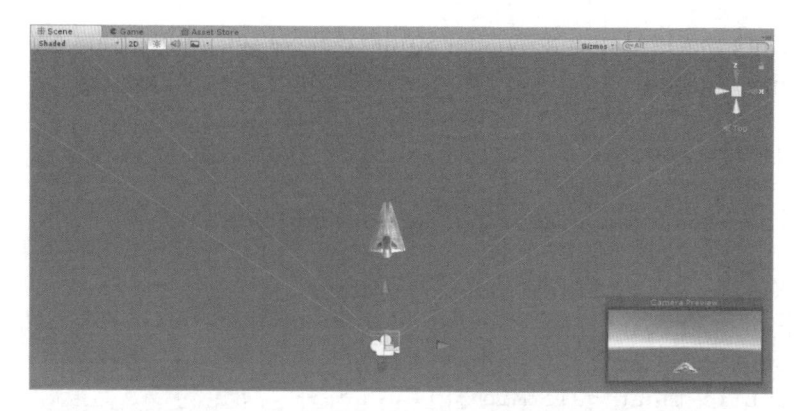

Figura 9.80 – Janela de visão da câmera quando estiver selecionada.

Figura 9.81 – Visão da câmera com a aba Game selecionada.

Com a nave selecionada, clique no botão **Add Component** e selecione a opção **Physics → Rigidbody**. Note que deve ser selecionado o grupo **Physics**, e não **Physics 2D**. Veja a Figura 9.82.

As configurações da Figura 9.83 são exibidas no painel **Inspector**. Desmarque a caixa de seleção **Use Gravity**, uma vez que não precisamos simular a força da gravidade tendo em vista que estamos no espaço.

Grave a cena com o nome *Principal* na pasta **_Cenas**.

Vamos agora adicionar o script C# responsável pela movimentação da nossa nave. Acesse a pasta **_Scripts** e clique com o botão direito na área de arquivos. Então, selecione a opção **Create → C# Script**. Nomeie o arquivo como

ControladorJogador. Abra-o no Visual Studio e altere seu código para o mostrado na seguinte listagem:

```
using UnityEngine;

public class ControladorJogador : MonoBehaviour {

    public float velocidadeJogador;
    public float inclinacao;
    public float posicaoZ = -6.0f;
    public float valorMinX;
    public float valorMaxX;

    // Use this for initialization
    void Start () {

    }

    // Update is called once per frame
    void Update () {

    }

    void FixedUpdate()
    {
        float moverNave = Input.GetAxis("Horizontal");
        Vector3 movimento = new Vector3(moverNave, 0.0f, posicaoZ);
        GetComponent<Rigidbody>().velocity = movimento * velocidadeJogador;

        GetComponent<Rigidbody>().position = new Vector3
            (
            Mathf.Clamp(GetComponent<Rigidbody>().position.x, valorMinX, valorMaxX),
            0.0f,
            Mathf.Clamp(GetComponent<Rigidbody>().position.z, posicaoZ, posicaoZ)
            );
```

```
        GetComponent<Rigidbody>().rotation = Quaternion.
Euler(0.0f, 0.0f, GetComponent<Rigidbody>().velocity.x *
-inclinacao);
    }
}
```

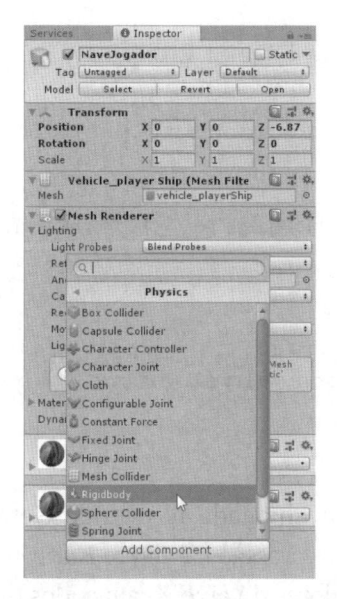

Figura 9.82 – Visão da câmera com a aba Game selecionada.

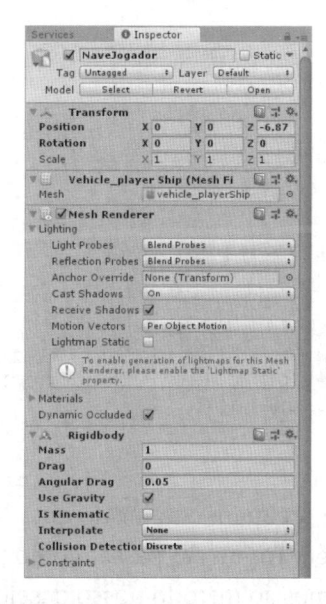

Figura 9.83 – Visão da câmera com a aba Game selecionada.

As variáveis públicas declaradas nesse script têm por função permitir a definição de alguns valores utilizados no código, a partir do próprio painel **Inspector**. A variável **velocidadeJogador** é utilizada na definição da velocidade com que a nave deve ser movimentada pela tela. Já a variável **inclinacao** contém o valor utilizado para cálculo do ângulo de inclinação da nave quando ela se move para a direita e para a esquerda.

À variável **posicaoZ** é atribuído um valor para posicionar a nave dentro da cena, no eixo Z. Já as variáveis valorMinX e valorMaxX contêm, respectivamente, os valores mínimos e máximos da área em que a nave pode se movimentar.

A movimentação da nave propriamente dita fica a carga do método **FixedUpdate()**, adicionado por nós. Seu código está reproduzido a seguir:

```
    void FixedUpdate()
    {
        float moverNave = Input.GetAxis("Horizontal");
        Vector3 movimento = new Vector3(moverNave, 0.0f, posicaoZ);
        GetComponent<Rigidbody>().velocity = movimento * velocidadeJogador;

        GetComponent<Rigidbody>().position = new Vector3
        (
            Mathf.Clamp(GetComponent<Rigidbody>().position.x, valorMinX, valorMaxX),
            0.0f,
            Mathf.Clamp(GetComponent<Rigidbody>().position.z, posicaoZ, posicaoZ)
        );

        GetComponent<Rigidbody>().rotation = Quaternion.Euler(0.0f, 0.0f, GetComponent<Rigidbody>().velocity.x * -inclinacao);
    }
```

Ele recupera o valor do eixo X por meio da chamada ao método **GetAxis()** do objeto **Input**. Ao passar como parâmetro a expressão caractere *Horizontal*, informamos ao método nosso desejo de ler os valores do eixo X, ajustados durante um deslocamento horizontal na tela.

Para podermos atribuir valores às propriedades **velocity** e **position** do objeto **Rigidbody**, que está vinculado à nave, precisamos criar uma instância do objeto **Vector3()**, que é um vetor de três elementos, cada um representando um eixo no espaço tridimensional (X, Y e Z). Esse vetor conterá, no primeiro elemento, o valor da posição da nave no eixo X, enquanto os outros dois (eixo Y e Z) serão definidos com valores previamente fixados.

O método **Clamp()** da classe **Mathf** é utilizado para limitar a movimentação da nave dentro da área visível pela câmera.

```
        Vector3 movimento = new Vector3(moverNave, 0.0f, posicaoZ);
        GetComponent<Rigidbody>().velocity = movimento * velocidadeJogador;

        GetComponent<Rigidbody>().position = new Vector3
        (
```

```
            Mathf.Clamp(GetComponent<Rigidbody>().position.x,
    valorMinX, valorMaxX),
            0.0f,
            Mathf.Clamp(GetComponent<Rigidbody>().position.z,
    posicaoZ, posicaoZ)
        );
```

Por fim, temos a atribuição do valor de inclinação da nave à propriedade **rotation** do objeto **Rigidbody**. Para definir o ângulo de rotação, utilizamos o método **Euler()** do objeto **Quaternion**.

```
        GetComponent<Rigidbody>().rotation = Quaternion.
    Euler(0.0f, 0.0f, GetComponent<Rigidbody>().velocity.x *
    -inclinacao);
```

Grave esse código e depois retorne ao Unity. Selecione o arquivo de script e arraste-o para cima do objeto **NaveJogador**, criando, assim, um vínculo entre ambos. Você poderá ver no painel **Inspector**, na seção do script, as variáveis públicas declaradas do código C# (Figura 9.83). Altere os valores para os mostrados pela Figura 9.85. Os valores para **Valor Min X** e **Valor Max X** foram definidos de acordo com a posição da nave em relação à câmera, para o meu caso. Pode ser que seja necessário adaptá-los às suas configurações pessoais.

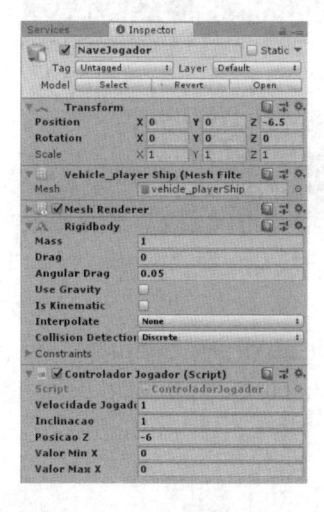

| **Figura 9.84** – Visão da câmera com a aba Game selecionada. | **Figura 9.85** – Visão da câmera com a aba Game selecionada. |

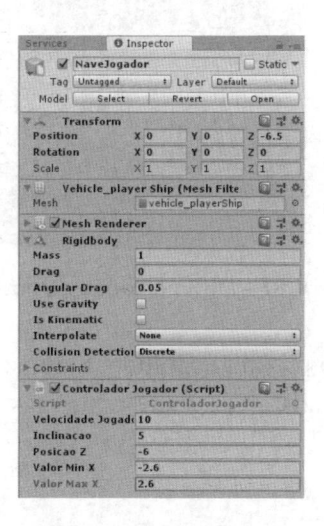

Crie uma nova pasta em **Assets** com o nome _Cenas. Selecione a opção **File → Save Scene As** e grave a cena nessa nova pasta, com o nome *Principal*. A seguir, acesse a aba **Game** e rode o jogo. Movimente a nave para a direita e para a esquerda com as teclas de cursor. Veja os exemplos das Figuras 9.86 e 9.87.

Figura 9.86 – Movimentação da nave para a esquerda.

Figura 9.87 – Movimentação da nave para a direita.

No próximo capítulo, daremos continuidade ao desenvolvimento do projeto com a adição das naves inimigas, recursos de disparo e aplicação de fundo.

10
Adição de Melhoramentos

Neste capítulo, veremos alguns melhoramentos que serão aplicados ao nosso projeto, como criação de objetos que representam as naves inimigas, adição da capacidade de disparo de laser e inserção de imagem de fundo.

ADIÇÃO DE NAVES INIMIGAS

Acesse a pasta **Models** e arraste para a área de cena o arquivo **vehicle_ enemyShip**. Você deve ver como resultado a tela da Figura 10.1. Note que a nave está virada para o topo da tela. Dessa forma, precisamos rotacioná-la. Para isso, com o objeto selecionado, digite o valor 180 no campo Y da propriedade **Rotation**. Configure também o valor do campo Z da propriedade **Position** em 3.5. Renomeie esse objeto para *NaveInimiga*. Veja na Figura 10.2 essas configurações e na Figura 10.3 o resultado obtido.

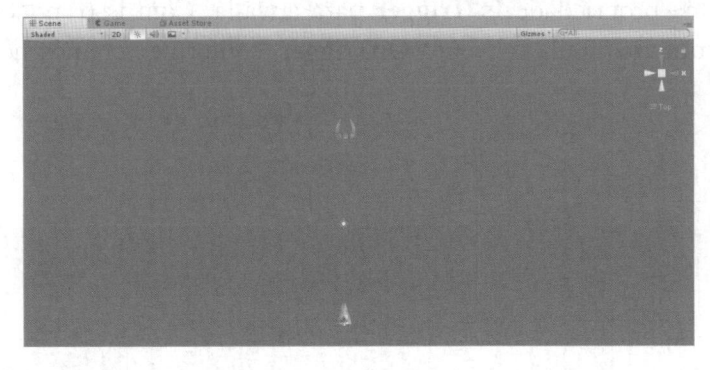

| **Figura 10.1** – Nave inimiga adicionada à cena.

A seguir, clique no botão **Add Component** e selecione a opção **Physics Rigidbody** (Figura 10.4). Desmarque a caixa de seleção **Use Gravity** (Figura 10.5) e depois adicione o componente **Box Collider** (Figura 10.6).

Você verá a área de definição do colisor ao redor da nave. Clique no botão **Edit Collider** ( ) e arraste os pontos de controle para que a área fique conforme indicado na Figura 10.7. Clique no eixo X do controle de navegação para poder visualizar o objeto pela lateral. Então, configure a área do colisor conforme a Figura 10.8.

Figura 10.2 – Configurações da nave inimiga.

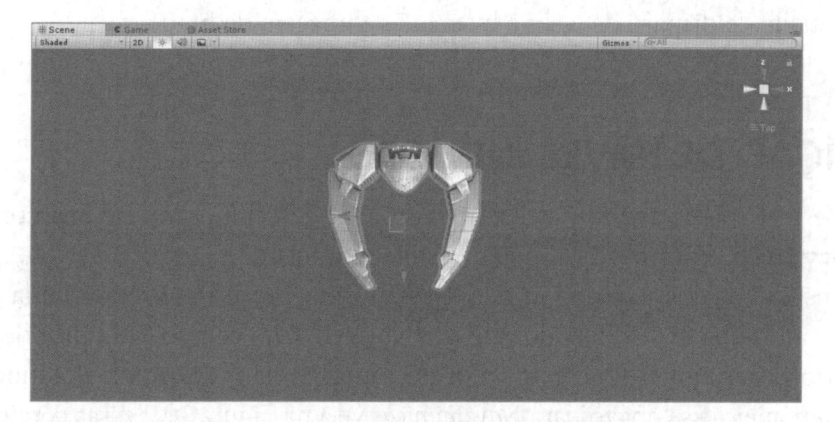

Figura 10.3 – Nave inimiga com direção e posição corrigidas.

Clique na propriedade **Is Trigger** para ativá-la. Com isso, podemos criar um script que manipula o evento **OnTrigger**, conforme veremos no próximo capítulo.

Adição de Melhoramentos 195

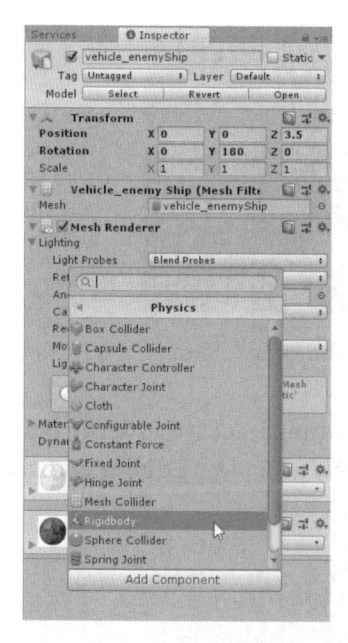

Figura 10.4 – Adição de Rigidbody.

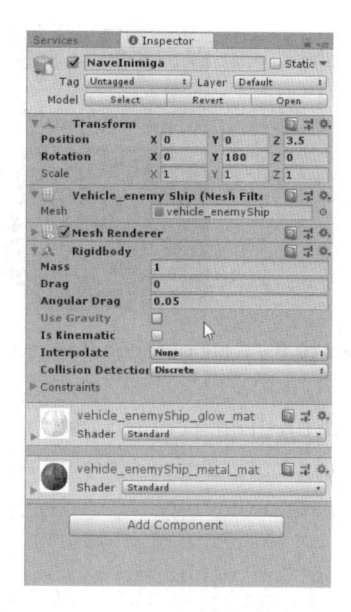

Figura 10.5 – Configuração do Rigidbody.

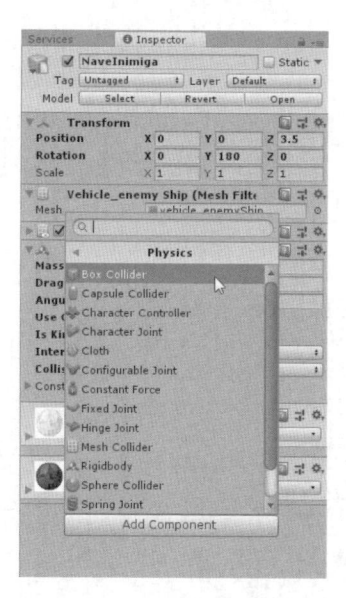

Figura 10.6 – Adição de Rigidbody.

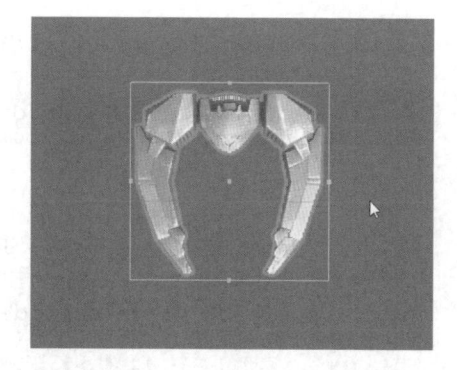

Figura 10.7 – Configuração da área do Rigidbody.

Figura 10.8 – Configuração da área do Rigidbody na visão lateral.

Para finalizar a construção da nossa nave inimiga, acesse a pasta **_Scripts** e crie um novo script C# com o nome *MoveNaveInimiga*. Edite o código desse script para o seguinte:

```
using UnityEngine;

public class MoveNaveInimiga : MonoBehaviour {
    public float posicaoX = 0;
    public float posicaoY = 0;
    public float posicaoZ = 3.5f;
    public float velocidade = 1;

    private float incremento = 0.2f;

    // Use this for initialization
    void Start () {
        GetComponent<Rigidbody>().position = new Vector3(posicaoX, posicaoY, posicaoZ);
    }

    // Update is called once per frame
    void Update () {
        posicaoX *= velocidade;

        if (posicaoX < -3.0f)
        {
            incremento = 0.2f;
        }
        else if (posicaoX > 3.0f)
        {
```

```
            incremento = -0.2f;
        }

        GetComponent<Rigidbody>().position = new
Vector3(posicaoX,posicaoY,posicaoZ);
        posicaoX += incremento;
    }
}
```

As variáveis públicas são utilizadas como forma de definir parâmetros no painel **Inspector**, que podem ser configurados em tempo de projeto, já que teremos duas cópias do mesmo objeto na tela, conforme veremos posteriormente.

O método **Start()** é responsável pelo posicionamento inicial da nave dentro da tela, a partir dos valores configurados no painel **Inspector** e armazenados nas variáveis **posicaoX**, **posicaoY** e **posicaoZ**.

Já o método **Update()** atualiza a posição da nave no eixo X calculando o novo valor da variável **posicaoX**. Antes de atribuir o novo valor ao objeto, é efetuada uma verificação para certificar que ele não exceda os limites definidos para a largura da tela, ou seja, a área compreendida pelo campo de visão da câmera.

Resumindo, esse script C# faz com que a nave se mova de um lado a outro da tela, repetidamente.

Grave o script e depois volte ao Unity. Arraste o script para dentro do objeto **NaveInimiga**, criando assim um vínculo entre ambos.

Após isso, devem ser mostrados os parâmetros de configuração da Figura 10.9 quando o objeto for selecionado.

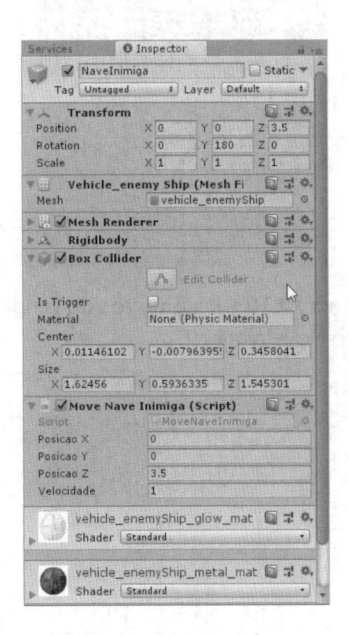

Figura 10.9 – Parâmetros de configuração do script C#.

Arraste o objeto para a pasta **_Prefabs** e depois apague-o da cena. Em seguida, adicione à cena duas cópias do objeto arrastando-o da pasta **_Prefabs**. Para o primeiro, altere o nome para *NaveInimiga1*, e renomeie o segundo como *NaveInimiga2*. Altere os valores dos parâmetros do script desses dois objetos de acordo com o exibido pelas Figuras 10.10 e 10.11. Veja na Figura 10.12 como devem ficar esses dois objetos na cena.

Grave a cena novamente e depois clique no botão de execução do jogo. Note que as duas naves são movimentadas pela tela em direções opostas (Figura 10.13).

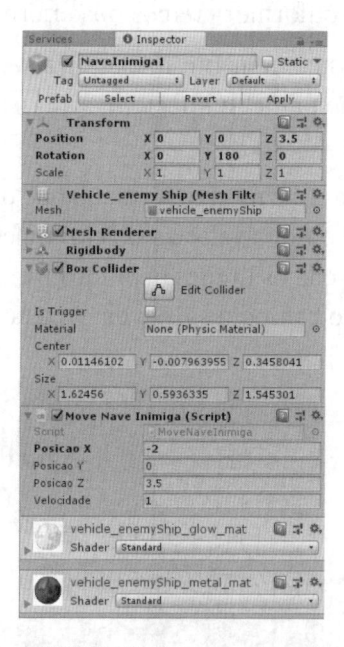

| **Figura 10.10** – Parâmetros do script para NaveInimiga1.

| **Figura 10.11** – Parâmetros do script para NaveInimiga2.

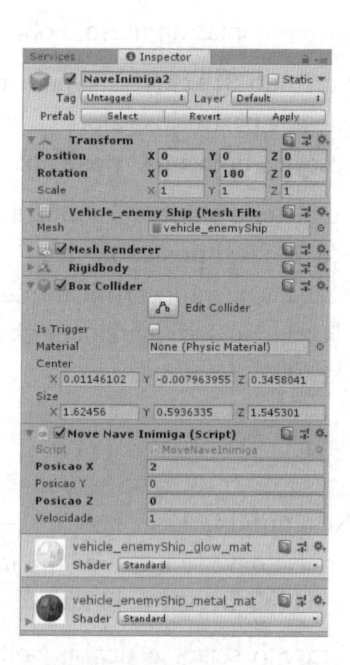

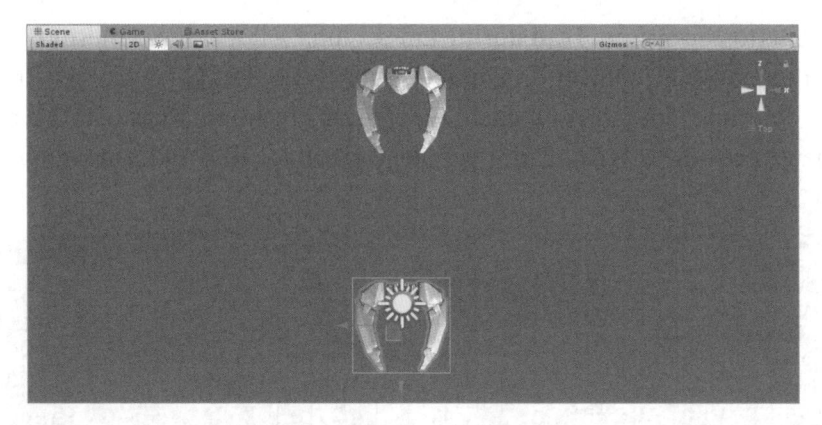

Figura 10.12 – Posicionamento das duas naves inimigas.

Figura 10.13 – Movimentação diferenciada entre as naves inimigas.

RECURSO DE DISPAROS DA NAVE DO JOGADOR

O próximo passo é adicionar ao jogo a capacidade de disparar tiros pela nave do jogador. Para isso, vamos criar um objeto que simula um sprite dos jogos em 2D.

Primeiro, adicione um objeto vazio por meio da opção **Create Empty** do botão **Create** do painel **Hierarchy**. Renomeie-o como *TiroJogador* e resete seus os parâmetros do grupo **Transform**. Em seguida, clique nesse mesmo botão e selecione a opção **3D Object → Quad** (Figura 10.14). Resete os valores dos parâmetros do grupo **Transform** e altere o nome do objeto para *EfeitoTiro*. Arraste-o para dentro do objeto **TiroJogador** para ter o resultado mostrado na Figura 10.15.

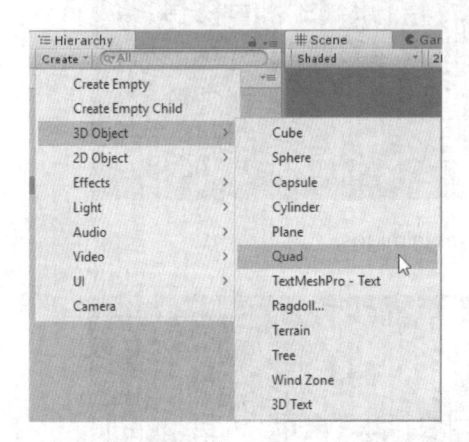

| **Figura 10.14** – Opção para adição de objeto Quad. | **Figura 10.15** – Objeto Quad inserido no objeto TiroJogador. |

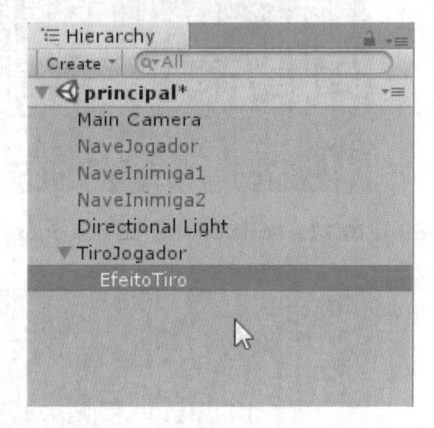

Rotacione a cena para poder visualizar esse grupo de objetos (Figura 10.16). A partir do painel **Hierarchy**, selecione o objeto **EfeitoTiro** e depois altere o valor do campo X da propriedade **Rotation** para 90. A Figura 10.17 exibe o resultado que deve ser obtido.

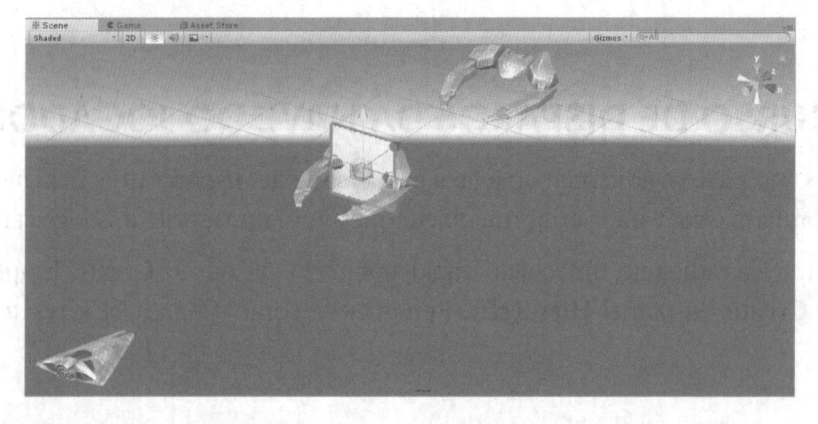

Figura 10.16 – Orientação do objeto Quad após inserção na cena.

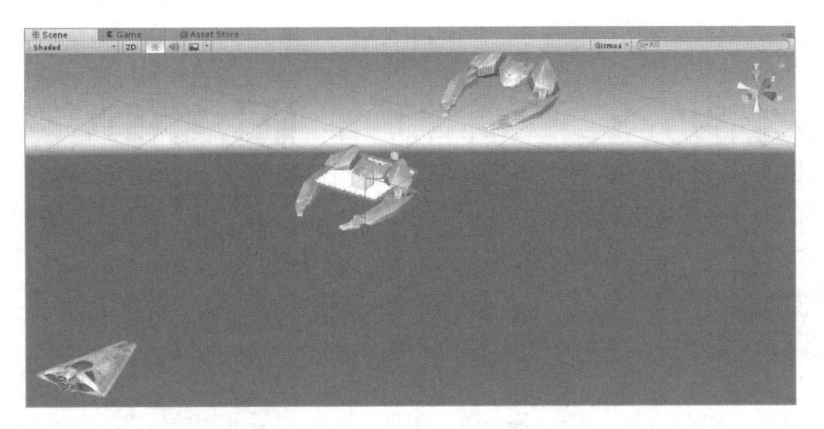

Figura 10.17 – Objeto Quad rotacionado para ficar na horizontal.

Precisamos agora criar um material novo que será aplicado a esse objeto **Quad**. Acesse a pasta **_Materiais**, clique com o botão direito do mouse e selecione a opção **Create** → **Material** do menu apresentado (Figura 10.18). Nomeie esse material como *TiroJogador*. Clique no item **Albedo** do grupo **Main Maps** (Figura 10.19) e depois selecione o arquivo **fx_lazer_cyan_dff** (Figura 10.20). O painel **Inspector** deve assumir a aparência mostrada pela Figura 10.21. Arraste esse material para dentro do objeto **EfeitoTiro**, assim a cena deve ficar similar à da Figura 10.22. Utilizando o manipulador do eixo Y (seta verde), posicione o objeto conforme indicação da Figura 10.23.

Note que todo o fundo do quadrado que representa o tiro está preenchido com a cor preta, mas o que desejamos é que apenas a imagem do laser seja vista. Para isso é necessário efetuar uma configuração que torna esse fundo transparente, como o canal Alfa das imagens em formato PNG.

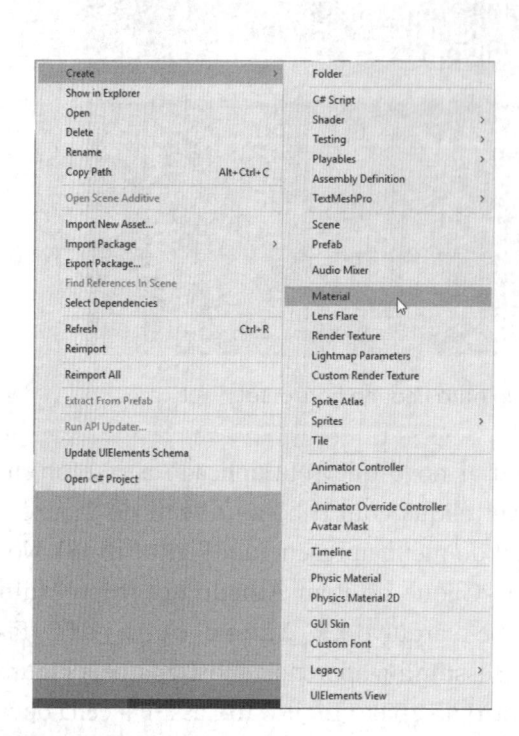

Figura 10.18 – Opção para criação de novo material.

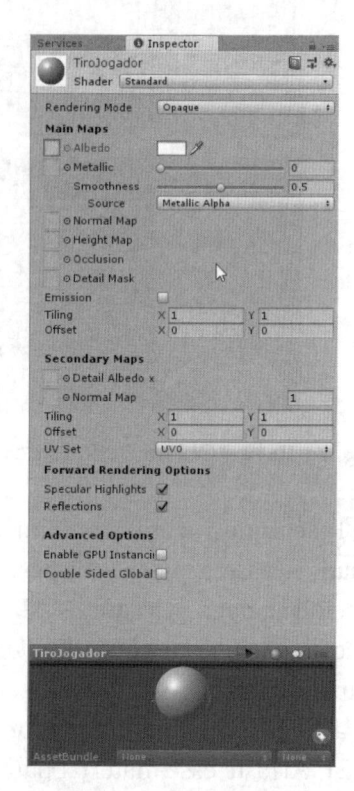

Figura 10.19 – Parâmetros de configuração do material.

Há duas formas de se efetuar essa configuração. A primeira é no próprio material, com a seleção da opção **Particles Addictive** na caixa de combinação **Shader** (Figura 10.24). A outra é selecionar essa mesma opção no objeto **EfeitoTiro** (Figura 10.25). Em ambos os casos, o resultado deve ser o da Figura 10.26.

Adição de Melhoramentos 203

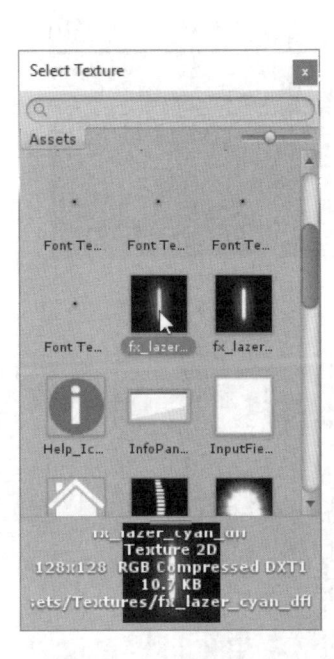

Figura 10.20 – Opção para criação de novo material.

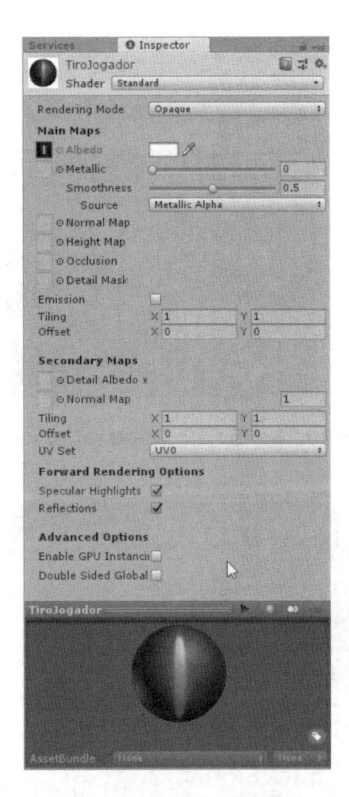

Figura 10.21 – Parâmetros de configuração do material.

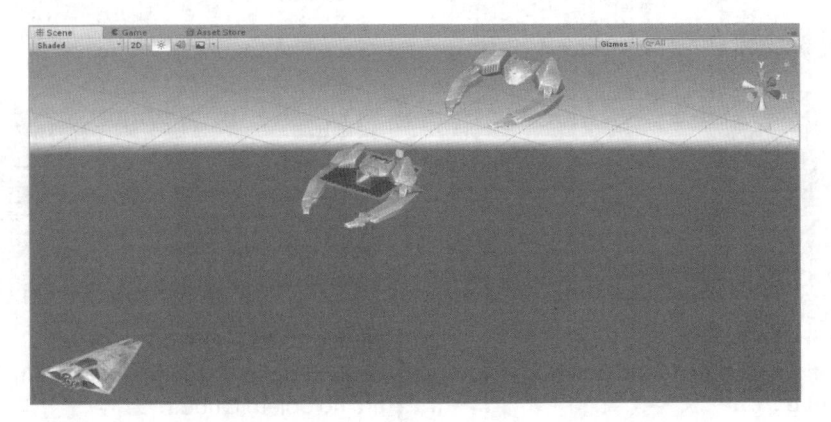

Figura 10.22 – Objeto Quad com material aplicado.

Figura 10.23 – Objeto Quad reposicionado.

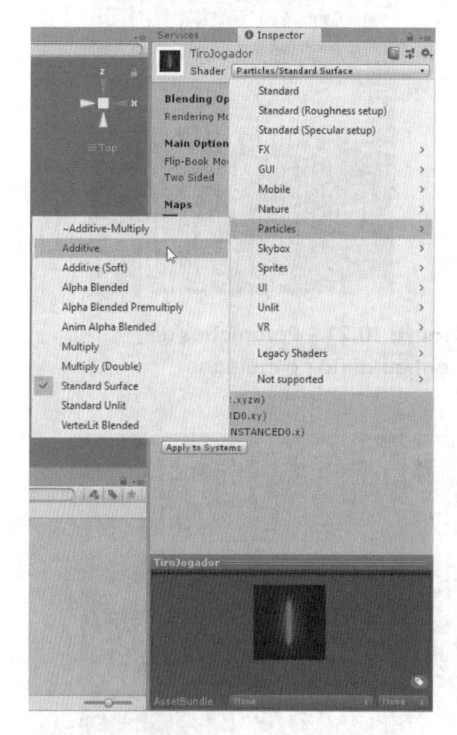

Figura 10.24 – Opção para configuração do fundo da imagem da textura.

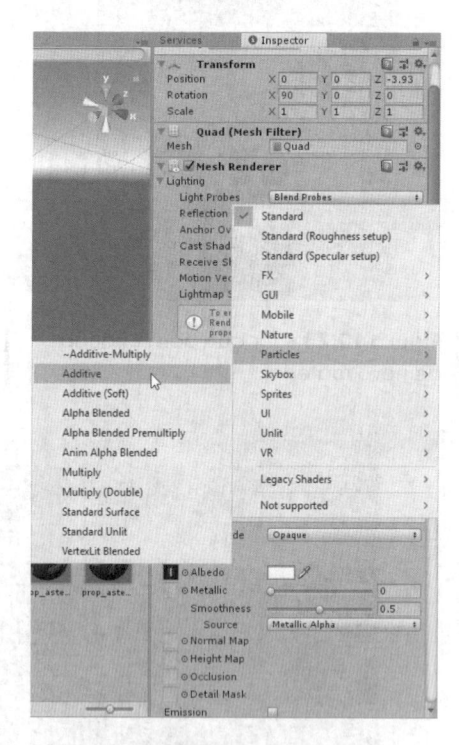

Figura 10.25 – Opção para configuração do fundo da imagem do tiro no objeto Quad.

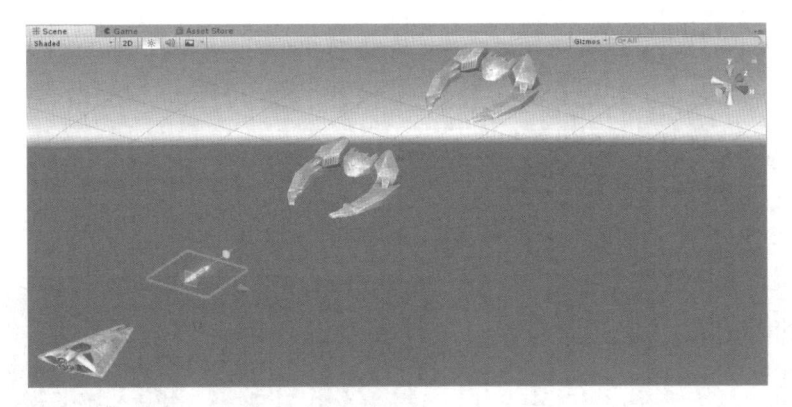

Figura 10.26 – Objeto Quad sem exibição do fundo preto.

Selecione o objeto **TiroJogador** no painel **Hierarchy** e em seguida adicione o componente **Rigidbody** a ele. Desmarque a opção **Use Gravity**. Em seguida, adicione o componente **Capsule Collider** (Figura 10.27). Acione a edição do colisor por meio do botão **Edit Collider** ( ). Você verá a grade de edição da Figura 10.28. Precisamos alterar o eixo de orientação do colisor de Y para Z (Figura 10.29), uma vez que iremos alterar seu formato na horizontal.

Utilizando os pontos de controle da malha de edição, configure o tamanho do colisor conforme indicação da Figura 10.30.

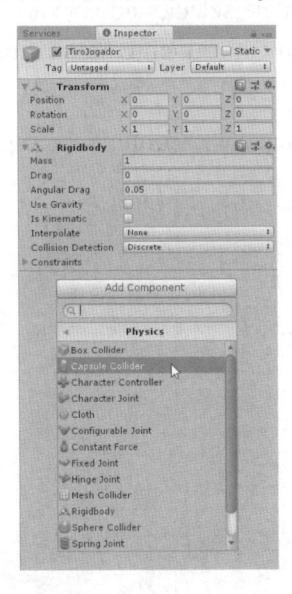

Figura 10.27 – Opção de adição do Capsule Collider.

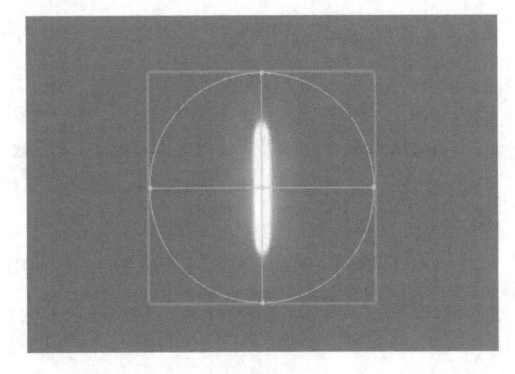

Figura 10.28 – Grade de edição do Capsule Collider.

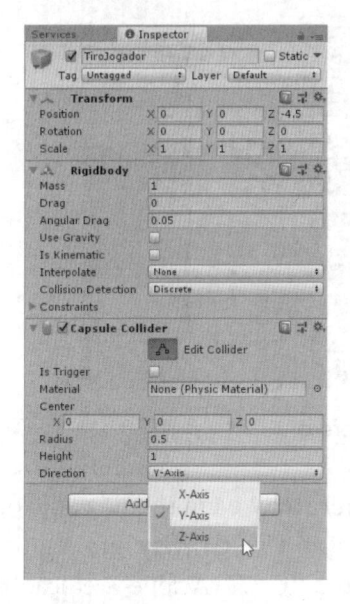

Figura 10.29 – Seleção do eixo Z para configuração do colisor.

Figura 10.30 – Dimensões do colisor ajustadas.

Uma vez que definimos o colisor no objeto **TiroJogador**, ou seja, o objeto vazio que criamos primeiro e que contém o objeto EfeitoTiro, precisamos remover o colisor que esse último possui. Estando com ele selecionado, vá ao painel **Inspector**, clique no ícone de menu de contexto do componente **Mesh Collider** e selecione a opção **Remove Component** (Figura 10.31).

Crie um novo script C# nomeado como *TiroJogador* e contendo o seguinte código:

```
using UnityEngine;

public class TiroJogador : MonoBehaviour {
    public float tempoVida = 2.0f;
    public float velocidade = 10.0f;

    // Use this for initialization
    void Start () {
        Destroy(gameObject, tempoVida);
    }
```

```
    // Update is called once per frame
    void Update () {
        transform.Translate(Vector3.forward * Time.deltaTime * velocidade);
    }
}
```

Note que esse código é muito similar ao que utilizamos na versão em 2D do jogo, sendo que a única diferença entre ambos é o fato de este último utilizar a propriedade **forward** do objeto **Vector3**, em vez de **up**. Grave o script e, após voltar ao Unity, vincule-o ao objeto **TiroJogador** arrastando-o para cima dele. Uma vez que nosso objeto está finalizado, arraste-o para a pasta **_Prefabs** e depois apague-o do painel **Hierarchy**.

Edite o código do script **ControladorJogador** acrescentando as linhas apresentadas em negrito na seguinte listagem:

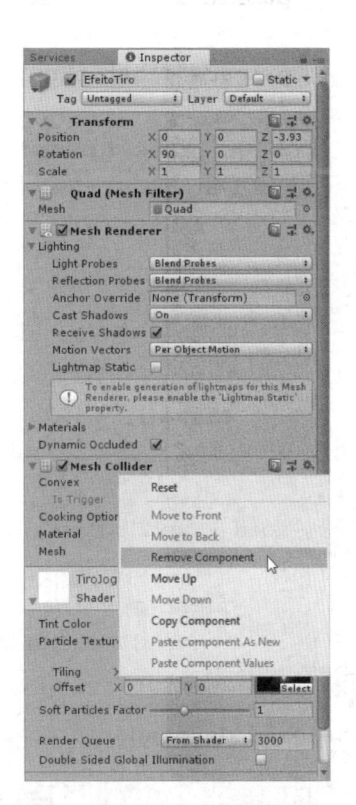

Figura 10.31 – Grade de edição do Capsule Collider.

```
using UnityEngine;

public class ControladorJogador : MonoBehaviour {
    public float velocidadeJogador = 1;
```

```csharp
    public float inclinacao = 1;
    public float posicaoZ = -6.0f;
    public float valorMinX = 0;
    public float valorMaxX = 0;

    public Transform tiro;
    public float distancia = 0.2f;
    public float intervalo = 0.5f;

    private float proximoTiro = 0.0f;

    // Use this for initialization
    void Start () {

    }

    // Update is called once per frame
    void Update () {
        Atira();
    }

    void FixedUpdate()
    {
        float moverNave = Input.GetAxis("Horizontal");
        Vector3 movimento = new Vector3(moverNave, 0.0f, posicaoZ);
        GetComponent<Rigidbody>().velocity = movimento * velocidadeJogador;

        GetComponent<Rigidbody>().position = new Vector3
            (
                Mathf.Clamp(GetComponent<Rigidbody>().position.x, valorMinX, valorMaxX),
                0.0f,
                Mathf.Clamp(GetComponent<Rigidbody>().position.z, posicaoZ, posicaoZ)
            );
```

```
        GetComponent<Rigidbody>().rotation = Quaternion.
Euler(0.0f, 0.0f, GetComponent<Rigidbody>().velocity.x *
-inclinacao);
    }

    void Atira()
    {
        if (Input.GetKey(KeyCode.Space) && (proximoTiro < 0))
        {
            proximoTiro = intervalo;

            float posicaoX = this.transform.position.x +
(Mathf.Sin((transform.localEulerAngles.z - 90) * Mathf.Deg2Rad)
* -distancia);
            Instantiate(tiro, new Vector3(posicaoX, this.
transform.position.y, -5.5f), this.transform.rotation);
        }

        proximoTiro -= Time.deltaTime;
    }
}
```

Também é possível notar a grande semelhança do código desse script, responsável pelo disparo do laser, com o contido no script **MoveNave** do projeto anterior. Além da alteração do nome de algumas variáveis, o método **Atira()** agora utiliza o posicionamento no eixo Y para mover o laser pela tela. Grave a cena e depois execute o jogo. Veja um exemplo na Figura 10.32.

| **Figura 10.32** – Exemplo de execução do jogo com disparo de laser.

No momento, ainda falta adicionar o som de disparo e o efeito de explosão das naves inimigas, o que faremos posteriormente.

IMAGEM DE FUNDO

Nosso jogo está com o plano de fundo padrão do Unity, simulando uma linha de horizonte. Vamos adicionar nosso próprio fundo com base na imagem criada no capítulo anterior. Por meio da opção mostrada na Figura 10.33, adicione o objeto da Figura 10.34.

Nomeie esse objeto como *FundoJogo*, remova o componente **Mesh Collider** e desmarque a caixa de seleção **Receive Shadows**. Nos campos das propriedades do grupo **Transform**, digite os valores indicados na Figura 10.35.

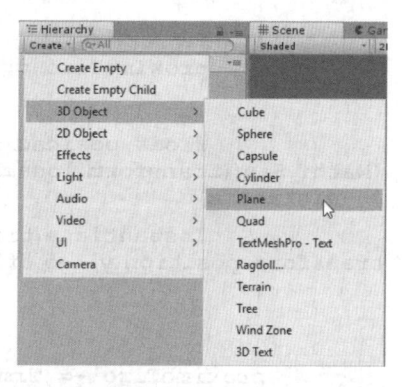

Figura 10.33 – Opção para adição de plano.

Acesse a pasta **_Materiais** e importe para dentro dela o arquivo **FundoJogo.png**, criado no capítulo anterior com o software GIMP. Em seguida, crie outro material (opção **Create → Material**) e selecione para o item **Albedo** a imagem que acabamos de importar.

Arraste para cima do objeto **FundoAmbiente** o material **FundoJogo** que criamos. No painel **Inspector**, configure os valores das propriedades do componente **Transform** de acordo com o apresentado na Figura 10.36. É importante desativar a propriedade **Receive Shadow** para que as sombras das naves não sejam projetadas sobre a imagem de fundo.

Adição de Melhoramentos 211

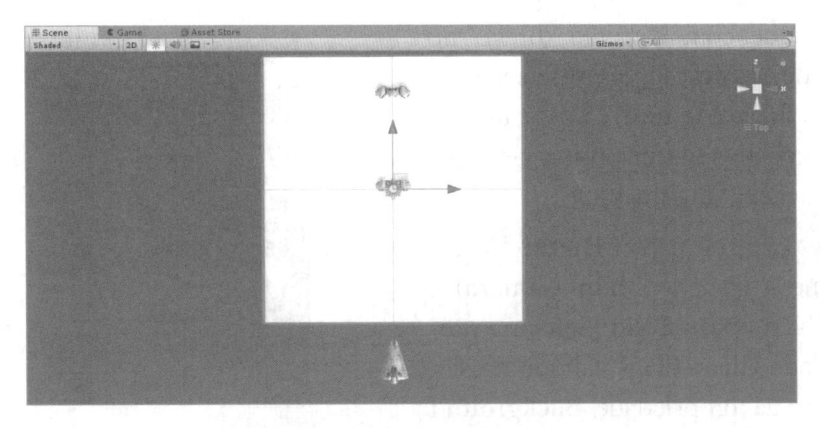

Figura 10.34 – Objeto Plane adicionado à cena.

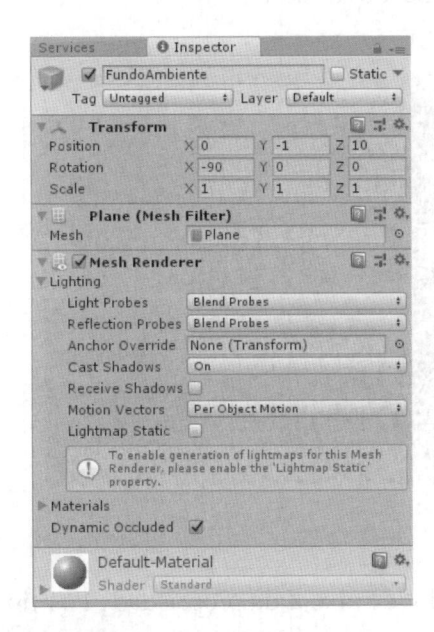

Figura 10.35 – Configurações para o objeto Plane.

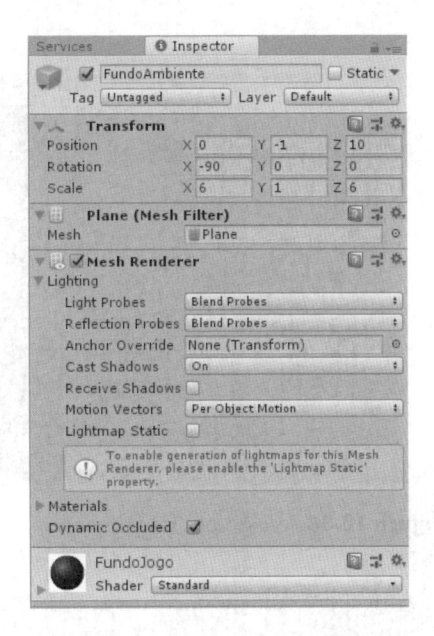

Figura 10.36 – Configurações do componente Transform do objeto Plane.

Clique com o botão direito no eixo de navegação 3D e selecione a opção **Back** (Figura 10.37). Com isso, a visão é alterada para uma vista por trás da cena (Figura 10.38).

A partir do painel **Hierarchy**, selecione a câmera (**Main Camera**) e escolha a opção **Solid Color** na propriedade **Clear Flags**. Clique no slot de cor da propriedade **Background** e defina a cor como preta (Figura 10.39).

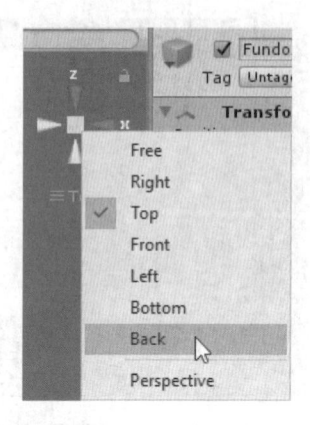

Figura 10.37 – Opção para visão por trás da cena.

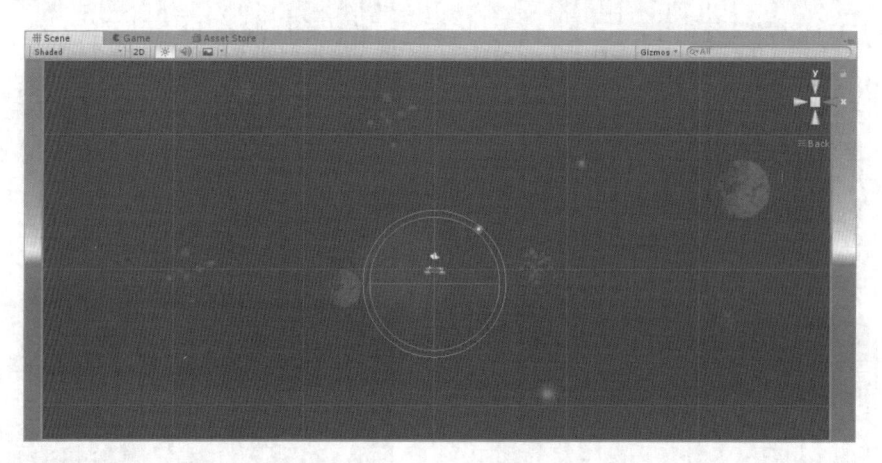

Figura 10.38 – Visão por trás da cena.

Ainda em relação à câmera, ajuste o valor do eixo Z da propriedade **Position** em -10. Grave a cena e volte a testar o jogo. A Figura 10.40 exibe um exemplo do resultado que se deve obter.

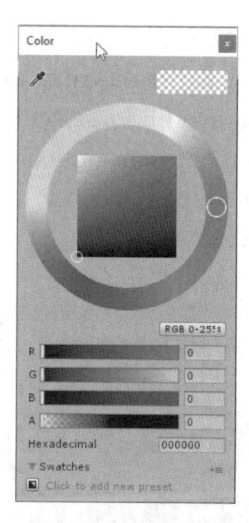

Figura 10.39 – Definição da cor de fundo da câmera.

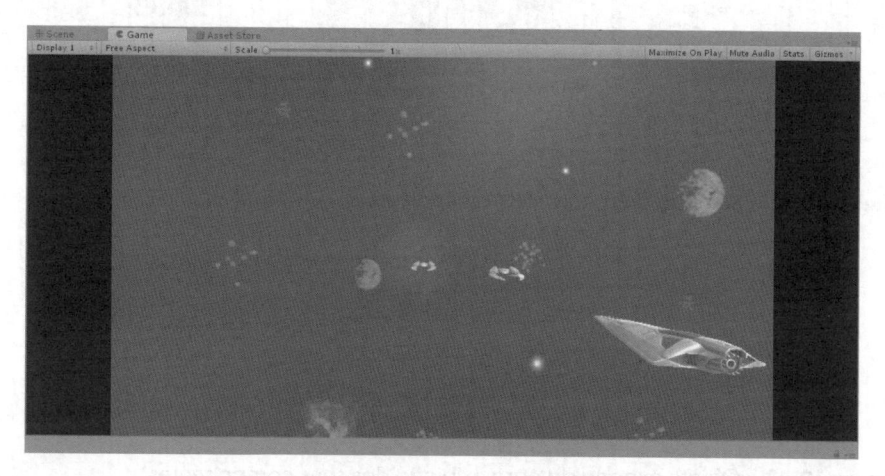

Figura 10.40 – Exemplo de tela durante execução do jogo.

A NAVE LÍDER

Neste último tópico, vamos adicionar a nave líder que criamos no software Blender no capítulo anterior. Essa adição é efetuada com a importação do arquivo em formato FBX exportado.

Acesse a pasta **_Modelos**, clique com o botão direito do mouse e escolha a opção **Import New Asset**. A partir da caixa de diálogo apresentada, abra a pasta na qual foi gravado o arquivo FBX e selecione-o (Figura 10.41). O arquivo será, então, adicionado à pasta. Se clicar no ícone com seta no lado direito do arquivo, o Unity expandirá o item para mostrar todos os objetos e materiais que compõem o modelo (Figura 10.42).

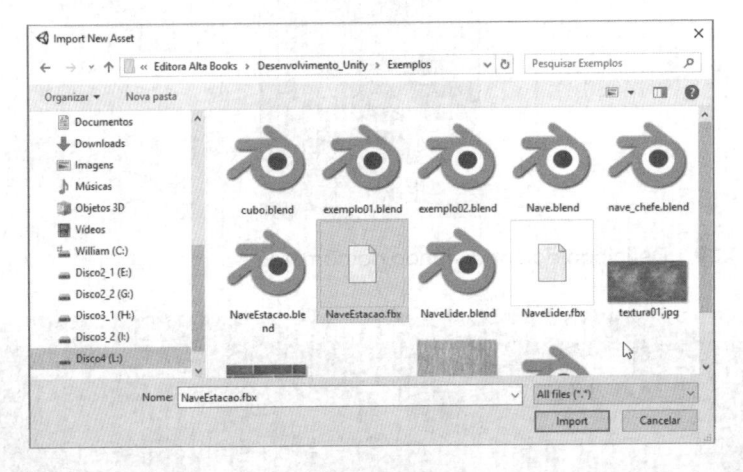

| **Figura 10.41** – Seleção do arquivo FBX a importar.

| **Figura 10.42** – Objeto expandido para exibição dos seus componentes.

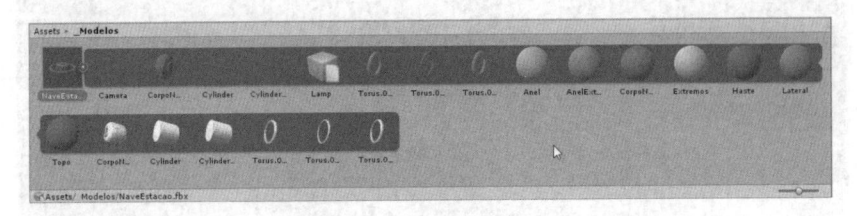

Selecione esse arquivo e arraste-o para dentro do painel **Hierarchy**. Você verá o objeto 3D criado no Blender adicionado à cena do jogo (Figura 10.43). Renomeie-o como *NaveEstacao*. Clique na seta do objeto para expandi-lo no painel (Figura 10.44). É importante ressaltar que esse objeto possui dois elementos que precisam ser apagados, são eles: **Camera** e **Lamp**. Uma vez que a cena já tem uma câmera e um ponto de luz, os que estão presentes no objeto do Blender são desnecessários. Para apagá-los, clique com o botão direito em cada um e selecione a opção **Delete** do menu local exibido (Figura 10.45).

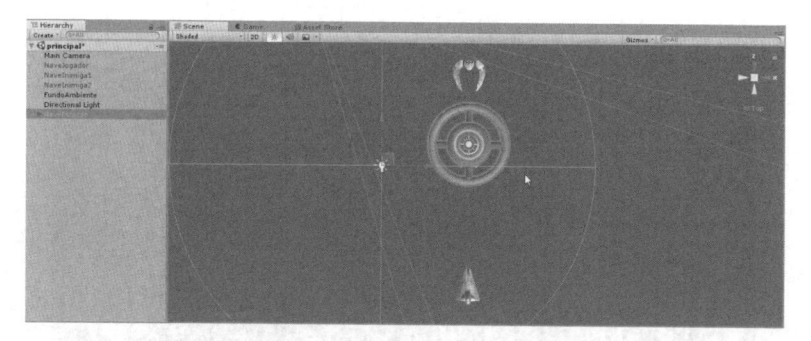

Figura 10.43 – Objeto criado no Blender adicionado à cena.

Com o objeto **NaveEstacao** selecionado, posicione-o conforme indicado na Figura 10.46. Para isso, digite os valores 0, 0 e 9.3 nos eixos X, Y e Z da propriedade **Position**. Ajuste também o tamanho digitando o valor 2 nos três campos da propriedade **Scale**. Aplique uma rotação nos eixos X e Y, informando os valores -25 e 20, respectivamente.

Uma vez que agora essa nave está interceptando a imagem de fundo, selecione o objeto **FundoAmbiente** e altere o valor do eixo Z da propriedade **Position** para 15.

Mude o ângulo de visão da cena para obter a perspectiva da Figura 10.47. Note como a nave líder ficou com uma inclinação lateral bastante interessante.

Grave a cena e depois teste o jogo. Você deve ver uma tela similar à da Figura 10.48.

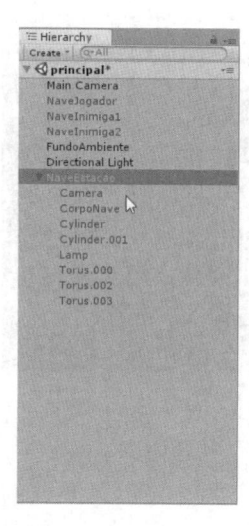

Figura 10.44 – Objeto expandido para visualização dos seus componentes.

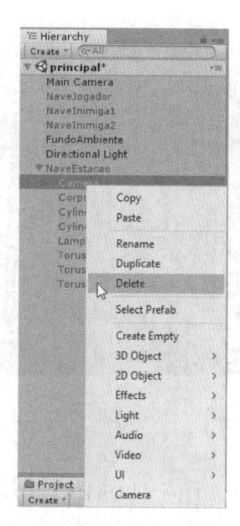

Figura 10.45 – Opção para exclusão de componente do objeto.

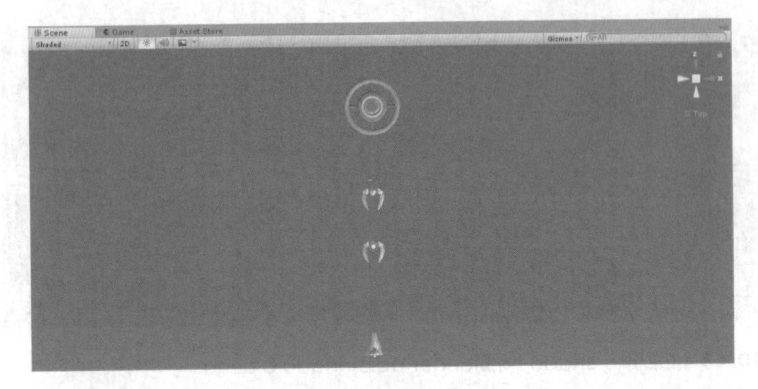

Figura 10.46 – Objeto posicionado dentro da cena.

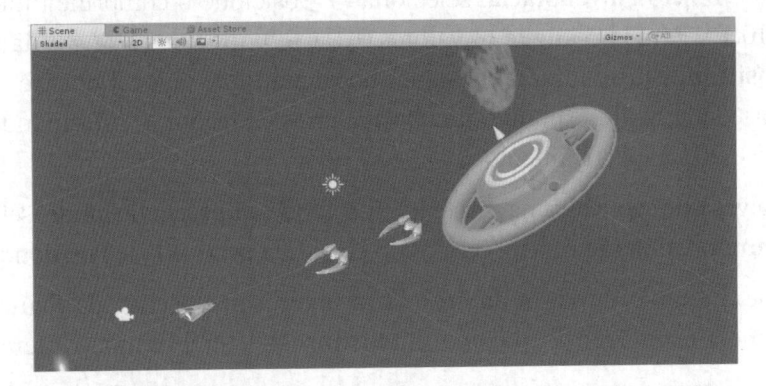

Figura 10.47 – Inclinação lateral aplicada à nave líder.

Figura 10.48 – Exemplo de visualização do jogo em teste.

No próximo capítulo, finalizaremos nosso projeto com a adição de sons, efeitos de explosão e placar de pontos.

11

Explosões, Sons e Pontuação

Este capítulo, com o qual finalizaremos nosso projeto de jogo em 3D, apresentará a adição de efeitos de explosão, sons e placar de pontuação.

EXPLOSÕES

Agora que nossa nave pode disparar laser, vamos adicionar a capacidade de destruição das naves inimigas. Em primeiro lugar, precisamos adicionar um componente **Rigidbody** e um colisor do tipo **Sphere Collider** à nave mãe do jogo, denominada **NaveEstacao**.

Para o colisor, ajuste suas dimensões conforme mostrado na Figura 11.1. Para facilitar, rotacione a tela utilizando o botão esquerdo do mouse enquanto mantém pressionada a tecla [ALT]. A Figura 11.2 exibe as configurações desses dois componentes no painel **Inspector**.

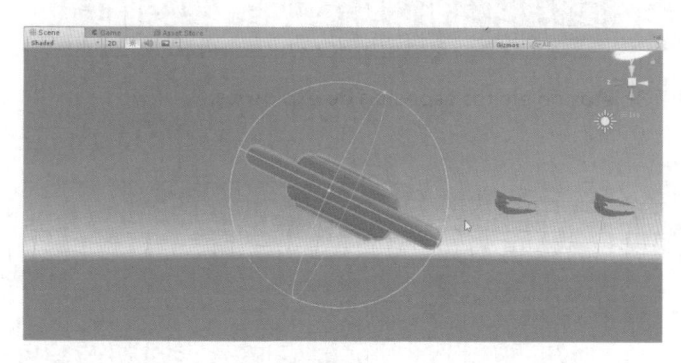

| **Figura 11.1** – Colisor com dimensão ajustada.

A seguir, abra a pasta **Prefabs/VFX/Explosions** para ter acesso aos objetos de efeitos especiais de explosões (Figura 11.3). Arraste para dentro da nossa pasta **_Prefabs** os arquivos **explosion_enemy** e **explosion_player**. Teremos, assim, os objetos mostrados pela Figura 11.4 nessa pasta.

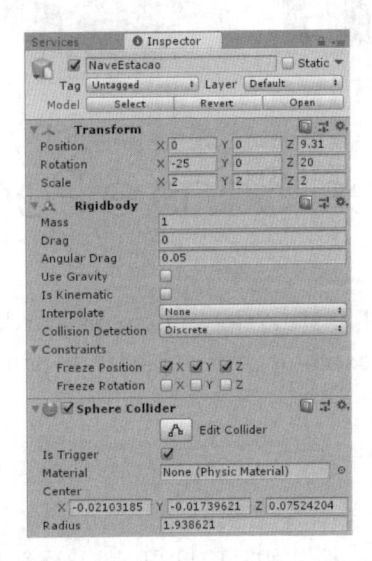

| **Figura 11.2** – Configurações dos componentes Rigibody e Sphere Collider da nave mãe.

| **Figura 11.3** – Objetos de efeitos especiais de explosões.

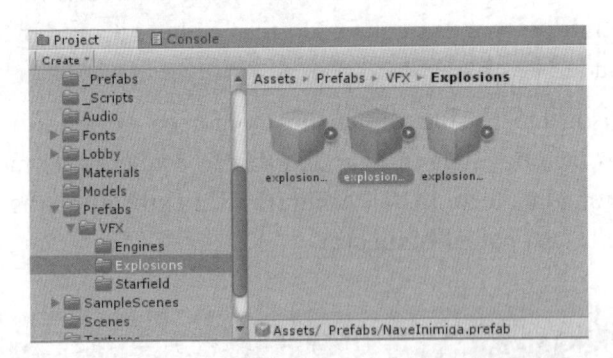

Explosões, Sons e Pontuação **219**

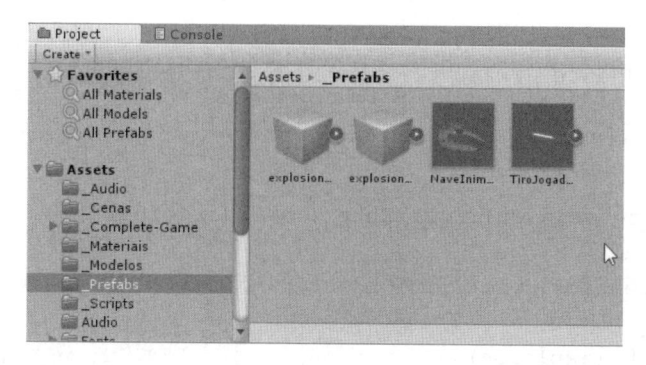

Figura 11.4 – Objetos de efeitos especiais adicionados à pasta _Prefabs do projeto.

Selecione o objeto **NaveInimiga** da pasta _Prefabs e depois clique no botão **Add Component** do painel **Inspector**. Escolha a opção **New Script** e em seguida digite como nome do script a expressão *DestruirInimigo* (Figura 11.5). Para confirmar, clique no botão **Create and Add**. A criação de um novo script utilizando esse método tem o inconveniente de ele ser criado na pasta **Assets**, como mostra a Figura 11.6. Selecione-o e arraste-o para a pasta **_Scripts** e depois abra-o para edição no Visual Studio. O código deve ficar conforme descrito na seguinte listagem:

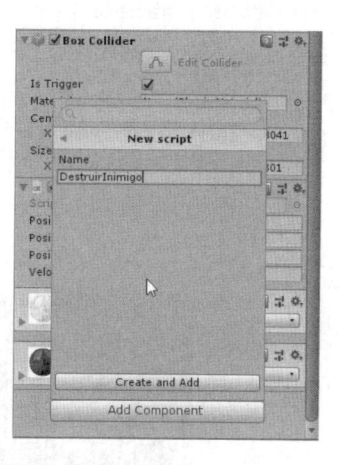

Figura 11.5 – Opção para adição de script.

```
using UnityEngine;
using UnityEngine.UI;

public class DestruirInimigo : MonoBehaviour {
    public Transform explosao;

    // Use this for initialization
    void Start () {

    }
```

```
    // Update is called once per frame
    void Update () {


    }

    private void OnTriggerEnter(Collider other)
    {
        Destroy(other.gameObject);

        if (explosao)
        {
            GameObject explodir = ((Transform)
Instantiate(explosao, this.transform.position, this.transform.
rotation)).gameObject;
            Destroy(explodir, 2.0f);
        }

        Destroy(gameObject);
    }
}
```

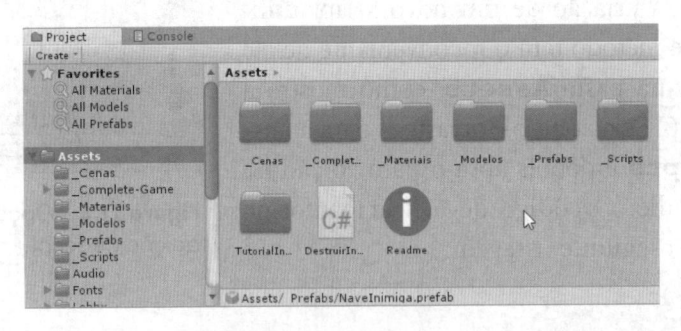

Figura 11.6 – Novo script criado na pasta Assets.

Note que o script é automaticamente vinculado ao objeto (Figura 11.7).

Como é possível perceber, esse script é bastante similar ao que criamos no Capítulo 7, denominado **DestroiInimigo** e vinculado aos objetos que representam as naves alienígenas daquele projeto de jogo. A principal diferença é a utilização do evento **OnTriggerEnter()** no lugar de **OnColliderEnter()**. Grave o script e depois retorne ao Unity.

Em tempo de execução, ao parâmetro desse evento, do tipo **Collider**, é passada a referência do objeto que colidiu com aquele que é vinculado ao script. Para que o script possa exibir o efeito de explosão, precisamos atribuir à propriedade **Explosao** o arquivo `explosion_enemy`, contido na pasta `_Prefabs`. Isso é feito arrastando-se o arquivo para dentro dessa propriedade (Figura 11.8).

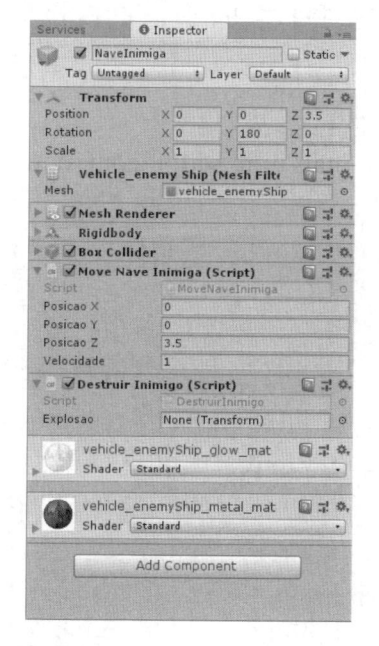

Figura 11.7 – Script vinculado ao objeto do jogo.

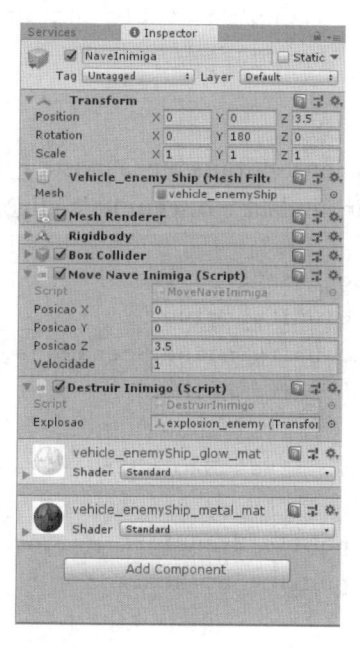

Figura 11.8 – Objeto de efeito de explosão atribuído à propriedade Explosao do script.

Uma vez que atribuímos o script ao objeto da pasta `_Prefabs`, ambas as naves inimigas já têm seu comportamento adequadamente configurado ao serem atingidas pelo laser.

Acesse a pasta `_Scripts` e adicione a ela um novo script, denominado *Global*. Como no primeiro projeto, esse arquivo de script contém variáveis globais para todo o projeto. O código desse script deve ser o seguinte:

```
namespace Assets._Scripts
{
    public static class Global
    {
        public static int nivelDanos = 0;
        public static int placarJogo = 0;
        public static int navesDestruidas = 0;
    }
}
```

Adicione novamente à pasta **_Scripts** mais um script com o nome *ExplodirNaveMae* e o seguinte código:

```
using Assets._Scripts;
using UnityEngine;
using UnityEngine.SceneManagement;
using UnityEngine.UI;

public class ExplodirNaveMae : MonoBehaviour
{
    public Transform explosao;
    public int acertos = 5;

    // Use this for initialization
    void Start()
    {

    }

    // Update is called once per frame
    void Update()
    {

    }
```

```
    void OnTriggerEnter(Collider other)
    {
        Destroy(other.gameObject);

        if (Global.navesDestruidas == 2)
        {
            Global.nivelDanos++;

            if (explosao)
            {
                if (Global.nivelDanos > acertos)
                {
                    GameObject explodir = ((Transform)
Instantiate(explosao, this.transform.position, this.transform.
rotation)).gameObject;
                    Destroy(explodir, 2.0f);
                }
            }

            if (Global.nivelDanos > acertos)
            {
                Destroy(this.gameObject);
            }
        }
    }
}
```

Esse script controla a explosão da nave mãe, o que ocorre somente após ela ser atingida um número de vezes maior que o estabelecido pela variável denominada **acertos** (atualmente, está configurada com o valor 5). Outro detalhe é que essa contagem é iniciada apenas quando as duas naves inimigas forem destruídas.

Adicione um objeto vazio ao painel **Hierarchy** (opção **Create Empty**). Nomeie-o como *ControleJogo*. Clique na caixa de combinação **Tag** e selecione a opção **GameController**. Em seguida, crie um novo script na pasta **_Script**, denominado *ControladorJogo* e contendo o código listado a seguir:

```
using UnityEngine;

public class ControladorJogo : MonoBehaviour {

    // Use this for initialization
    void Start () {

    }

    // Update is called once per frame
    void Update () {

    }

    void OnApplicationFocus(bool focus)
    {
        if (!focus)
        {
            PlayerPrefs.DeleteAll();
        }
    }
}
```

Atribua esse script ao objeto **ControleJogo**. Grave o script, retorne ao Unity e teste o jogo para ver como ele está até o momento.

Esta fase foi finalizada. Vamos, a seguir, adicionar efeitos sonoros.

EFEITOS SONOROS

Primeiro vamos adicionar uma música de fundo. O arquivo será o mesmo que utilizamos no projeto anterior em 2D, ou seja, o arquivo **MusicaFundo.wav**. Sendo assim, crie uma nova pasta em **Assets**, denominada **_Audio**, importe para dentro dela o arquivo mencionado, por meio da opção **Import New Asset**.

A seguir, selecione o objeto **Main Camera** e adicione um componente **Audio Source**, clicando no botão **Add Component** e selecionando a opção **Audio → Audio Source**. Arraste o arquivo **MusicaFundo**, do painel de visualização de arquivos para dentro do campo **Audio Clip** do componente que acabamos de adicionar. Marque a opção **Loop**, para que o áudio seja tocado repetidamente. Veja as configurações na Figura 11.9.

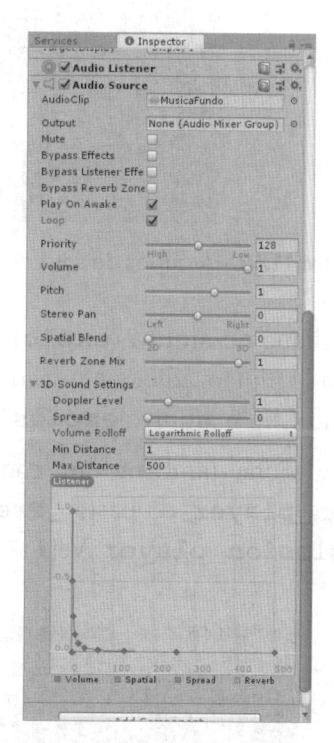

Figura 11.9 – Música de fundo adicionada ao jogo.

Para os próximos passos, vamos utilizar os arquivos de áudio existentes na pasta **Audio** (Figura 11.10), que fazem parte da biblioteca **Shooter Space tutorial** inserida em nosso projeto.

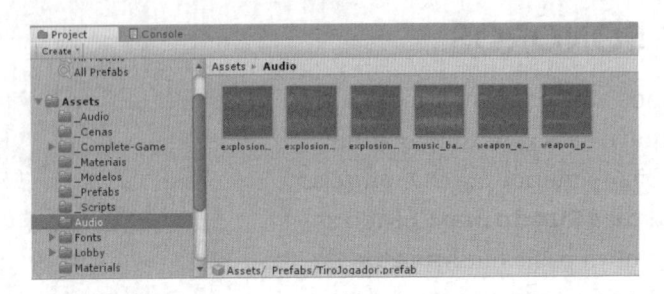

Figura 11.10 – Arquivos de sons disponíveis na biblioteca importada para o projeto.

Clique no arquivo **explosion_enemy**, da pasta **_Prefabs**, para selecioná-lo. Então, adicione um componente **Audio Source** e arraste para o campo **Audio Clip** o arquivo **explosion_enemy**.

Adicione também um componente **Audio Source** ao objeto **explosion_player**, da pasta **_Prefabs**. Insira no campo **Audio Clip** o arquivo **explosion_player**. Veja as Figuras 11.11 e 11.12.

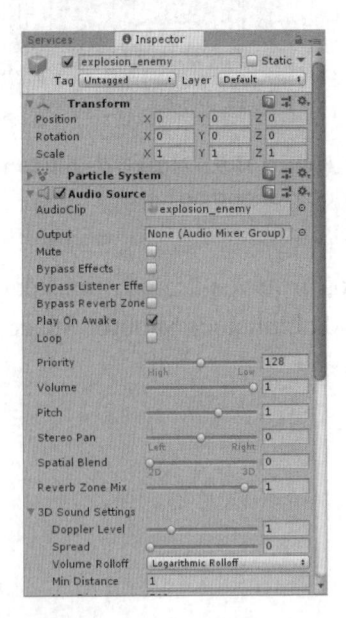

Figura 11.11 – Configuração de som para explosão das naves inimigas.

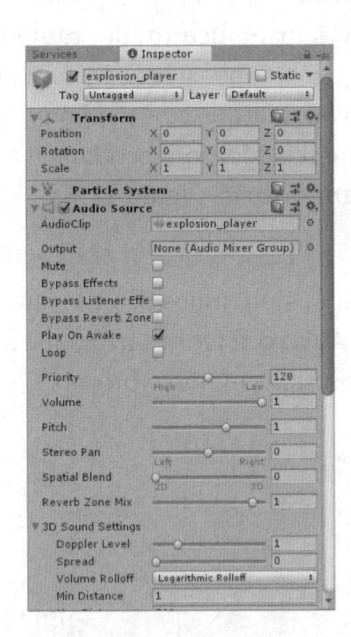

Figura 11.12 – Configuração de som para explosão da nave mãe.

ADIÇÃO DE UM PLACAR DA PONTUAÇÃO

Como feito no projeto anterior, precisamos adicionar uma área de texto que servirá para exibição do placar. Clique no botão **Create** do painel **Hierarchy** e selecione a opção **UI → Text**. Altere o nome desse novo objeto para *Placar*. Especifique os valores -350 e 205 nos campos **Pos X** e **Pos Y**, respectivamente. Já no campo **Text**, digite a expressão caractere "Placar: 0". Selecione a opção **Bold** na propriedade **Font Style** e digite o valor 20 em **Font Size**.

Para poder visualizar o texto, clique na caixa de cor da propriedade **Color**. A partir do painel de definição de cor, ajuste as configurações conforme indicação da Figura 11.13. Veja na Figura 11.14 os ajustes no painel **Inspector** para esse objeto.

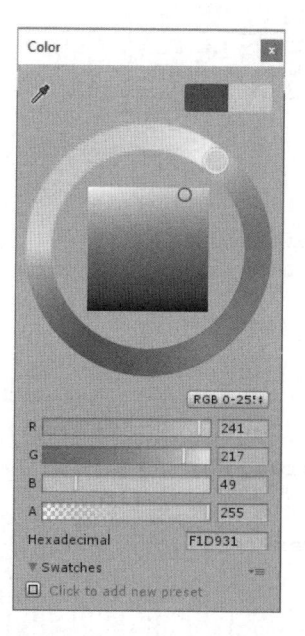

| **Figura 11.13** – Painel de definição de cor.

| **Figura 11.14** – Configurações do texto.

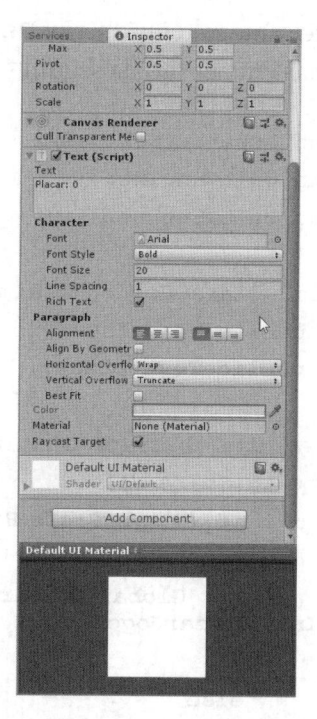

Ao ser acessada a aba Game, poderá ser visto o texto que acabou de ser adicionado (Figura 11.15).

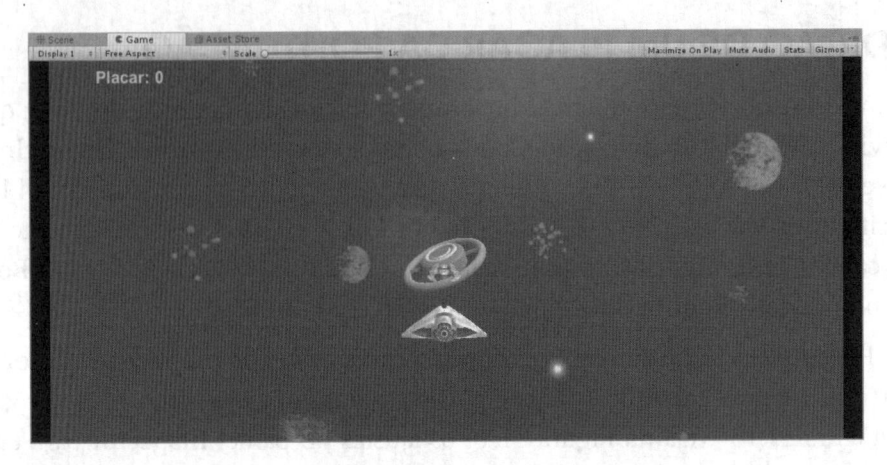

Figura 11.15 – Visualização do placar do jogo.

Precisamos alterar o script **DestruirInimigo.cs** conforme indicado pelas linhas em negrito da seguinte listagem:

```
using Assets._Scripts;
using UnityEngine;
using UnityEngine.UI;

public class DestruirInimigo : MonoBehaviour {
    public Transform explosao;
    public Text placar;

    // Use this for initialization
    void Start () {
        if (PlayerPrefs.HasKey("PlacarJogo"))
        {
            Global.placarJogo = PlayerPrefs.GetInt("PlacarJogo");
        }
        else
        {
            PlayerPrefs.SetInt("PlacarJogo", Global.placarJogo);
            PlayerPrefs.Save();
        }
```

```csharp
        placar.text = "Placar: " + Global.placarJogo.ToString();
    }

    // Update is called once per frame
    void Update () {

    }

    private void OnTriggerEnter(Collider other)
    {
        Destroy(other.gameObject);

        if (explosao)
        {
            GameObject explodir = ((Transform)
Instantiate(explosao, this.transform.position, this.transform.
rotation)).gameObject;
            Destroy(explodir, 2.0f);
        }

        Destroy(gameObject);
        AtualizaPlacar();
    }

    public void AtualizaPlacar()
    {
        Global.placarJogo++;
        Global.navesDestruidas++;
        placar.text = "Placar: " + Global.placarJogo.ToString();

        PlayerPrefs.SetInt("PlacarJogo", Global.placarJogo);
        PlayerPrefs.Save();
    }
}
```

Também é necessário adicionar ao script:

```
using Assets._Scripts;
using UnityEngine;
using UnityEngine.SceneManagement;
using UnityEngine.UI;

public class ExplodirNaveMae : MonoBehaviour
{
    public Transform explosao;
    public int acertos = 5;
    public Text placar;

    // Use this for initialization
    void Start()
    {

    }

    // Update is called once per frame
    void Update()
    {

    }

    void OnTriggerEnter(Collider other)
    {
        Destroy(other.gameObject);

        if (Global.navesDestruidas == 2)
        {
            Global.nivelDanos++;

            if (explosao)
            {
```

```
            if (Global.nivelDanos > acertos)
            {
                GameObject explodir = ((Transform)
Instantiate(explosao, this.transform.position, this.transform.
rotation)).gameObject;
                Destroy(explodir, 2.0f);
            }
        }

            if (Global.nivelDanos > acertos)
            {
                Destroy(this.gameObject);
                AtualizaPlacar();
            }
        }
    }

    public void AtualizaPlacar()
    {
        Global.placarJogo += 10;
        placar.text = "Placar: " + Global.placarJogo.ToString();

        PlayerPrefs.SetInt("PlacarJogo", Global.placarJogo);
        PlayerPrefs.Save();

        Global.placarJogo = PlayerPrefs.GetInt("PlacarJogo");
        SceneManager.LoadScene(SceneManager.GetActiveScene().name);
        Global.nivelDanos = 0;
    }
}
```

Arraste para dentro da propriedade **Placar** do objeto **NaveEstacao**, o objeto de texto **Placar**. Veja a Figura 11.16.

Procedimento similar deve ser feito com os objetos **NaveInimiga1** e **NaveInimiga2**, selecionando-se o objeto **Placar** do painel **Hierarchy** (Figura 11.17).

Figura 11.16 – Configurações do objeto NaveEstacao.

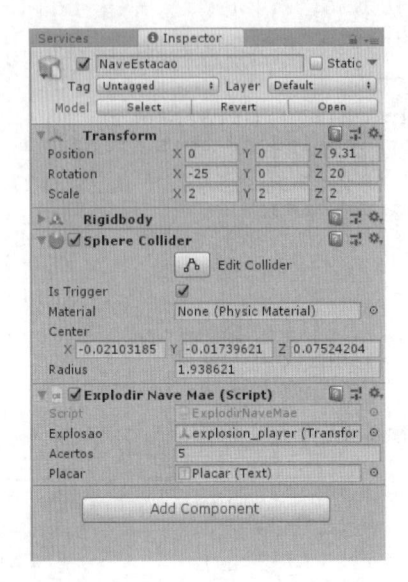

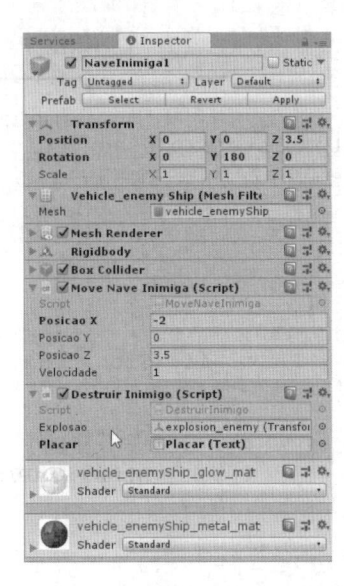

Figura 11.17 – Configurações do objeto NaveInimiga1.

Grave a cena e em seguida clique no botão de execução para rodar o jogo.

Com isso, finalizamos nossa pequena jornada. Espero que ela tenha sido de grande valia e muito proveitosa. Até a próxima oportunidade e sucesso a todos!

Respostas

Capítulo 1

1. **Inicialmente, qual foi o principal objetivo da criação de jogos pelo ser humano?** Foram criados com o objetivo de propiciar a socialização entre as pessoas, com objetivos lúdicos (ensino) ou como meio de fortalecer o corpo (exercícios físicos).
2. **Descreva o princípio de funcionamento do jogo inventado por William Higinbotham.** O jogo consistia na simulação de uma bola que quicava pela tela de um osciloscópio e que podia ser rebatida por meio de um botão de controle.
3. **Descreva o princípio de funcionamento do jogo inventado por Steve Russell.** O jogo consistia em duas naves que podiam ser controladas pelos jogadores. O objetivo era atingir o adversário com tiros para abatê-lo.
4. **Por que o jogo Space War não obteve o sucesso esperado?** O jogo não teve sucesso em virtude do alto custo do computador na época.
5. **Por que a Magnavox/Philips adquiriu os direitos de produção do videogame Odyssey, inventado por Ralph Baer?** Porque a empresa Sanders, na qual Ralph trabalhava, não atuava no mercado de produção e venda de equipamentos eletrônicos.
6. **Qual foi o primeiro projeto desenvolvido por Nolan Bushnell e Al Alcorn na Atari?** O jogo Pong, que funcionava com moedas.
7. **Qual foi a característica do Atari 2600 que o coloca como o equipamento que inaugurou a segunda geração de videogames?** A capacidade de oferecer jogos coloridos e com melhor qualidade gráfica.
8. **Qual é a característica que definiu os videogames da terceira geração?** Maior resolução gráfica dos jogos e melhor qualidade sonora.
9. **Apesar do processador inferior, qual característica do Super Nintendo superava o Mega Drive?** A qualidade gráfica e sonora obtida graças a chips dedicados.
10. **Cite três categorias de jogos conhecidas e descreva suas principais características.** Resposta livre

Capítulo 2

1. **Descreva a função desempenhada pela equipe de designers.** Ela é responsável por projetar e desenhar todos os personagens, cenários e demais objetos que devem fazer parte do ambiente do jogo. Também é encarregada da produção dos áudios utilizados, como efeitos sonoros e músicas.
2. **Pesquise mais informações sobre storyboards na internet e descreva o que você entendeu.** Resposta livre.
3. **Explique, de forma resumida, o processo compreendido pela interação entre jogador e jogo.** Ela consiste basicamente na capacidade do jogo reagir às ações do jogador, dando-lhe a impressão de que o jogo possui inteligência e se comporta de acordo com as leis da Física do mundo real.
4. **Descreva o conceito de frame empregado em animação.** Um frame (ou quadro) é como uma fotografia, ou seja, representa uma imagem instantânea de uma sequência que forma uma animação ou vídeo. Para haver fluidez na animação, são necessários, pelo menos, 24 frames exibidos por segundo.
5. **Explique o conceito de keyframe.** Conceito utilizado em animação para representar um quadro-chave que define um ponto de mudança na sequência de imagens que formam uma animação.

Capítulo 3

1. **Qual a função da janela 3D View do Blender?** Ela serve como palco para a criação das cenas da imagem ou animação em 3D.
2. **Quais são os painéis que permitem a aplicação de cores e texturas aos objetos gráficos?** Os painéis Material e Texture.
3. **O que difere a visão em perspectiva da visão ortogonal?** A presença de um ponto de fuga na visão em perspectiva, para o qual convergem as linhas do campo de visão do observador.
4. **Atribua ao cubo do exemplo criado neste capítulo a textura cujo arquivo de imagem se chama textura04.jpg, com as mesmas configurações da esfera.**

Capítulo 4

1. **Qual o modo de trabalho do Blender que permite mover um objeto pelo palco?** O modo Objects.

Respostas   235

2. **Como alternamos entre os modos Object e Edit?** Por meio das opções Object Mode e Edit Mode ou teclando [TAB].

3. **O que deve ser feito para que seja possível selecionar os vértices, arestas ou faces que estão na parte de trás do objeto, invisível ao animador?** É necessário ativar o modo de visão transparente por meio do ícone Limitar visão.

4. **Quais são os modos de seleção disponíveis no Blender?** Vértice, face e aresta.

5. **Qual o procedimento necessário para habilitar o ajuste da altura de um objeto?** Teclar [S] e depois [Z], então clicar na seta azul e movê-la para a posição desejada.

Capítulo 5

1. **Quais os tipos de templates disponíveis para inciarmos nossos projetos de jogos?** 2D, 3D, 3D With Extras, High-Definition RP, Lightweight RP e VR Lightweith RP.

2. **Qual é a função da área central do ambiente de trabalho do Unity?** Essa é a área utilizada na definição do layout do jogo em si, com a adição dos diversos elementos gráficos para compor o cenário de fundo e personagens. É o palco da cena.

3. **Por que é vantajoso criar um arquivo contendo diversas imagens de sprites?** Isso evita termos de criar um arquivo para cada sprite, além de possibilitar agrupar em um só arquivo tudo que estiver relacionado com um sprite específico.

4. **Em qual situação devemos configurar o modo de sprite como Multiple?** Nos casos em que tivermos vários sprites armazenados em um único arquivo.

Capítulo 6

1. **Como podem ser as animações de sprites?** Animação por sobreposição de imagens e animação com deslocamento para simular movimento.

2. **Qual propriedade de um objeto de jogo (GameObject) pode ser utilizada na simulação de movimento pela tela?** A propriedade Position.

3. **Cite quatro tipos de dados que podemos utilizar na declaração de variáveis em C#.** string, int, bool e double.

4. **Quais são os tipos de operadores aceitos pela linguagem C#?** Operadores matemáticos, operadores relacionais, operadores lógicos e operadores de manipulação de bits.

5. Assinale a alternativa que contenha estruturas de controle disponíveis em C#:

a) do case, if, selection, repeat
b) if, do/loop, case, for
c) if, while, for, switch
d) repeat, do while, for, switch
e) if, for/next, while do, repeat

Resposta: (c)

6. **Descreva o conceito de funções e classes.** Funções são rotinas de programação destinadas à execução de uma tarefa específica e que podem ser utilizadas repetidas vezes em vários pontos do programa. As classes são definições de estruturas que contêm dados e funções que representam uma entidade do mundo real em um sistema computacional.

7. Altere o código do script para que seja possível mover a nave para cima e para baixo, também. O limite para o movimento para cima deve ser -1, e para baixo deve ser -4.

```
void Update () {
    if (Input.GetKey(KeyCode.LeftArrow))
    {
        if (transform.position.x > -9)
        {
            transform.position -= new Vector3(0.2f,0,0);
        }
    }

    if (Input.GetKey(KeyCode.RightArrow))
    {
        if (transform.position.x < 9)
        {
            transform.position += new Vector3(0.2f,0,0);
        }
    }

    if (Input.GetKey(KeyCode.UpArrow))
    {
```

```
            if (transform.position.y < -1)
            {
                transform.position += new Vector3(0,0.2f,0);
            }
        }

        if (Input.GetKey(KeyCode.DownArrow))
        {
            if (transform.position.y > -4)
            {
                transform.position += new Vector3(0,0.2f,0);
            }
        }
    }
```

Capítulo 7

1. **Qual a utilidade dos componentes físicos do grupo Collider?** Eles permitem manipular, via código, os eventos de colisão entre objetos do jogo e, com isso, executar alguma tarefa especial.
2. **Qual é a função que permite, via código, apagar um objeto da cena e da memória?** A função Destroy().
3. **Por que é importante utilizar o valor Time.deltaTime quando desejamos calcular a velocidade de um objeto do jogo?** Porque essa classe retorna a quantidade de quadros exibidos por segundo, conforme as características do equipamento. Dessa forma, o cálculo é realizado de forma que a movimentação do objeto seja mais ou menos a mesma, independente da plataforma em que esteja rodando.
4. **Qual função deve ser utilizada na criação dinâmica de instâncias de objetos?** A função Instantiate().
5. **Pesquise na internet e depois descreva o que você entendeu sobre o sistema de partículas presente no Unity ou nos softwares de modelagem e animação.** É um recurso que permite criar animações empregando conceitos físicos, útil na geração de efeitos de poeira, fumaça, fogo, água e até movimento de tecidos.

6. O Unity oferece suporte a uma variedade de arquivos de áudio. Da lista apresentada a seguir, assinale a alternativa que apresenta corretamente alguns dos formatos aceitos.

   a) WAVE, JPEG, AVI, TIF e XLS
   b) MIDI, MP3, WAV e OGG
   c) DOC, XLS, PCX, XML e HTML
   d) WAVE, AVI, ODS, MPEG e MIDI
   e) JPG, WAV, AVI, MKV e OGG

   Resposta: (b)

7. **O que é preciso para que nosso jogo seja capaz de reproduzir efeitos sonoros e música?** É necessário adicionar o componente Audio Source ao objeto que deve reproduzir o áudio.

8. Faça experiências trocando os arquivos de áudio dos objetos para ver o resultado obtido.

Marcas Registradas

Unity é marca registrada da Unity Technologies.

GIMP é marca registrada da fundação GIMP.

Blender é marca registrada da fundação Blender.

Visual Studio e C# são marcas registradas da Microsoft Corporation.

Referência Bibliográfica

DORAN, J. P. **Unity Game Development Blueprints**. Birminghan – UK: Packt Publishing Ltd, 2014.

LAVIERI, Dr. E. **Getting Started with Unity 5**. Birminghan – UK: Packt Publishing Ltd, 2015.

HALPERN, J. **Developing 2D Game with Unity**. New York, NY – USA: Apress Media, 2018.

Índice

Símbolos

3ds Max, 130
3D View, 28, 30, 32
1942 (jogo), 15

A

Add Component, 138, 225
Apple II, 14
ASCII, 13, 14
Atari 400, 6
Atari 2600, 5, 6
Audio Clip, 139, 226
Audio Source, 138, 139, 140, 225, 226

B

Blender, 27, 28, 31, 33, 184, 39, 45, 71, 130
Box Collider 2D, 119, 130

C

Call of Duty, 16
CD-ROM, 8, 9
Cinema 4D, 130
Circle Collider 2D, 127
Collision2D, 129
Commodore 64, 6
Commodore VIC-20, 6
cores e texturas, 36
cursor 3D, 50

D

Destroy(), 122
DirectX, 13
Donkey Kong, 7
DOOM, 16
Duration, 131

E

Edit Mode, 47, 48, 52
efeitos sonoros, 135, 225
Emission, 132
espelhamento, 55
estrutura de decisão, 106
estruturas de repetição, 107
E.T. (jogo), 6
Extrude Individual, 52

F

Famicom, 6, 7
Flight Simulator, 17
fliperama, 7
FPS, 23
Fruity Loops, 136

G

GameObject, 119, 134
gerenciador de projeto, 78, 80

I

instalação do Unity, 73
Instantiate(), 125

J

jogos eletrônicos, 1, 2, 5, 14, 15, 19
Jogos Olímpicos, 1
jogos online (multiplayer), 17

K

keyframe, 24, 97, 98, 99, 101
keyframes, 30

L

Limitar visão, 48, 56
linha do tempo, 24
Linux, 15
Looping, 131

M

MacOS, 15
Manipuladores de transformação, 45
Mario Bros, 7
Master System, 7, 13
Maya, 130
Mega Drive, 9, 11
Microsoft, 10, 13, 14, 17
modelagem 3D, 20, 25
modos de trabalho Blender, 45
MonoBehaviour, 110
Mortal Kombat, 17
motion capture, 23
MSX, 7, 13, 14

N

Nintendo, 6, 7, 9, 10
Nolan Bushnell, 3

O

Object, 45
Odyssey, 3, 4
OnCollisionEnter2D(), 129
Open Source, 27
operadores, 104, 105, 106, 107
   operações de bits, 105
   operadores de atribuição, 106
   operadores lógicos, 105
   operadores matemáticos, 104
   operadores relacionais, 105
Out Run, 17

P

Pivot, 88
placar de pontuação, 227
PlayStation, 10, 11, 12, 13, 16
projeto 2D, 76
projeto 3D, 155

R

Ralph Baer, 3, 5
Random Between Two Constants, 131
Rigidbody 2D, 130
RPG, 21

S

Scene, 119
Sega, 7, 9
seleção, 49
SG-1000, 7
Shape, 133
Simulation Space, 132
sistema de partículas, 130
Sonic, 15, 22
Space Invaders, 21, 79
Space War, 2, 4
Sprite Editor, 86
sprites, 25, 26, 95, 100
Start(), 125
Start Lifetime, 131
Start Speed, 131
Steve Russell, 2
storyboards, 19

Street Fighter, 17
Super Famicom, 9
SuperFX, 10
Super Nintendo, 9

T

Time.deltaTime, 122
TRS-80, 14

U

Unity ID, 74
Update(), 123, 125

V

videogames, , 1, 4, 6, 7, 9, 10, 13

W

William Higinbotham, 2
Windows, 13, 15
Windows 95, 13

X

Xb 360, 13
Xbox One, 13

Z

zoom, 50, 97
ZX-Spectrum, 6, 14

ROTAPLAN
GRÁFICA E EDITORA LTDA
Rua Álvaro Seixas, 165
Engenho Novo - Rio de Janeiro
Tels.: (21) 2201-2089 / 8898
E-mail: rotaplanrio@gmail.com